Bromelien

Botanik und Anzucht ausgewählter Arten

Karl Zimmer

Unter Mitarbeit von Angela Wenn, Gehrden, und Angelika Tiedtke-Crede, Hannover

1986 · Mit 152 Abbildungen, davon 64 farbig auf 8 Tafeln, sowie 31 Tabellen

Verlag Paul Parey

Berlin und Hamburg

Anschrift des Verfassers:
Prof. Dr. Karl Zimmer,
Institut für Zierpflanzenbau im
FB Gartenbau der Universität Hannover,
Herrenhäuser Str. 2,
3000 Hannover 21

CIP-Kurztitelaufnahme der Deutschen Bibliothek

Zimmer, Karl:
Bromelien – Botanik und Anzucht ausgewählter Arten / Karl Zimmer unter Mitarbeit von Angela Wenn und Angelika Tiedtke-Crede. – Berlin; Hamburg: Parey, 1986.
ISBN 3-489-62024-0

Einband: Gerald Fritsch, D-1000 Berlin 36, unter Verwendung eines Fotos von H. SEIBOLD †, Hannover, *Ananas comosus* Blütenstand

Anschriften: Lindenstr. 44–47, D-1000 Berlin 61; Spitalerstraße 12, D-200 Hamburg 1

ISBN 3-489-62024-0 · Printed in Germany

Satz: Volker Spiess, D-1000 Berlin 30
Gesetzt aus der Baskerville
Druck: Color-Druck G. Baucke, D-1000 Berlin 49
Lithographie: Carl Schütte & C. Behling, D-1000 Berlin 42
Bindung: Buchbinderei Bruno Helm, D-1000 Berlin 30

Vorwort

Bromelien haben in den letzten zwei Jahrzehnten größere Verbreitung gefunden, obwohl sicherlich noch längst nicht alle Möglichkeiten der Kultur neuer oder unbekannter Arten erschöpft sind. Ein Buch über Bromelien zu schreiben, das „botanisches und gärtnerisches Wissen" für einen breiten Kreis von Interessenten zusammenfaßt und gleichzeitig informatives Bildmaterial bietet – es gibt hervorragende Bromelien-Bildwerke! – ist ein Unterfangen, das ohne Mithilfe von vielen Seiten schwerlich zu realisieren gewesen wäre. Nach langen Vorbereitungen liegt das Buch nun vor. Mein Dank gilt zunächst meinen Mitarbeiterinnen Dipl.-Ing. agr. Angela WENN und Dipl.-Ing. agr. Angelika TIEDTKE-CREDE, die mit aufopfernder Literatur-Sammlertätigkeit wesentlich zum Entstehen des Buches beigetragen haben sowie allen denen, die durch persönliche Informationen halfen, das Bild zu runden: K. DUNKEL, Hannover; H. PINKERT, Harreshausen, O. MEKERS und F. THOMAS, Melle/Belgien sind hier ebenso zu nennen, wie die Inhaber der Fa. Prinsler & Werner, Hennef-Hanf.

Besonderer Dank gilt auch all denen, die bei der Beschaffung des Bildmaterials geholfen haben. Stellvertretend seien hier genannt die Fa. Corn. BAK, B.V., Assendelft, NL, die Farbaufnahmen moderner Hybriden zur Verfügung stellte, sowie Frau M. GSCHNEIDNER, Wiesbaden, die Aufnahmen in den Sammlungen des Botanischen Gartens München machen durfte.

Endlich gebührt Dank dem Verlag Paul Parey für die hervorragende Gestaltung des Buches – vor allem aber Herrn Dr. Friedrich Georgi für seine Geduld mit mir!

Hannover, Sommer 1986

Inhalt

Einleitung

Die zu den *Monocotylaedoneae* (Einkeimblättrige) gehörende Pflanzenfamilie der *Bromeliaceae* ist – bis auf eine Ausnahme – auf dem amerikanischen Kontinent verbreitet. Das Gebiet reicht etwa von 38° nördlicher Breite (südliche USA) bis etwa 44° südlicher Breite (Chile). Die eine Ausnahme bildet *Pitcairnia feliciana*, die im tropischen Westafrika (Guinea) vorkommt. Hier findet sich übrigens eine Parallele zu den ebenfalls bis auf eine Ausnahme ausschließlich in Amerika vorkommenden *Cactaceae*. Diese Ausnahmeart ist *Rhipsalis baccifera (R. cassutha)*, deren Verbreitung in Afrika sehr eng mit den alten Anlegeplätzen der Amerika-Afrika-Asien-Schiffahrt korreliert zu sein scheint.

Bromelien wachsen auf den unterschiedlichsten Standorten: als Epiphyten auf Bäumen oder Felsen, ja nicht selten auf Kakteen, oder terrestrisch. Man findet Bromelien in Regenwäldern, Nebelwäldern, in wechselfeuchten Gebieten und als ausgesprochene Xerophyten in zeitweise extrem trockenen Gebieten und schließlich auch bis zu Höhenlagen über 4000 m bis zur Eisgrenze, in denen Fröste bis - 20° C auftreten können.

Dieser Vielfalt der Standorte steht eine ebensolche Vielfalt an Arten und Anpassungsformen gegenüber, auf die im Rahmen dieser Schrift allerdings nicht eingegangen werden kann. Hier sollen die gärtnerisch wichtigen Bromelien im Vordergrund der Betrachtung stehen, wobei allerdings die wesentlichen Gesichtspunkte des Baues und der Lebensweise der Bromelien nicht außer Betracht bleiben können.

1 Pflanzenkundliches

1.1 Systematische Gliederung

Die Familie der *Bromeliaceae* (Ananasgewächse) verdankt ihren Namen dem schwedischen Arzt und Botaniker Olof Bromelius (1639–1705), nach dem zunächst die Gattung *Bromelia* benannt wurde. Man kennt heute etwa 2000 Arten, von denen um 1900 erst etwa 400 Arten bekannt waren. Da auch in neuester Zeit noch neue Arten gefunden werden, kann man annehmen, daß die Artenzahl noch zunimmt.

Die Familie wird in drei Unterfamilien gegliedert, die hier mit ihren wichtigsten Merkmalen kurz besprochen werden sollen. Der Unterfamilie *Pitcairnioideae* gehören vorwiegend terrestrisch wachsende Arten der Gattungen *Abromeitiella, Dyckia, Hechtia, Pitcairnia* und *Puya* sowie einige weniger bekannte Gattungen an. Das wichtigste Kennzeichen dieser Gruppe ist der ober- oder halboberständige Fruchtknoten, aus dem kapselförmige Früchte mit meist geflügelten Samen hervorgehen.

Die Arten dieser Unterfamilien besiedeln oft extreme Standorte von Süd-USA (*Hechtia*) bis in die Hochanden in Höhen von 4800 m (*Puya*). Die meisten Arten sind Xerophyten und oft mit Kakteen und Sukkulenten vergesellschaftet oder bilden sogar eigene Pflanzengesellschaften. Daher würden sich sicher eine Reihe von Arten für die Kultur mit Kakteen zusammen eignen (*Dyckia, Hechtia*).

Zur Unterfamilie *Tillandsioideae* werden nur relativ wenige, dafür gärtnerisch wichtige Gattungen wie *Guzmania, Tillandsia* und *Vriesea* mit zusammen etwa 650 Arten gezählt. Wesentliches gemeinsames Kennzeichen dieser Gruppe ist der oberständige Fruchtknoten, aus dem sich Kapselfrüchte entwickeln, die Samen mit pappusähnlichen Flugapparaten enthalten. Ein weiteres gemeinsames Kennzeichen ist in den ganzrandigen, niemals gezähnten oder bestachelten Blättern zu sehen.

Die Verbreitungsgebiete der einzelnen Gattungen überschneiden sich teilweise. So wachsen Tillandsien in ganz Süd- und Mittelamerika bis nach Süd-USA und besiedeln ganz unterschiedliche Standorte: Trockengebiete und immerfeuchte Regenwälder, kühlere Bergwälder und Nebelwüsten. Diese Gattung ist auch die mit der größten Artenzahl (etwa 400). Guzmanien wachsen hauptsächlich in den nordwestlichen Gebieten Südamerikas, aber auch in Mittelamerika und einigen der westindischen Inseln, oft in Mittelgebirgen bis zu etwa 2000 m aufsteigend. Einige Arten jedoch kommen auch im Hauptverbreitungsgebiet der Gattung *Vriesea* – in Brasilien – vor, während einige Arten dieser Gattung auch in die nördlichen und nordwestlichen Teile Südamerikas und nach Mittelamerika vorstoßen. Die meisten der in diese Unterfamilie gehörenden Arten wachsen epiphytisch.

In der Unterfamilie *Bromelioideae* werden weit über 20 Gattungen zusammengefaßt, deren wichtigstes, gemeinsames Merkmal der unterständige Fruchtknoten ist, aus dem sich Beerenfrüchte entwickeln. Die Samen sind glatt und weisen keine Anhängsel auf.

Die artenreichsten Gattungen *Aechmea* (150–180 Arten), *Billbergia* (etwa 60 Arten), *Bromelia* (etwa 50 Arten) und *Neoregelia* (etwa 40 Arten) enthalten meist auch die gärtnerisch wichtigen.

Auch hier gibt es sowohl epiphytisch als auch terrestrisch lebende Arten des tropischen Regen-

oder Nebelwaldes, aber auch Arten mit mehr xerophytischem Charakter. Das Hauptverbreitungsgebiet ist Brasilien, doch finden sich die Arten dieser Unterfamilien auch in Argentinien, den nördlichen Teilen Südamerikas und in Mittelamerika.

1.2 Bau der Pflanzen

1.2.1 Sprosse und Blätter

Innerhalb der Familie gibt es Riesenarten, wie *Puya raimondii*, die Stammhöhen von 2–5 m erreichen und im blühenden Zustand bis zu 10 m hoch werden kann, oder auch zwergartig wachsende, Rasen oder Polster bildende Arten, wie z.B. *Puya humilis*, die nur etwa 15 cm hoch wird, oder *Tillandsia bryoides*, deren nur 5 cm lange Stämmchen mit 4–9 mm langen Blättchen besetzt sind. Die Sproßachse ist bei den meisten Bromelien gestaucht, so daß es aufgrund der sehr engen Blattstellung zu Rosettenbildung kommt. In den meisten Fällen bilden sich, bedingt durch breitere Blattscheiden, Trichter oder Zisternen, indem die Blattscheiden sich gegenseitig fest umschließen oder so überdecken, daß „Taschen" entstehen. Diese Zisternen besitzen, je nach Größe der Pflanze, ein oft beträchtliches Wasserspeichervermögen. Bei sehr großen Trichterbromelien können mehrere Liter Wasser enthalten sein, in dem sich – oft ganz spezialisiert – Algenfloren, z.T. auch Blütenpflanzen und Tiere ansiedeln.

Sind bei den meisten Trichterbromelien die Blätter mehr oder weniger stammumfassend und steil aufgerichtet, so finden sich bei einigen Tillandsien Blätter, deren basale Teile verbreitet und verdickt sind, dicht aufeinanderliegend und so eine echte Zwiebel bildend. Hierher gehört z.B. *Tillandsia argentea*, die aus Höhenlagen um 1300–1800 m Mittelamerikas stammt, und *T. filifolia, T. plumosa.*

Von einigen Tillandsien werden auch Scheinzwiebeln gebildet. Hier finden sich zwischen den basalen, stark verbreiterten Abschnitten der Blätter Hohlräume, die der Wasserspeicherung dienen sollen. Allerdings trifft diese Annahme wohl nicht immer zu, denn Rauh (1970) berichtet, daß bei einigen dieser Tillandsien auch während der Regenzeit kein Wasser in diesen Hohlräumen anzutreffen war, „. . . wohl aber Kolonien großer, bissiger Ameisen . . ."

Die Verzweigung der Sprosse beginnt meist erst nach der Umstimmung des Sproßscheitels zur Blütenbildung. In den Blattachseln vorhandene Meristeme bilden dann Seitensprosse, deren Zahl von Art zu Art sehr verschieden sein kann. Oft entwickelt sich nur ein Fortsetzungssproß, doch können, wie z.B. bei *Guzmania monostachia,* auch viele Seitenmeristeme austreiben (Abb. 1).

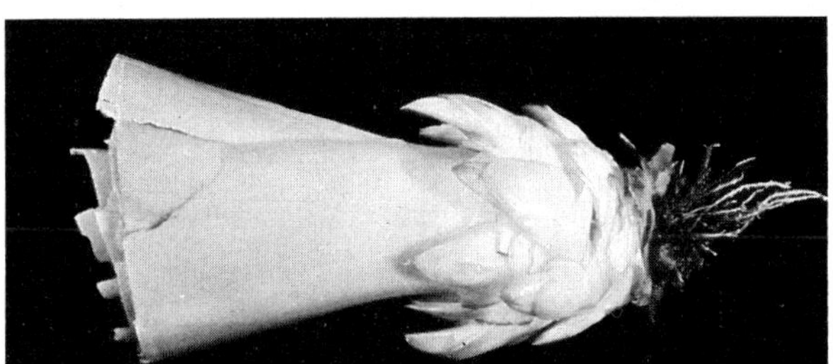

Abb. 1: Sproß von *Guzmania monostachia* mit austreibenden Achselknospen

Diese Seitensprosse übernehmen die Fortsetzung des Sproßsystems. Sie entstehen meist am basalen Teil des alten Sprosses und drängen diesen mit der Zeit zur Seite. Bei Austrieb mehrerer Seitensprosse können sich Horste bilden. Diese bei den meisten Trichterbromelien vorhandene Verzweigung an der Sproßbasis (basiton) bedeutet nicht, daß nicht auch in den Blattachseln jüngerer Blätter Meristeme vorhanden wären. Bei anderen Arten, z.B. der Gattung *Aechmea, Nidularium,* aber auch einigen Pitcairnioideen, wird zunächst ein ausläuferartiger, mit Niederblättern besetzter Seitensproß gebildet, der zunächst mehr oder weniger horizontal wächst und sich erst in einiger Entfernung von der Mutterpflanze aufrichtet und eine neue Rosette bildet. Zu diesem Typ gehört z.B. auch *Aechmea chantinii* (Abb. 2).

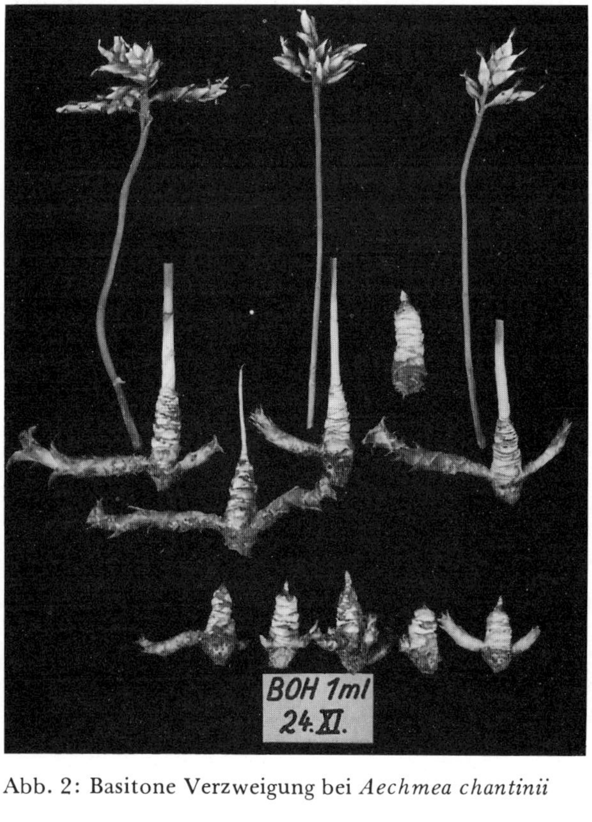

Abb. 2: Basitone Verzweigung bei *Aechmea chantinii*

Bei einer Reihe von Arten erfolgt die Entwicklung der Seitensprosse nicht aus dem basalen Teil des alten Sprosses, sondern mehr oder weniger am Grunde des Infloreszenzschaftes aus den Achseln der letzten Laubblätter. Auch hier können ein oder zwei Sprosse entstehen, was im zweiten Fall zu gabeliger Verzweigung führt. Über Generationen hin entstehen dann Polster. Ein Beispiel für diese Wuchsform stellt die zu den Pitcairnioideen gehörige *Abromeitiella brevifolia* dar. Die älteren Sproßgenerationen im Polsterinnern verwittern im Laufe der Zeit zu Humus, in den die sproßbürtigen jungen Wurzeln hineinwachsen. Die Humusschicht hat die Fähigkeit, sich während der Regenzeit mit Wasser vollzusaugen und somit ein Reservoir für niederschlagsarme Zeiten zu bilden (RAUH, 1981).
Grundsätzlich die gleiche Art der akrotonen Verzweigung liegt auch der Strang- oder Kissenbildung der peruanischen Wüstentillandsien *T. paleacea* und *T. purpurea* zugrunde. Einen weiteren Wuchstyp verkörpern die Zwergtillandsien *T. bryoides, T. capillaris, T. pedicellata, T. recurvata* und *T. tricholepis*, deren rasiger Wuchs dadurch entsteht, daß die Einzeltriebe einmal an ihrer Basis Innovationssprosse erzeugen und zum anderen sich im Anschluß an die Blüte unter akrotoner Förderung weiter verzweigen (RAUH, 1981).
Die Seitentrieb- oder Fortsetzungstriebbildung dient der Erhaltung der Art und ist deshalb als eine Art der vegetativen Vermehrung aufzufassen. Daher muß hier auch auf einige Arten hingewiesen werden, bei denen neue Sprosse am basalen Ende der Infloreszenz, in den Achseln von Hochblättern unterhalb der Blütenstände oder an der Spitze der Infloreszenz entstehen.

Hierher gehören neben Ananas, deren Blattschöpfe zur Vermehrung benutzt werden, auch einige *Tillandsia*-Arten.
Blattform und Blattfarbe können sehr variabel sein. Eine Gliederung in Blattstiel und Blattspreite gibt es in der Regel nicht, doch kann der Blattgrund scheidenartig verbreitert und die Blattspreite grasartig beschaffen sein. Die meisten der Trichterbromelien haben allerdings bandförmige und am Grunde nur wenig verbreiterte Blätter. Viele Arten – besonders bei den Bromelioideen und Pitcairnioideen – haben mehr oder weniger stark bestachelte Blattränder, die mit Sicherheit einer stärkeren Verbreitung in der Kultur hinderlich sind.
Die Blattfarbe und Blattzeichnung können durch verschiedene Ursachen bedingt sein. Rote und rötlichbraune Farbtönungen oder Zonungen kommen durch Anthozyane zustande, die in einer oder auch mehreren Zellschichten vorhanden sind. Die Bildung dieser Farbstoffe scheint allerdings auch von Belichtung und Ernährung abhängig zu sein. Blattzeichnungen wie bei *Vriesea hieroglyphica* können durch ungleichmäßige Verteilung von Chlorophyll entstehen.
Gelbstreifigkeit, wie sie bei den *Variegata*-Typen vorkommt, wird durch chlorohphyllfreie Gewebestreifen verursacht. Diese Typen stellen vermutlich Chimären dar (Individuen mit Zellschichten oder Gewebeteilen unterschiedlicher genetischer Konstitution, z.B. durch Mutation entstandener Verlust der Fähigkeit, Chlorophyll zu bilden), die nur vegetativ vermehrt werden können.
Weiße und graue Farben entstehen meist durch Anhäufung von Saugschuppen, die mehr oder weniger regelmäßig, oft auch in Bänderung, über die Blattspreite verteilt sind. Dabei können Blattoberseite und Blattunterseite völlig verschiedene Zeichnungen zeigen. Auch die Häufigkeit und die Verteilung der Saugschuppen auf der Blattspreite ist offenbar genetisch bedingt. Selbst innerhalb einer Art kann die Variabilität bezüglich der Färbung (wie auch z.B. der Blattform) recht beachtlich sein. Ein solches Beispiel zeigt Abb. 3, auf der Blattabschnitte (Ober- und Unterseite) verschiedener Pflanzen von *Aechmea chantinii* dargestellt sind. Die Pflanzen stammten aus einem einheitlich kultivierten Sämlingsbestand.

Abb. 3: Variabilität der Blattzeichnung bei *Aechmea chantinii*

Diese genetisch bedingte Farben- und Formenvielfalt kann als Ausgangspunkt für die Selektion bestimmter wünschenswerter Typen dienen.

1.2.2 Trichome

Eine besonders funktionelle Entwicklung stellen die sogenannten Saugschuppen, Schuppenhaare oder Trichome dar, die Regenwasser, Tau oder Nebelfeuchtigkeit aufnehmen können.
Trichome sind für die Familie der *Bromeliaceae* typisch. Es gibt allerdings auch Ausnahmen. Sie bedecken entweder die gesamte Blattfläche (graue oder weiße Tillandsien) oder treten in Bändern oder Streifen auf, was zu einer charakteristischen Blattzeichnung *(Cryptanthus zonatus)* führt.
Bei den terrestrischen Arten und Zisternenbromelien mit einem relativ gut ausgebildeten Wurzelsystem ist die Schuppenbildung auf die Oberseite des scheidig verbreiterten Basalteiles reduziert. Bei *Ayensua uaipanensis* oder *Brocchinia reducta* fehlen die Schuppen völlig (EHLER, 1977).
Bei den sogenannten grauen, atmosphärischen Tillandsien ist die gesamte Blattspreite dicht mit Schuppen bedeckt. Durch die zwischen den Schuppen eingeschlossene Luft wird das einfallende Licht total reflektiert, so daß die trockenen Pflanzen grau-silbrig erscheinen; nach Benetzung wird die Luft durch Wasser verdrängt, und die Tillandsien sehen grün aus. Die Schuppenhaare können atmosphärisches Wasser auffangen, resorbieren und dem Blattgewebe zuleiten, wo es in speziellen Wassergeweben gespeichert wird (RAUH, Abb. 4). Trichome sind mehrzellig, sie gehören zu den zweiteiligen Haaren, die in einen über die Epidermis hinauswachsenden Haarkörper gegliedert sind. Die Bromelientrichome zählen somit zu den sogenannten echten Haaren epidermalen Ursprungs. Sie werden dem Trichomtyp der peltaten oder Schildhaare zugeteilt (EHLER, 1977).

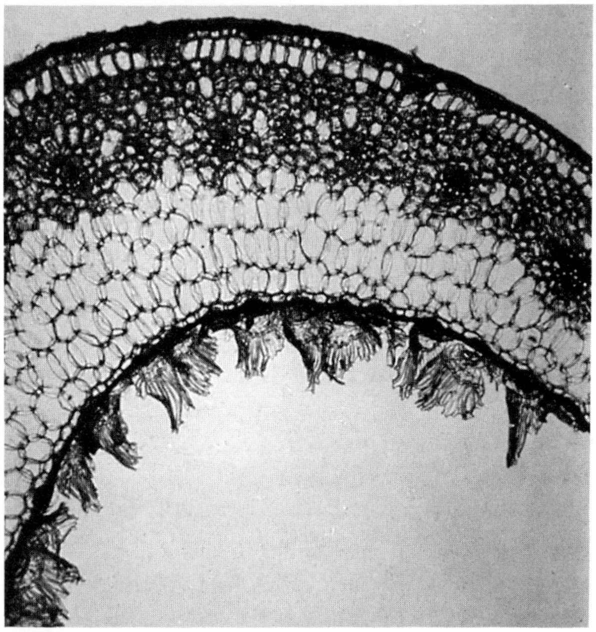

Abb. 4: Querschnitt durch ein Blatt von *Tillandsia butzii* mit großlumigem Wassergewebe und Saugschuppen an der Blattunterseite

Grundsätzlich können die Bromelientrichome in einen der Epidermis aufliegenden Trichomdeckel aus toten Zellen und einen trichterförmig in die Epidermis eingesenkten Teil aus plasmareichen Stielzellen unterteilt werden (EHLER, 1977). Es gibt allerdings auch Arten mit becherförmigen Saugschuppen (Abb. 5).
So wie die Bromelien in ihrer Wuchsform grundsätzlich verschieden sind, unterscheiden sich auch die Trichomtypen der einzelnen Arten. RAUH (1981) untergliedert die Trichomausbildung nach TIETZE (1904) in:

A terrestrische Formen niedriger Ordnung
B terrestrische Formen höherer Ordnung
C Epiphyten niederer Entwicklung
D Epiphyten höherer Entwicklung, bzw. atmosphärische Epiphyten.

Der einfache Bautyp (A) findet sich bei den Schuppen der *Pitcairnioideae,* z.B. *Dyckia, Hechtia, Pitcairnia, Puya.* Sie besitzen eine einfache ungeteilte Zentralzelle (Z) mit daran anschließenden Deckelzellen in verschiedenen Formen und Größen. Bei diesen primitiven Bromelienformen sind die Trichome vorwiegend blattunterseits lokalisiert und stellen wohl hauptsächlich einen Transpirationsschutz dar, indem sie die Spaltöffnungen bedecken. Die Wasseraufnahme wird von einem gut entwickelten Wurzelsystem geleistet; das Wasser in einem besonderen Wasserparenchym der Blätter gespeichert (RAUH, 1981).
Zu den terrestrischen Formen höherer Ordnung (B) gehören einige erdbewohnende Vertreter aus der Unterfamilie der *Bromelioideae* wie *Ananas* und *Cryptanthus*, deren Saugschuppen zwar nur mit einer Zentralzelle ebenfalls relativ primitiv gebaut sind, jedoch in wesentlich größerer Zahl auftreten.
Zu den Epiphyten niederer Entwicklung (C) zählen TIETZE und RAUH Gattungen aus der Unterfamilie der *Bromelioideae* wie *Aechmea, Billbergia, Nidularium* sowie die zisternenbildenden *Guzmania, Tillandsia* und *Vriesea*, bei denen die Trichome gehäuft an der basalen Blattoberfläche, bzw. direkt an die Zisterne angrenzend auftreten. Die im Trichterwasser befindlichen organischen und mineralischen Substanzen werden durch pflanzeneigene Enzyme zersetzt und die Abbauprodukte zusammen mit dem benötigten Wasser durch die Trichome aufgenommen.
Zur höchsten Entwicklungsstufe (D) gehören nach TIETZE und RAUH alle extrem xerophytischen weißen und grauen Tillandsien und einige graue Vrieseen (*V. tillandsioides, V. rauhii* u.a.); also Epiphyten niederschlagsarmer Gebiete mit hoher Luftfeuchte, die häufig verlängerte Sproßachsen und ein stark reduziertes Wurzelsystem aufweisen. *T. usneoides* und *T. duratii* bilden nur im Jugendstadium schwache Wurzeln aus und sind im Alter völlig wurzellos. Die gesamte Blattspreite aller atmosphärischen Tillandsien ist ober- und unterseits mit großen Trichomen der höchsten Entwicklungsstufe besetzt.

Abb. 5: Becherförmige Saugschuppen bei *Tillandsia streptophylla* (44 x)

EHLER (1977) untergliedert die Trichome nach der Flächenansicht in drei Typen:

1. regelmäßiger Schuppentyp der Tillandsioideae
2. unregelmäßiger Schuppentyp der *Bromelioideae* und *Pitcairnioideae*
3. irregulärer Typ der Gattungen *Ayensua, Brocchinia, Navia* und einigen *Deuterocohnia-, Pitcairnia-* und *Puya*-Arten

Beim regelmäßigen Schuppentyp der *Tillandsioideae* sind die Zellen des Trichomdeckels in konzentrischen Kreisen angeordnet (Abb. 6–10).

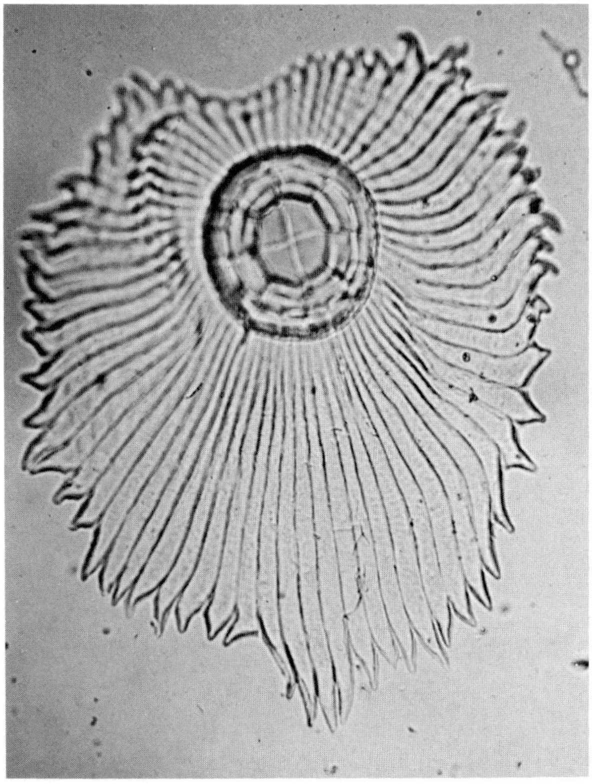

Abb. 6: Saugschuppe (Trichom) von *Tillandsia alba* (165 x)

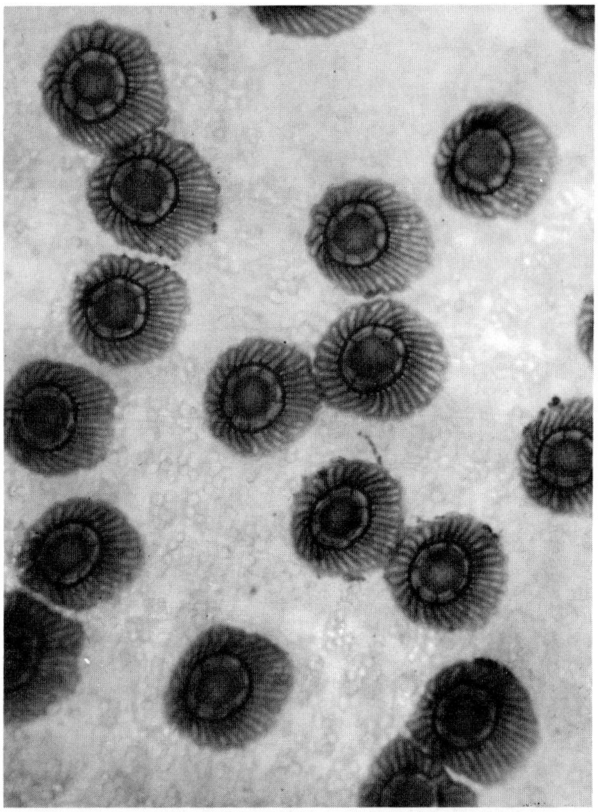

Abb. 7: Lebende Trichome von *Vriesea psittacina* (175 x)

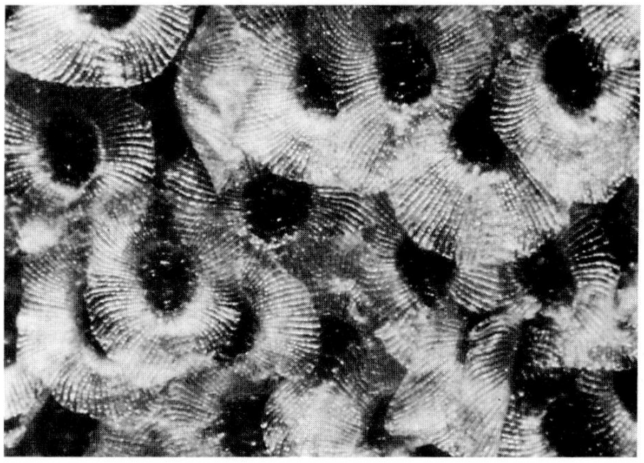

Abb. 8: Trichome von *Tillandsia graebneri* (87 x)

Dem Deckel gehören 4 Zentralzellen an, die in der Regel von einem Ring aus 8 und einem weiteren aus 16 oder 32 Zellen umgeben sind (Abb. 7). An diesen zentralen Teil, die sogenannte Scheibe, schließt sich ein peripherer Teil, der Flügel, an, der im Normalfall aus 64 Zellen gebildet wird, so daß sich die folgende Zellformel des Trichomdeckels ergibt: 4+8+16+64 oder 128. Während die Scheibe den genannten radiären Bau aufweist, kann der Flügel, besonders bei sehr stark beschuppten Arten, asymmetrisch ein, d.h. einseitig stark verlängerte Zellen besitzen, die häufig als Tauzungen bezeichnet werden.

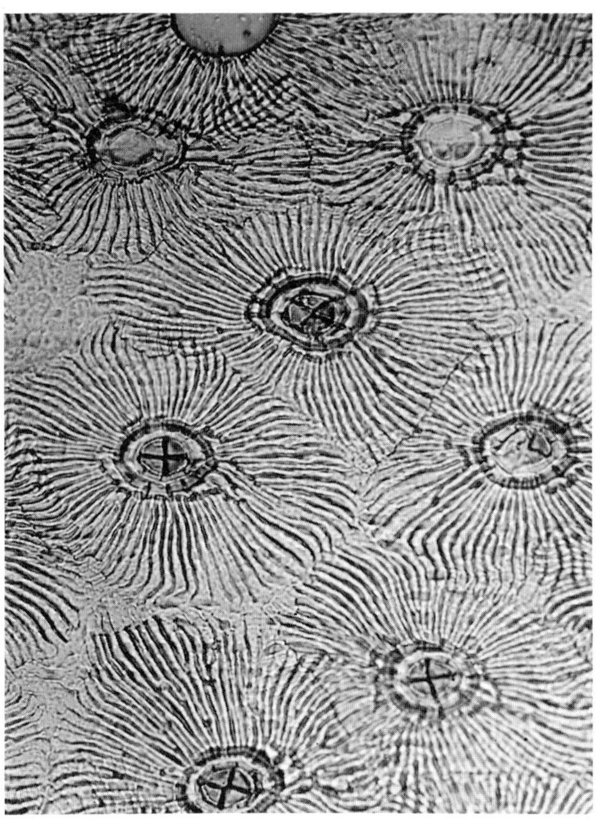

Abb. 9: Kollodiumabzug von Trichomen von *Tillandsia lindenii* (196 x)

Der unregelmäßige Schuppentyp, nach EHLER bei Vertretern der *Bromelioideae* und *Pitcairnioideae* vorherrschend, ist variabel in seiner Bauweise; eine Gliederung in Scheibe und Flügel ist nicht deutlich erkennbar. Häufig wird zwar ein zentraler Zellkomplex aus 4 + 8 Zellen bestehend ausgebildet – wie bei *Aechmea*- und *Ananas*-Arten –, jedoch erscheint der periphere Flügelteil unregelmäßig gebaut.

Nur wenige Gattungen gehören dem irregulären Typ an, bei dem weder ein zentraler noch ein peripherer Zellkomplex deutlich ausgeprägt ist. EHLER zeigte auch, daß die Schuppenbildung bei allen Bromelien in gleicher Weise beginnt, unabhängig davon, ob später ein regelmäßiger oder unregelmäßiger Trichomtyp entsteht. Als erstes wird der Schuppenstiel gebildet (Abb. 11). Aus einer stark aufgewölbten sogenannten Schuppenmutterzelle (SMZ) entwickeln sich durch mehrere – in der Unterfamilie der *Tillandsioideae*

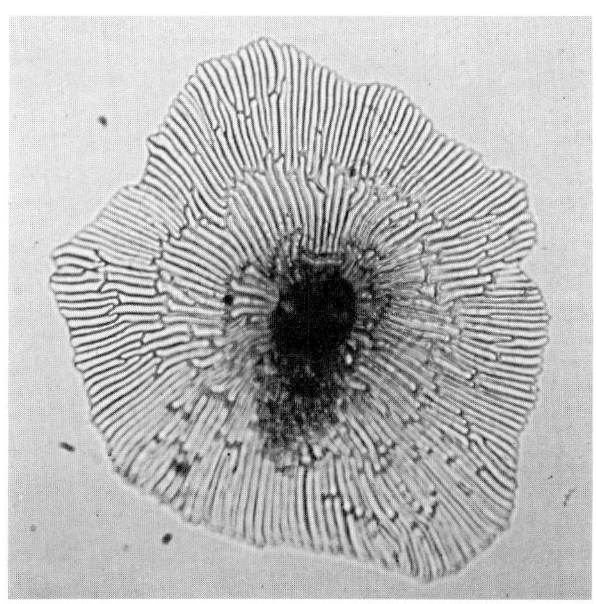

Abb. 10: Trichom von *Nidularium innocentii* (254 x)

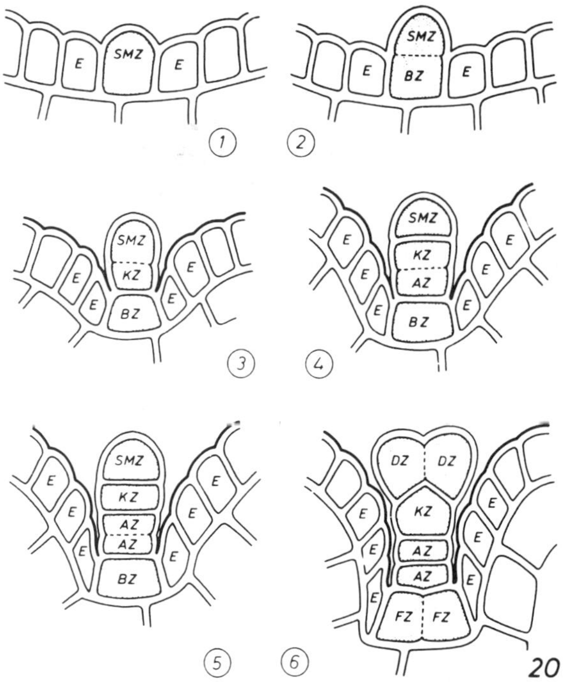

Abb. 11: Schema der Entwicklung von Stielzellen: Schuppenmutterzelle SMZ, Basalzelle BZ, Kuppelzelle KZ, Aufnahmezelle KZ, Fußzelle FZ, Deckelzelle DZ, Epidermiszelle E; gestrichelt: Teilungsvorgang (EHLER, 1977)

meist drei — aufeinanderfolgende periklinale Teilungen sämtliche Stielzellen. Die SMZ teilt sich inäqual-periklinal und gliedert nach innen die Kuppelzelle (KZ) ab. Durch zwei weitere periklinale Teilungen der KZ entstehen die Aufnahmezellen (AZ).

Die Anzahl der Stielzellen ist für einzelne Arten konstant, innerhalb der gesamten Familie jedoch variabel in Abhängigkeit von der Dicke des Blattgewebes. Die bei der 1. periklinalen Teilung entstandene Basalzelle (BZ) bleibt bei der fortlaufenden Entwicklung inaktiv. Nach jeder weiteren Teilung wird sie tiefer in die trichterförmige Epidermiseinsenkung hineingeschoben (Abb. 12). Nach Abschluß der Stielzellenbildung teilt sich diese Basalzelle antiklin, wobei die sogenannten Fußzellen (FZ) gebildet werden. Die Anzahl der Fußzellen kann je nach Bromelienart verschieden sein.

Während der Stielzellenentwicklung ist die SMZ inaktiv. Anschließend an die Stielzellenbildung entstehen durch zwei aufeinanderfolgende antikline Teilungen 4 Deckelzellen (DZ), die durch senkrecht aufeinanderstehende Zellwände voneinander getrennt sind. Die darauf folgende synchrone antiklinale Teilung der vier DZ führt zum 8-Zell-Stadium und damit zu der bereits erwähnten konzentrischen Zellanordnung. Weitere antiklinale Teilungen wechseln in radialer und konzentrischer Richtung ab, bis schließlich das für jede Art bzw. Gattung charakteristische Teilungsmuster erreicht ist (Abb. 13), welches aus einem fast mathematischen Teilungsplan hervorgeht. Die Zellen sind kreisförmig angeordnet, wobei sich die Zellenzahl von Kreis zu Kreis ver-

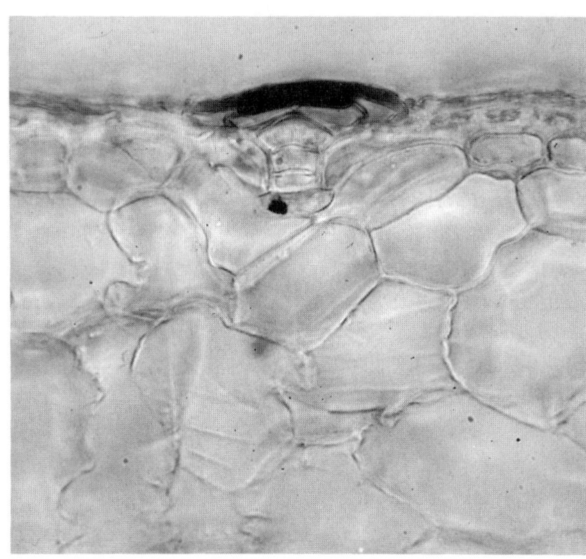

Abb. 12: Blattquerschnitt von *Tillandsia lindenii* mit Trichom (490 x)

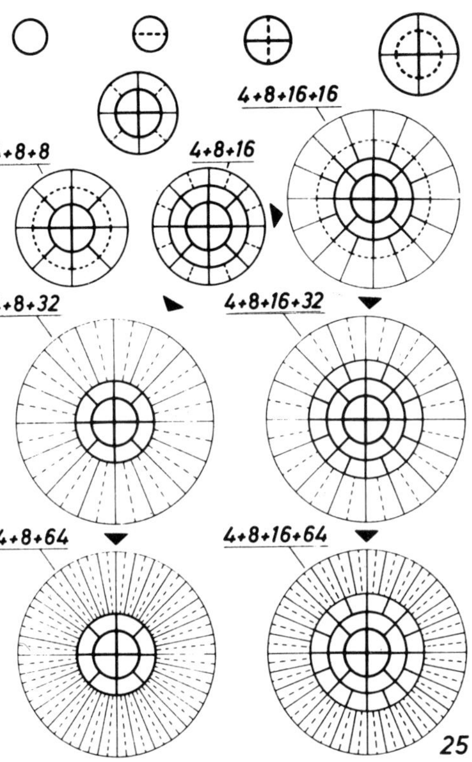

Abb. 13: Schematische Darstellung der Schild- und Flügelzellenbildung für regelmäßige Schuppen (EHLER, 1977). Gestrichelt: Teilungsvorgang

doppelt. Hieraus stammen die charakteristischen Zellformeln der Bromelientrichome, z. B. 4+8+16 +32 für *Guzmania vittata* oder 4+8+16+64 für *Tillandsia usneoides.* Die Deckelzellen und 1–2 Kreise aus 8 bzw. 16 Zellen rechnet EHLERS dem Schild zu. Der Flügel besteht demnach beim regelmäßigen Schuppentyp der *Tillandsioideae* aus 64 oder 128 radial gestreckten Zellen, während er bei unregelmäßigen Typen (*Ananas comosus, Aechmea*-Arten) aus vielen meist polygonalen Zellen gebildet wird. Verdickte Periklinal- und Antiklinalwände sind chrakteristische Merkmale der Bromelienepidermen, die Cuticula ist 0,6–1,0 μm dick.

EHLER wies weiterhin nach, daß die Wände der Trichomdeckelzellen und die Periklinalen der Stielzellen reich an Pektinen sind, während Cutin vollständig fehlt. Die Antiklinen der Stielzellen sind dagegen stark cutinisiert.
Pektine sind chemisch hydrophile Zellwandbestandteile mit großem Quellvermögen. Cutine sind hydrophob, sie können nur bedingt Wasser binden. Nur gequollene Cutinschichten sind für Wasser und darin gelöste Mineralstoffe permeabel, so daß eine Blattcuticula in ständigem Quel-

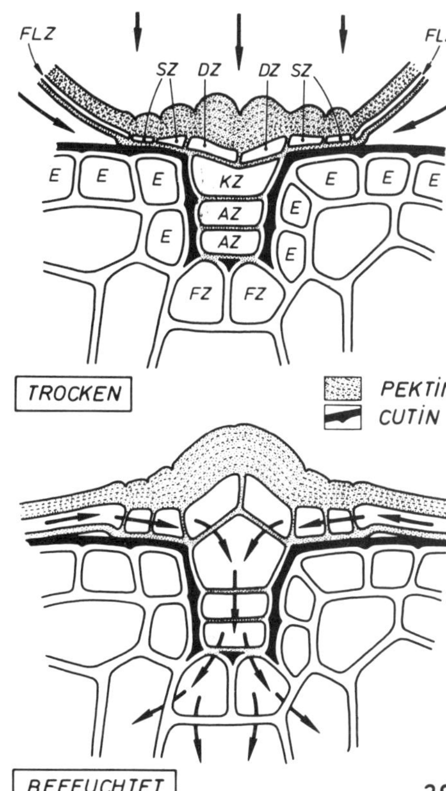

Abb. 14: Schematischer Trichom-Längsschnitt im trokkenen und feuchten Zustand. Pektin quellungsfähig, wasserdurchlässig; Cutin nicht wasserdurchlässig. Abk. wie in Abb. 11

lungszustand „semihydrophile" Eigenschaften haben kann. EHLER nimmt an, daß ein solcher permeabler Zustand in den wassergefüllten Trichtern der Zisternenbromelien besteht. Abb. 14 zeigt das Schema der Wasseraufnahme. Bis zum 8er- oder 16er-Kreis liegen die Schildzellen der Epidermisoberfläche dicht an. Im trockenen Zustand sind diese Zellen, besonders aber die Deckelzellen, konkav in die trichterförmige Vertiefung des Stieles eingesenkt, während die Flügelzellen „antennenartig" abgespreizt sind. Im feuchten Zustand dagegen erscheinen die Schildzellen konvex gewölbt, und die Flügelzellen liegen der Epidermis auf, wobei nicht allein das Volumen der Deckelzelle, sondern auch das Volumen der Kuppelzelle beträchtlich vergrößert wird. Die pektinhaltigen Zellwände quellen durch Hydratisierung. EHLER erklärt den Vorgang folgendermaßen:

„Gibt man einen Wassertropfen auf ein trockenes Blattstück einer Tillandsie, so wird dieser in den Zwischenräumen unter den Flügelzellen von Trichom zu Trichom weitergeleitet; das Wasser wird kapillar in den Mikroräumen festgehalten und hat sich nach kurzer Zeit auf einen maximalen Radius ausgebreitet. Nach 3–7 Minuten – die Zeit richtet sich nach der Beschuppungsdichte – ist der Wassertropfen verschwunden und die Flügelzellen liegen der Epidermisoberfläche dicht an. Die Blattoberfläche ist von sich überlappenden Trichomen bedeckt . . .

In den Mikroräumen unter den Flügelzellen ist die Wasserkondensation erheblich erleichtert, da ein kleinerer Dampfdruck herrscht als über einer freien Wasseroberfläche, es kondensiert Wasser. Die antennenartig abgespreizten Flügelzellen der Trichome unterstützen zudem die Kondensation. Am natürlichen Standort schlägt sich atmosphärisches Wasser in Form von Tau oder Nebel an den Flügelzellen nieder. Dieses Wasser wird von den pektinreichen Zellwänden aufgenommen, indem sie quellen, bis sie vollständig hydratisiert sind. Eine weitere Wassereinlagerung geschieht danach nur noch proportional zur Volumenzunahme. Durch das Quellen der Trichomwände entstehen Sogkräfte in den Deckelzellen, die durch eine Vergrößerung des Zellumens ausgeglichen werden . . .

Die Pflanzen nehmen nach einer gewissen Trokkenzeit schnell Wasser auf. Ist jedoch eine gewisse Sättigung erreicht, d.h. sind die pektinreichen Trichomwände hydratisiert, so verlangsamt sich dieser Prozeß."

DOLZMANN (1964/65) untersuchte elektronenmikroskopisch die Saughaare von *Tillandsia usneoides*. Er stellte fest, daß stark spezialisierte hydratisierbare Membranstrukturen, eine durch Invaginationen stark vergrößerte Plasmaoberfläche – die auf pinocytoseähnliche Aufnahmevorgänge deutet – zahlreiche Mitochondrien vom Sacculi-Typ, sowie Plastiden mit charakteristischen Einschlüssen – wahrscheinlich Zuckerpolymere, die während der Wasseraufnahme gespalten werden und somit den osmotischen Zellsaftwert erheblich erhöhen – die Wasser- und Nährstoffaufnahme von *T. usneoides* sehr effektiv gestalten.

DOLZMANN wies relativ große (0,07 μm) getüpfelte Plasmodesmen in den Periklinen der Stielzellen nach. Dieser Befund deutet darauf hin, daß eine direkte Wasserzuleitung in das Blattparenchym erfolgen kann. Die stark cutinisierten Antiklinen, in welchen keine Plasmodesmen gefunden wurden, schränken den Wasserverlust durch Transpiration ein, bzw. verhindern ihn vollständig. Wasser und Nährstoffe können demnach nur in Richtung zu den Fußzellen transportiert werden.

Durch mikroskopische Untersuchungen stellte KÄMPF (1982) fest, daß ein ausgeprägter Einfluß der Düngungsweise auf die Bildung der Trichome besteht. Mit Nährsalzen gedüngte Blätter bildeten weniger Schuppen pro Flächeneinheit als wurzelgedüngte bzw. nur mit Wasser versorgte *Aechmea fasciata*- und *Guzmania minor*-Pflanzen.

1.2.3 Wurzeln

Bei der Keimung schiebt sich zunächst nach Aufplatzen der Samenschale der Inhalt des Samens primärwurzelartig etwas vor. Dieses heraustretende Organ ist an der Spitze etwas verdickt und bildet sehr rasch einen Kranz von Wurzelhaaren. Lediglich bei den von uns untersuchten Tillandsioideen, wie *Vriesea*- und *Guzmania*-Arten, konnte beobachtet werden, daß diese Haarwurzelbildung zuweilen unterblieb, vor allem, wenn genügend Feuchtigkeit zur Verfügung stand. Aus diesem verdickten Ende tritt die bald absterbende Primärwurzel hervor. Es entstehen sehr bald Adventivwurzeln, die im Rindengewebe des Sprosses – oft nahe dem apikalen Meristem – entstehen. Diese Wurzeln wachsen – mit zunehmendem Alter der Pflanze oft über weite Strecken – im Sproß nach unten und treten weit unterhalb der Ansatzstelle nach außen. Im Schnitt sind diese Wurzeln als schwarze Punkte oder Striche deutlich zu erkennen (Abb. 15, 16). Das Wurzelsystem der Bromelien ist mehr oder weniger stark ausgebildet und besitzt – je nach Art – auch mehr oder weniger unterschiedliche Funktionen. So ist bei einigen Tillandsien das Wurzelsystem so stark reduziert, daß sie im Alter wurzellos erscheinen. *Tillandsia usneoides* bildet eine Wurzel nur an der Keimpflanze aus und lebt später wurzellos. Bei den epiphytisch wachsenden, atmosphärischen Tillandsien sind die Wurzeln oft drahtartig ausgebildet und dienen wohl hauptsächlich als Haftorgane, mit denen die Pflanze an der Unterlage befestigt wird. Die Wurzeln dieser Arten sollen die Fähigkeit der Wasseraufnahme weitgehend verloren haben.

Die nur terrestrisch lebenden Bromelien dagegen besitzen ein gut ausgebildetes Wurzelsystem, das natürlich der Wasser- und Nährstoffaufnahme dient.

Bei den nicht ausgesprochen terrestrischen, aber auch nicht extrem epiphytischen Arten scheint das Wurzelwachstum auch mit abhängig vom Nährstoffangebot im Substrat zu sein. Untersu-

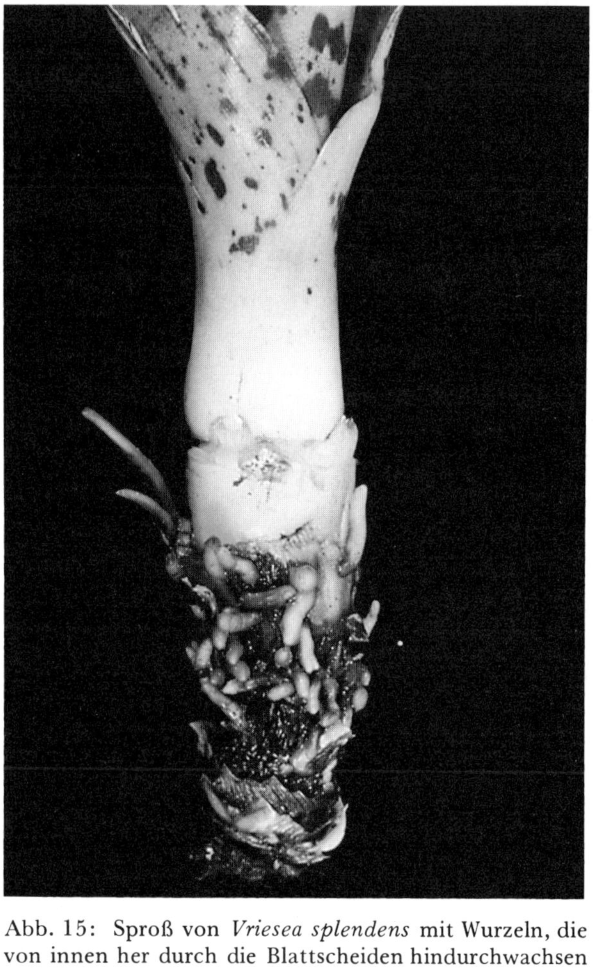

Abb. 15: Sproß von *Vriesea splendens* mit Wurzeln, die von innen her durch die Blattscheiden hindurchwachsen

chungen von Sieber (1955) an *Aechmea fasciata* und *Nidularium innocentii* zeigten, daß bei diesen beiden Arten Nährstoffe über die Wurzeln stärker aufgenommen werden als über das Blatt und daß das Wurzelwachstum durch höhere Nährstoffgehalte im Substrat sehr viel stärker gefördert wird, als wenn die gleiche Menge Nährstoffe über das Blatt zur Verfügung steht (Tabelle 1).

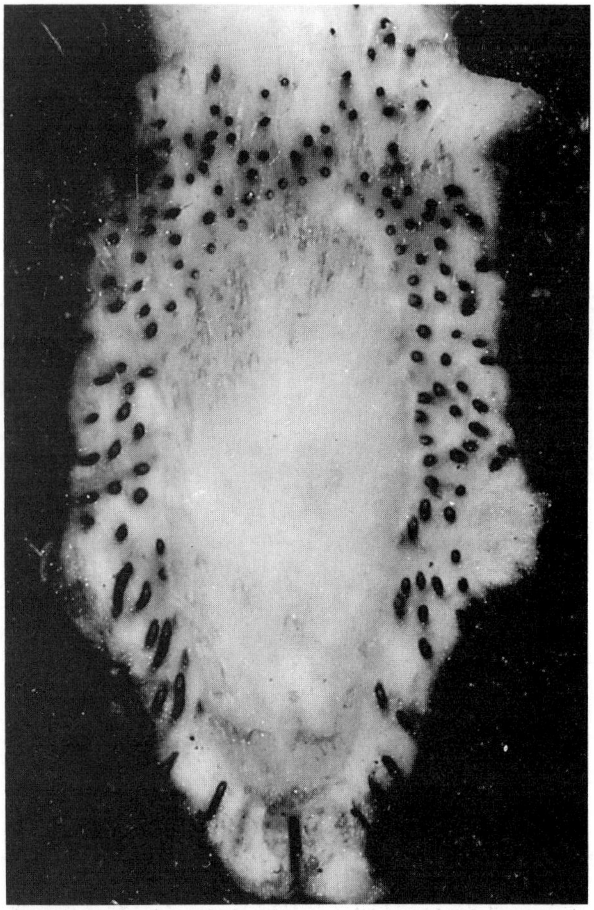

Abb. 16: Schrägschnitt durch einen Sproß von *Aechmea fasciata* mit Wurzelanschnitten (schwarz) und noch nicht verholzten Wurzelanschnitten im Inneren des Sprosses

Diese Ergebnisse zeigen aber auch die Anpassungsfähigkeit der Pflanzen unter natürlichen Verhältnissen: Ist die Pflanze aufgrund ihres Standortes, der ja zufällig ist, überwiegend auf die Ernährung über die Zisterne angewiesen, weil sie epiphytisch wächst, so ist das zwar möglich, aber das oberirdische Wachstum wird stärker gefördert als das Wurzelwachstum. Falls die Pflanze – zufällig – terrestrisch aufwächst, wird das Wurzelsystem stärker ausgebildet; die Wurzeln erfüllen ihre Aufgabe als Wasser- und Nährstoffaufnahmeorgan, und es wird eine annähernd gleichstarke Förderung des Wurzel- und Sproßwachstums erreicht. Der stärkste Zuwachs der oberirdischen Teile wurde allerdings dann erreicht, wenn Nährstoffe über Blatt und Wurzel zugeführt wurden.

Tabelle 1: Wurzel- und Blatt-Trockengewicht (relativ) von *Aechmea fasciata* und *Nidularium innocentii* in Abhängigkeit von der Düngerzufuhr (verändert nach Sieber 1955)

Düngerzufuhr über	Aechmea		Nidularium	
	Blatt	Wurzel	Blatt	Wurzel
Ungedüngt	100	100	100	100
Blatt	634	82	543	396
Wurzel	743	778	987	868
Blatt und Wurzel	836	278	1289	646

Es muß wohl im Prinzip davon ausgegangen werden, daß alle Bromelien, die sowohl terrestrisch als auch epiphytisch zu leben vermögen, über die Wurzeln Wasser und Nährstoffe aufnehmen können. Dieser Gesichtspunkt erscheint in Verbindung mit den Sieberschen Untersuchungen – von erheblicher Bedeutung für die Aufnahme neuer Arten in die Kultur. Nur solche Arten, deren Wurzelsystem geeignet ist, Wasser und Nährstoffe aus einem Substrat in genügender Menge aufzunehmen, sind geeignet, in größeren Mengen in Töpfen kultiviert zu werden. Arten,

bei denen dies nicht der Fall ist, weil sie zu sehr an bestimmte Lebensbedingungen angepaßt sind, werden für die Anzucht in größeren Mengen aus arbeitswirtschaftlichen Gründen kaum in Frage kommen.
Außerdem dürfte die Kultur derjenigen Arten, deren Nährstoffaufnahme nur über die Blätter erfolgen kann, weil kaum Wurzeln vorhanden sind, wesentlich länger dauern und somit sehr heizkostenintensiv sein.

1.2.4 Blütenstände und Blüten

Bis auf ganz wenige Ausnahmen (*Tillandsia multicaulis, T. complanata*) werden endständige Blütenstände gebildet. Damit wird das vegetative Wachstum der Hauptachse beendet. Meist erfolgt mit der Anlage der Einzelblüten eine mehr oder weniger starke Streckung des oberen Abschnittes des Sprosses, der später den unteren Teil der gesamten Blütenstandsachse bildet (Abb. 17). Die Streckung des blütentragenden Abschnittes dieser Achse erfolgt offenbar erst, wenn alle Einzelblüten angelegt sind, wie aus Untersuchungen an *Vriesea splendens* hervorgeht (Abb. 18, ZIMMER, 1965). Der Grad der Streckung ist sehr verschieden: Bei den Gattungen *Nidularium* oder *Neoregelia* z.B. erfolgt nur eine geringfügige Streckung der Sproßachse und keine Streckung der eigentlichen Infloreszenzachse (Abb. 19). Bei *Aechmea fasciata* ist der untere Teil der Achse im Verhältnis zum eigentlichen Sproß stark gestreckt, der blütentragende Teil aber stark gestaucht. Bei *Vriesea splendens* schließlich ist auch der blütentragende Teil der Achse (Spindel) stark gestreckt.
Der nicht blütentragende Teil der Achse ist mit mehr oder weniger von der Gestalt der Laubblätter abweichenden Hochblättern besetzt. Diese Hochblätter können, wie z.B. bei *Guzmania lingulata*, in der Nähe der Blütenstandsregion wieder mehr laubblattähnlichen Charakter annehmen oder aber, wie bei *G. monostachia,* zu schuppenähnlichen Gebilden reduziert sein.
Die eigentliche Blütenstandsachse ist mit sogenannten Tragblättern versehen, in deren Achseln Teilblütenstände stehen, oder mit Deckblättern besetzt, in denen Einzelblüten vorhanden sind.

Abb. 17: Entblätterte Sprosse von *Guzmania monostachia.* Links vegetativ, rechts 26 Tage nach Induktion

Hochblätter, Tragblätter und Deckblätter können kräftig gefärbt sein und machen neben den oft unscheinbaren Einzelblüten den Zierwert der Pflanzen aus.
Die Blütenstände selbst sind als einfache Traube mit gestielten Einzelblüten oder als Doppelähre ausgebildet. In selteneren Fällen treten Traubenrispen (Verzweigung 1. und 2. Ordnung im Blütenstand vorkommend) oder andere Formen auf. Als Beispiel für eine einfache, zweizeilige Ähre sei der Blütenstand von *Vriesea splendens*, für eine Doppelähre der von *V.* x *vigeri* genannt. Echte terminale Blüten treten nicht auf, die Einzelblütenstände sind unbegrenzt. Bekannt ist diese Erscheinung von *Ananas*, bei der die Scheinfrucht von einem Blattschopf gekrönt ist. Aber auch an der Spitze der Ähre von *Vriesea splendens* z.B. findet sich keine Blütenanlage, sondern

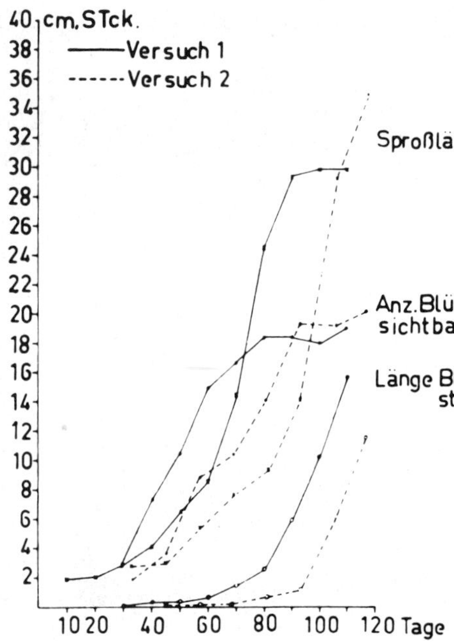

Abb. 18: Verlauf der Infloreszenzentwicklung bei *Vriesea splendens*. Versuch 1: Sommer, Versuch 2: Winter

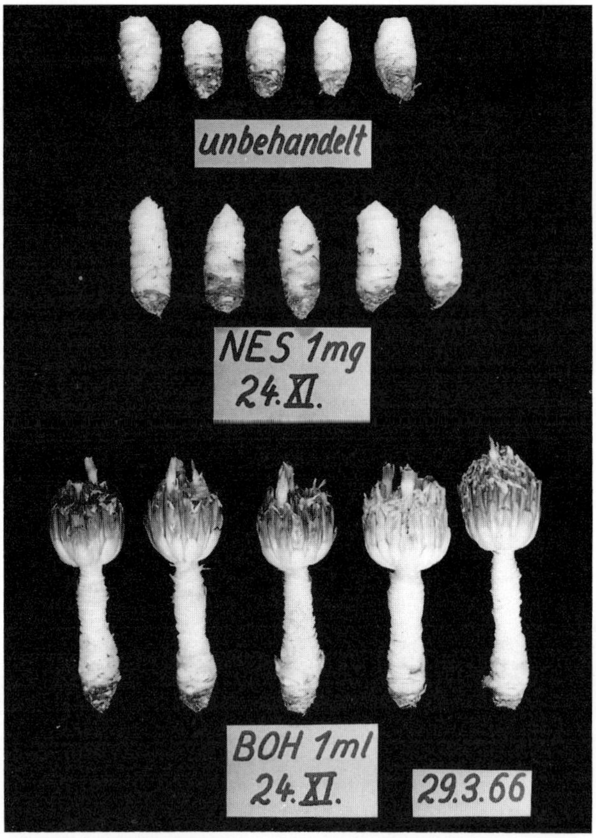

Abb. 19: Sproßachsen von *Neoregelia carolinae*

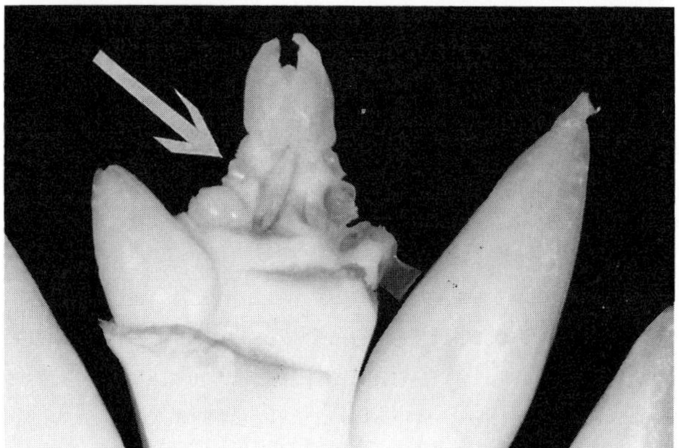

Abb. 20: Spitze der Ähre von *Vriesea splendens*. Pfeil: Blütenanlage, die nicht mehr weiter entwickelt wird

ein Schopf von Deckblattanlagen, in deren Achseln keine Blütenanlagen mehr gebildet werden (Abb. 20).

Die Blüten sind dreizählig. Sie bestehen aus drei Kelchblättern, drei Blütenblättern, zwei mal drei Staubblättern und einem aus drei Fruchtblättern gebildeten Fruchtknoten. Die Einzelblüten sind oft kurzlebig. Bei einigen Arten verblühen sie innerhalb weniger Stunden. Manchmal öffnen sich die Blüten nicht. Unter unseren Verhältnissen kann das an den Licht- und Temperaturverhältnissen liegen, allerdings soll auch unter natürlichen Verhältnissen bei einigen *Nidularium*-, *Aechmea*- und *Quesnelia*-Arten die Blütenöffnung unterbleiben (zit. nach HARMS, 1930), trotzdem aber Bestäubung durch Honigvögel, Kolibris, Schmetterlinge oder Bienen erfolgen.

Die meisten Arten scheinen auf Bestäubung durch Vögel oder Insekten angewiesen zu sein. Reichliche Nektarbildung oder Proterandrie (Reife der Staubgefäße, ehe die Narben befruchtungsfähig sind) deuten darauf hin. Allerdings gibt es auch Arten, bei denen Selbstbestäubung möglich ist (z.B. *Vriesea splendens*).

1.2.5 Früchte und Samen

Die sich aus den Fruchtknoten entwickelnden Früchte sind bei den *Pitcairnioideae* und den *Tillandsioideae* Kapseln, bei den *Bromelioideae* Beeren. Die Zeit, die bis zur Reife vergehen kann, ist sehr unterschiedlich. Nach RICHTER (1962) reifen die Beeren von *Billbergia* innerhalb von drei Monaten, die von *Nidularium* benötigen vier Monate, die von *Neoregelia* sechs Monate und die von *Aechmea fasciata* neun bis zehn Monate. Die Kapselfrüchte der Tillandsien benötigen sechs bis zwölf Monate zur Reife.

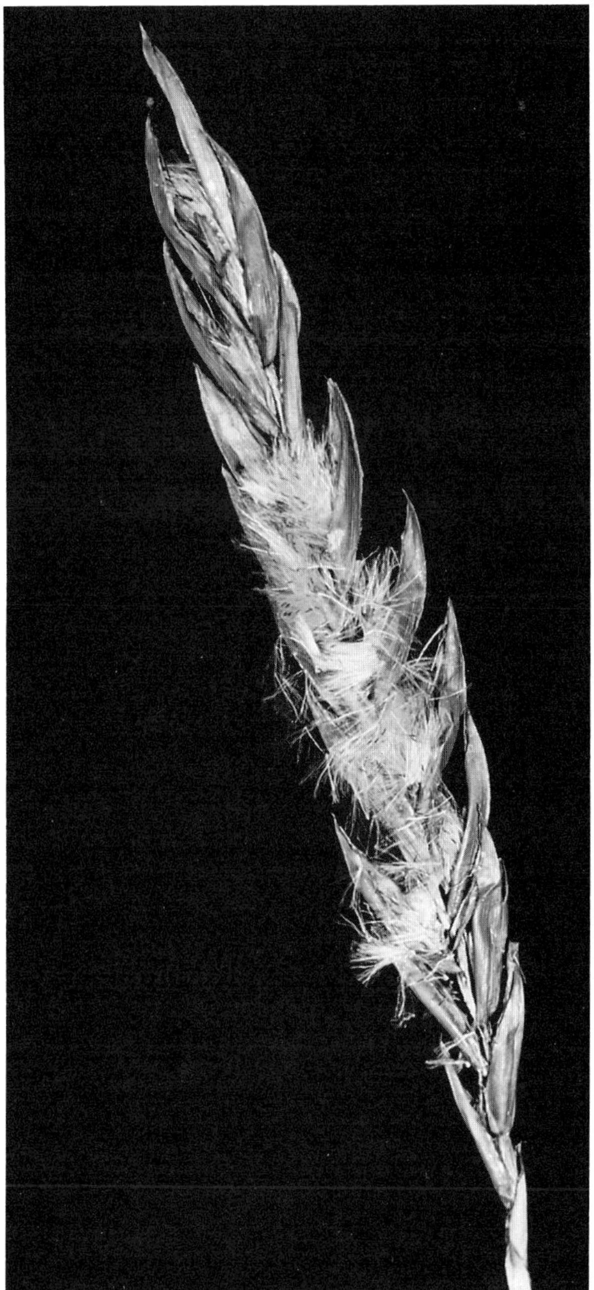

Abb. 21: Fruchtstand von *Vriesea splendens*

Die Kapseln springen bei der Reife meist auf (Abb. 21), wobei die Kapselwände sich oft spiralig drehen. Die Beeren, die zunächst mehr oder weniger saftig erscheinen und oft auffallend weiß, rot oder blau gefärbt sind, trocknen später ein und schrumpfen (Abb. 22, 23). Die Beeren sind oft nur wenig größer als der Fruchtknoten, sie enthalten auch meist viel weniger Samen als die Kapselfrüchte. So wurden in unseren Untersuchungen in Kapseln von *Vriesea splendens* bis zu 400 Samen gezählt, in Beeren von *Neoregelia carolinae* aber nur etwa 130–160, in solchen von *Aechmea bracteata* nur 10. Die Samenpro-

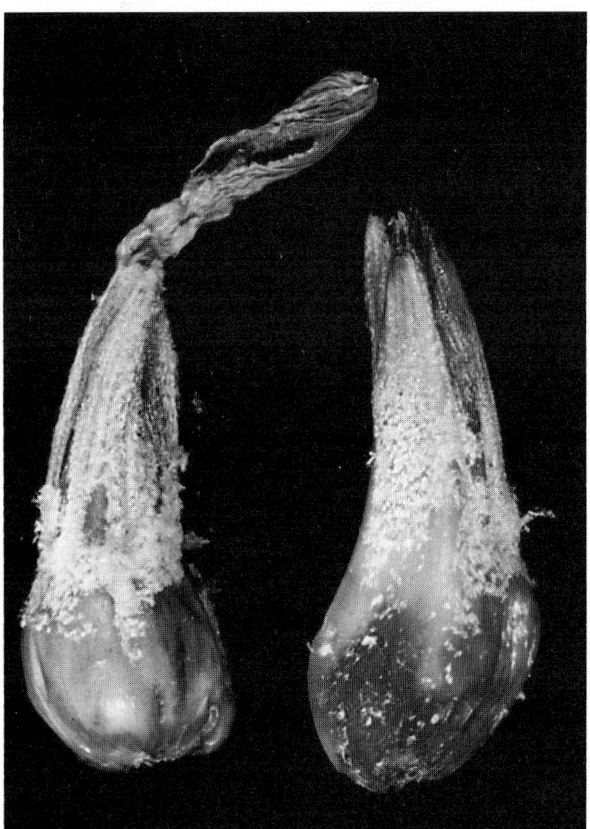

Abb. 22: Beeren von *Aechmea fasciata*

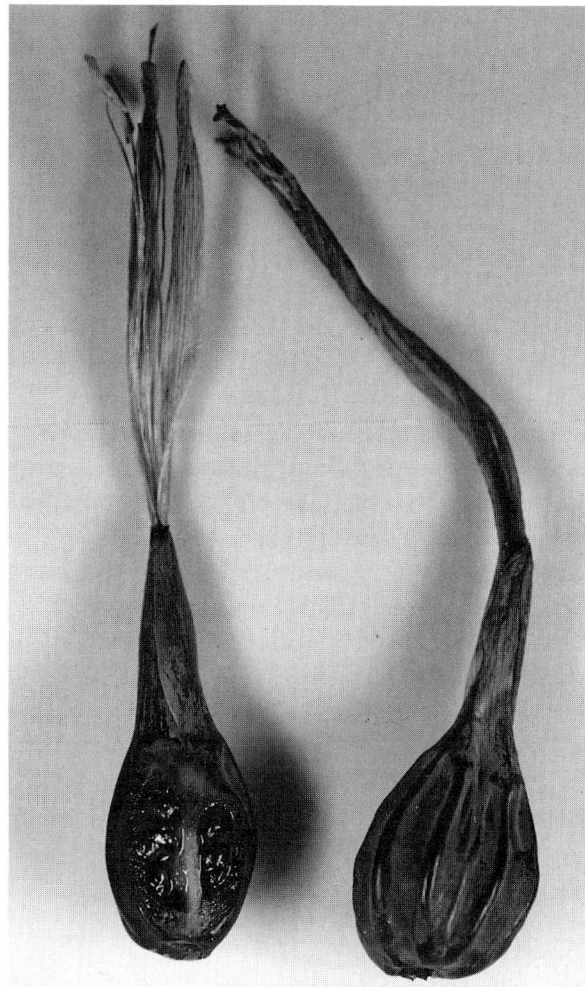

Abb. 23: Beeren von *Billbergia spec.*

duktion einer Pflanze kann aber dennoch sehr hoch sein, da die Zahl der Früchte bei den *Bromelioideae* meist sehr viel größer ist als bei den *Tillandsioideae*. So können sich zwar unter günstigen Verhältnissen an *Vriesea splendens* bis zu 20 Kapseln entwickeln, doch wurden z.B. bei *Neoregelia carolinae* über 100, bei *Aechmea bracteata* 200 Beeren gezählt. Form, Größe und

Gewicht der Samen sind sehr unterschiedlich. Bei den *Pitcairnioideae* finden sich sehr kleine, runde, eiförmige oder feilspanähnliche Samen (Abb. 24), die Flügelhäutchen in verschiedener Ausbildung tragen können. Diese Samen werden in der Natur durch Wind verbreitet und können, da sie sehr leicht sind, weit fortgetragen werden. Das 1000-Korn-Gewicht von *Pitcairnia maidifolia* wird mit 40 mg angegeben (W. HIRT, zit. nach HARMS, 1930).

Die Samen der *Tillandsioideae* sind spindelförmig von etwa 1,5 bis 4 mm Länge und tragen einen Flugapparat (Abb. 21), der aus der äußeren Zellschicht der Samenhaut entstanden ist. Er besteht aus Haaren, die aus langgestreckten Zellen zusammengesetzt sind und eine Art Fallschirm bilden. Gelegentlich kommen auch Doppelfallschirme vor. Auch diese Samen werden durch den Wind verbreitet und können auf rauhen Oberflächen haften. Da die Flughaare sich gegenseitig verhaken können, werden häufig ganze Gruppen verweht, die dann auf geeigneter Unterlage zu ganzen Kolonien von Sämlingen heranwachsen. Die Flughaare sind hygroskopisch. Bei genügend hoher Luftfeuchte bilden sich auf den Haaren Wassertröpfchen, und es steht auf diese Weise genügend Feuchtigkeit für die Keimung zur Verfügung.

Die Samen der *Bromelioideae* tragen keine Anhängsel. Sie sind oft in saftiges Fruchtfleisch eingebettet (Abb. 23) oder von einer klebrigen Pulpa umhüllt, die wohl der Befestigung auf der Unterlage dienen kann, auf die sie mit dem Kot der Vögel, die so zur Verbreitung beitragen, abgelegt werden.

Die Samengewichte schwanken außerordentlich stark. Die Samen sind wohl insgesamt schwerer als die der *Pitcairnioideae*. So haben Wägungen ergeben, daß die 1000-Korn-Gewichte der Samen von *Neoregelia carolinae* etwa 220 bis 240 mg, der von *Aechmea fasciata* etwa 490 mg, der von *Aechmea chantinii* etwa 750 mg und der von *Aechmea bracteata* sogar 4300 mg betragen.

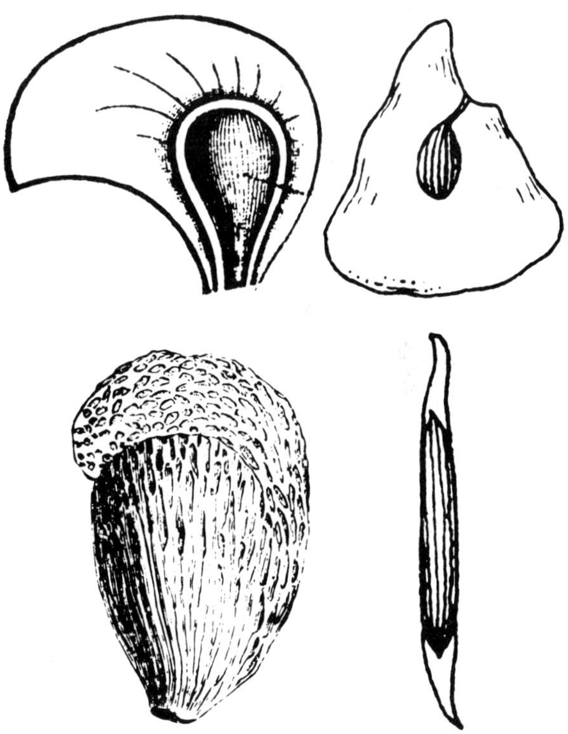

Abb. 24: Samen von *Pitcairnioideae:* oben links *Dyckia rariflora*, rechts *Puya raimondii*, unten links *Hechtia glomerata*, rechts *Abromeitiella brevifolia* (aus HARMS, 1930)

2 Wachstumsfaktoren

Entsprechend der Vielzahl der Arten und ihrer heimatlichen Standortbedingungen, an die die Bromelien jeweils angepaßt sind, sind die Ansprüche an Licht und Wärme, Wasser und Nährstoffe außerordentlich unterschiedlich. In der Regel fehlen eingehende Untersuchungen, deswegen können nur ziemlich grobe Angaben gemacht werden.

2.1 Licht

Aus den heimatlichen Standortbedingungen kann man in etwa ableiten, welche Belichtung Bromelien vertragen. Wir können nicht davon ausgehen, daß die am natürlichen Standort vorhandene Einstrahlung auch zur Assimilation genutzt wird, geschweige denn aus den Einstrahlungsbedingungen schließen, daß dieses Licht für eine optimale Entwicklung notwendig ist. Gegen die Annahme, daß alles einfallende Licht assimilatorisch genutzt wird, spricht, daß man eine Reihe von Bromelien von trockenen epiphytischen oder terrestrischen Standorten gefunden hat, die CO_2 während der Dunkelheit aufnehmen (siehe Abschnitt 2.3.1). Dies bedeutet in der Regel, daß die Spaltöffnungen geschlossen sind, wenn bei gleichzeitig hoher Einstrahlung Trockenheit herrscht. Die Pflanze vermag dann – möglicherweise aufgrund des dichten Besatzes mit Trichomen, die eine Art „Reflektionsschicht" bilden, die hohe Einstrahlung des Standortes zu tolerieren, aber nicht für assimilatorische Zwecke zu nutzen.

Man kann jedoch ableiten, daß Bromelien von sommertrockenen Standorten – ob epiphytisch oder terrestrisch wachsend – unter Kulturbedingungen mehr Licht „vertragen" als solche, die als Epiphyten in immerfeuchten Regenwäldern vorkommen. Bezüglich der Lichtansprüche können wir also durchaus RICHTER (1950) folgen und allgemein drei Gruppen unterscheiden:

Gruppe 1
enthält Arten, die unter mitteleuropäischen Verhältnissen über Winter bei voller Einstrahlung und im Sommer nach entsprechender Anpassung höchstens unter leichter Schattierung kultiviert werden. Hierher gehören alle hartblättrigen *Bromelioideae*, z.B. *Aechmea fasciata, Billbergia nutans, Quesnelia.* Hierher können aber sicher auch z.B. *Hechtia-* und *Tillandsia*-Arten gehören.

Gruppe 2
umfaßt Arten, die im Winter bei voller Einstrahlung, im Sommer aber bei mäßigem Schatten kultiviert werden. In diese Gruppe gehören nach RICHTER z.B. weichblättrige *Aechmea, Nidularium innocentii,* grünblättrige *Vriesea, Cryptanthus bromelioides* und *Tillandsia lindenii.*

Gruppe 3
enthält nach RICHTER Arten, die zwar gut belichtet, aber nicht direkter Einstrahlung ausgesetzt sein sollen. Hierher werden *Vriesea splendens, Guzmania, Cryptanthus zonatus* und *Tillandsia flabellata* gezählt.

Diese Gruppierung ist eher für den „Verbraucher" wichtig, damit dieser den Standort in der Wohnung danach bestimmen kann. Für den Produzenten sind andere Überlegungen wichtig: Da im Sommer in den Gewächshäusern aufgrund der Einstrahlung oft zu hohe Temperaturen entstehen und aus diesem Grunde schattiert werden muß, spielt für den Gärtner eigentlich selten der Lichtüberschuß eine Rolle. Das Problem liegt eher noch in der Frage, bei welchen Beleuchtungsstärken Bromelien noch wachsen. Von Interesse könnte auch sein, bei welchen Beleuchtungsstärken der Kompensationspunkt erreicht ist. Die Kenntnis dieses Schwellenwertes, der von der Temperatur und auch der CO_2-Konzentration abhängig sein kann, könnte uns vor allem im Winter die Beurteilung der Frage erlauben, ob Bromelien unter unseren Lichtverhältnissen überhaupt noch im Winter wachsen. Da wir an trüben Tagen im Winter oft nur kurze Zeit am Tage Beleuchtungsstärken von 500–1000 Lux im Gewächshaus erreichen oder auch in manchen Fällen tagelang Beleuchtungsstärken von 500 Lux nicht überschritten werden, ist diese Frage nach dem Kompensationspunkt von Interesse, da mit der Beantwortung auch die Entscheidung über die Anwendung starker zusätzlicher Belichtung im Winter gekoppelt ist. Diese Frage ist bisher – außer bei Sämlingen – noch kaum untersucht worden, scheint aber im Hinblick auf die Tatsache, daß die Entwicklung der Blütenstände nach einer blühinduzierenden Behandlung mit von den Lichtverhältnissen abhängt (vergl. Abb. 18), von entscheidender Bedeutung.

Für *Aechmea fasciata* hat Kofranek (1972) einen unteren Grenzwert von 220–260 Lux angegeben. Bei dieser Beleuchtungsstärke traten aber nach 4 Monaten bereits Schäden auf. In Klimakammerversuchen mit Jungpflanzen von *Aechmea fasciata* und *Vriesea splendens* führten Behandlungen mit 6 Wochen 8 h 1000 Lux HQL-Licht oder 8 h 800 Lux zu einer Verringerung der Trockenmasse gegenüber dem Anfangszustand – ein Zeichen dafür, daß die Pflanzen offenbar mehr veratmeten, als durch Assimilation aufbauten (Zimmer, 1977). Wenn diese Unterschiede auch nicht gesichert waren, zeigten die Ergebnisse doch, daß unter üblichen Kulturverhältnissen offenbar eine Beleuchtungsstärke von etwa 1% der vollen Sonneneinstrahlung gerade zur Erhaltung der Substanz, aber nicht zum aktiven Wachstum beiträgt.

Für Tillandsien haben Benzing und Renfrow (1971a) gezeigt, daß viele Arten eine maximale Photosyntheseleistung erst etwa bei 30 Kilolux erreichen – sogar solche, die als wenig lichtbedürftig angesehen werden (*Tillandsia lindenii*, grünblättrige Arten). Deren Leistung nimmt aber bei abnehmender Beleuchtungsstärke nicht so stark ab (z.B. bei 3,2 Kilolux noch etwa 50% der Photosyntheseleistung) wie bei sog. atmosphärischen Tillandsien, die unter solchen Lichtbedingungen nur noch eine Photosyntheseleistung von 15–20% der maximal möglichen zeigten. Dies bedeutet, daß solche Tillandsien unter unseren Lichtverhältnissen im Winter kaum wachsen, mindestens im Sämlingsstadium aber aufgrund des geringen Platzbedarfs und der Toleranz gegen relativ niedrige Nachttemperaturen unter Kunstlicht kultiviert werden könnten.

Andererseits ist für aktives Wachstum sicher nicht nur die Beleuchtungsstärke von Bedeutung, sondern auch die Dauer der Belichtung, d.h. also die Lichtmenge. In Untersuchungen mit *Aechmea fasciata*-Sämlingen zeigte sich, daß der Zuwachs bei 25° C stark von der Lichtmenge abhängig ist (Abb. 25). Pflanzen, die im Kunstlichtraum Dauerlicht erhalten hatten (1000 Lux Mischlichtlampen), zeigten nach drei Monaten ein etwa fünfmal höheres Trockengewicht als Kontrollpflanzen, die im Gewächshaus in der Zeit von Oktober bis Januar bei gleicher Temperatur gewachsen waren. Entsprechende Untersuchungen an *Nidularium innocentii* und *Aechmea lüddemanniana* zeigten nach dreimonatiger Zusatzbelichtung mit Misch-

Abb. 25: Sämlingswachstum in Abhängigkeit von der Lichtmenge

Tabelle 2: Wirkung zusätzlicher Belichtung auf das Wachstum von Bromeliensämlingen. Trockengewicht in % der Kontrolle

Behandlung	*Nidularium innocentii*	*Aechmea lüddemanniana*
Kontrolle Normaltag	100	100
8 h Tageslicht	100	105
8 h Tageslicht + 5 h	231	191
8 h Tageslicht + 16 h	418	257

lichtlampen zum natürlichen Tageslicht (Versuch im Winter durchgeführt) die in Tabelle 2 wiedergegebenen Trockengewichte.

Auch die Temperatur spielt für die Ausnutzung des Lichtes natürlich eine Rolle. So wirkte sich bei *Aechmea lüddemanniana* eine Zusatzbelichtung nur dann aus, wenn gleichzeitig höhere Temperaturen gegeben wurden.

Auch bei *Vriesea splendens* fördert eine starke Zusatzbelichtung das Wachstum erheblich. Dabei wird nicht nur das Frischgewicht, sondern auch die Blattzahl erhöht (Abb. 26). Für eine assimilatorisch wirksame Belichtung werden daher 2–8 Kilolux empfohlen (SCHOSER, 1966). Von der Assimilationsleistung der Pflanze hängt auch die Entwicklungsgeschwindigkeit der Infloreszenzen ab. Schon bei früheren Versuchen mit *Vriesea splendens* konnte gezeigt werden, daß unter Winterlichtverhältnissen die Entwicklungsdauer 10 bis 30 Tage länger sein kann als im Sommer (vgl. Abb. 18, Abschn. 1.2.4). Tabelle 3 zeigt den Einfluß des Lichts auf die Entwicklung besonders deutlich.

Auf die Rolle des Lichtes bei der Blüteninduktion wird noch näher einzugehen sein.

Auch auf die Qualität der Blütenstände hat Licht natürlich Einfluß. Nicht nur die Färbung der Hochblätter, Deckblätter oder Laubblätter kann von der Belichtung abhängig sein, sondern auch die Länge der Ähre bei *Vriesea splendens*, bei der unter Lichtmangelbedingungen oft nur 10–12 Einzelblüten, im Sommer aber bis 20 Einzelblüten ausgebildet werden.

Gelegentlich scheinen bei Bromelien photoperiodische Reaktionen aufzutreten. So werden *Ananas* als Kurztagpflanzen angesehen, da sie unter normalen Bedingungen Blüten erst bilden, wenn

Abb. 26: Relativer Zuwachs von Vriesea-Sämlingen bei unterschiedlicher Belichtung. Links Frischgewicht, rechts Blattzahl. Kontr: Natürl. Tageslicht, Zusatzlicht mit 4000 oder 1000 Lx HPL-Licht, Glühl.

die Tageslänge etwa 11 bis 12 Stunden unterschreitet und weil nach Untersuchungen von GOWING (1958) die Unterbrechung der Dunkelperiode mit schwachem Licht die Blütenbildung verhindert. Einige Arten der Gattung *Billbergia* scheinen ähnlich zu reagieren.
Demgegenüber scheint es sich bei *Aechmea fasciata* um eine fakultative Langtagpflanze zu handeln, da eine schwache Zusatzbelichtung mit Glühlampen mit einer installierten Leistung von 20–40 W/m² die Blütezeit um etwa 3 Monate vorverlegen kann (van ONSEM, 1956). Diesen Reaktionen kommt heute keine Bedeutung mehr für die Steuerung der Kultur zu, da die Blütenbildung einfacher beeinflußt werden kann.

Tabelle 3: Einfluß der Beleuchtungsstärke auf die Entwicklung der Infloreszenzen von *Vriesea splendens.* Zustand 56 Tage nach Ethrel-Behandlung (verändert nach Zimmer, 1974)

Licht %	Sproßlänge cm	Anz. Pfl. mit sichtb. Einzelblüten	Anz. sichtbare Einzelblüten
100	6,8	20	12,2
40	3,9	18	6,8
20	1,9	3	0,3
7	1,3	0	0

2.2 Temperatur

Zur Wirkung der Temperatur auf Wachstum und Entwicklung von Bromelien liegen wiederum nur Erfahrungswerte und sehr wenige Untersuchungsergebnisse vor. Zudem muß natürlich unterschieden werden zwischen Temperaturwirkungen auf die Stoffproduktion (Wachstum) und solchen auf die Entwicklung der Blütenstände. Weiterhin muß man zwischen den für Wachstum und Blütenstandsentwicklung optimalen Temperaturen, den wirtschaftlich noch vertretbaren und den kurz- oder längerfristig noch verträglichen Temperaturen unterscheiden.
Zunächst können auch hier die von RICHTER (1950) angegebenen Temperaturbereiche eingeführt werden: Die hartblättrigen, viel Licht vertragenden Arten der Gruppe 1 können auch kühler kultiviert werden, z.B. im Sommer bei 15–25° C, im Winter eher bei 15° C. Die Arten der Gruppe 2 benötigen etwas höhere Temperaturen (18° C Minimum), und die Arten der Gruppe 3 sind meist an noch höhere Temperaturen angepaßt (20° C) Minimum). Einige Untersuchungen an verschiedenen *Bromelioideae* zeigen aber, daß wohl auch „härtere" Arten bei höheren Temperaturen schneller wachsen (Tabelle 4). Bei allen drei untersuchten Arten waren selbst unter Winterbedingungen 25° C Heiztemperatur für die rascheste Entwicklung (Frischgewicht und Blattbildungsrate) am günstigsten. In diesem Falle wurde nicht untersucht, ob eine Temperaturabsenkung während der Dunkelperiode nicht noch bessere Ergebnisse erbracht hätte. Untersuchungen von MOES und ADRIANSEN (1976) zeigten, daß sich bei einer Bodenheizung (22° C) für *Vriesea splendens* 19°/13° C Tag-Nachttemperaturen und für *Guzmania minor* 'Orange' zwischen 16–19° C Tag- und 13–16° C Nachttemperatur am günstigsten auswirkten. Ohne Bodenheizung erwies sich in beiden Fällen 19° C Tag- und 16° C Nachttemperatur am günstigsten. Allerdings muß hier gesagt werden, daß höhere Temperaturen nicht untersucht wurden.

Faßt man vorhandene Angaben und Erfahrungen zusammen, so kann man davon ausgehen, daß im Sommer die meisten wirtschaftlich wichtigen Bromelien bei Temperaturen von 22–25° C gut wachsen, die Temperatur während der Dunkelphase kann sicher auf 16–18° C reduziert werden. Im Winter sollten die Temperaturen während der Lichtphase bei 18–20° C liegen, bei Dunkelheit kann die Temperatur auf 16° C zurückgehen. Ein solches Temperaturprogramm bedeutet nicht, daß nicht auch kurzfristig niedrigere Temperaturen während der Nacht vertragen werden. Wie neue Untersuchungen an *Guzmania minor* 'Orange' zeigten (ZIMMER, 1983a), erfolgte selbst bei einer 16stündigen Einwirkung von 8–11° C während der Dunkelphase noch Zuwachs, wenn eine solche Behandlung bis zu 3 Wochen dauerte. 8 Wochen mit Nachttemperaturen von 5 oder 8° C (für 16 h) in Kombination mit Tagestemperaturen von 20–22° C führten allerdings zu Wachstumsstillstand – auch bei *Vriesea* 'Meyers Favorite'.

Guzmania minor 'Orange' hat sogar bis zu 4 Wochen Nachttemperaturen von 2° C ohne sichtbare Schädigungen überstanden! Hierbei ist zu bedenken, daß in diesen Untersuchungen die Abkühlung plötzlich erfolgte und nicht wie in einem Gewächshaus langsam über Stunden. Es zeigt sich aber auch, daß die Toleranz gegen niedrige Nachttemperaturen offenbar wesentlich größer ist, als bisher angenommen.

Einige „graue" Tillandsien, die noch bis in größeren Höhenlagen vorkommen, dürften im Winter wohl auch auf Dauer Nachttemperaturen von 10–12° C oder sogar darunter vertragen.

Für die Induktion der Blütenbildung mit Hilfe von Ethrel oder Bromblüte scheinen Temperaturen von 15° C (konstant) in der Regel zu niedrig zu sein. *Vriesea splendens* und *Aechmea fasciata* scheinen bei 15–16° C konstanter Temperatur nicht umgestimmt zu werden. Allerdings vermag natürlich auch Lichtmangel die Entwicklung zusätzlich zu verhindern. So werden für Induktionsbehandlungen immer Temperaturen um 20° C empfohlen. Nach der Induktion kann –

Tabelle 4: Wachstum verschiedener Bromelien bei verschiedenen Mindesttemperaturen im Gewächshaus. Versuchsbeginn 16.11.; Endauswertung 15.3.; 30 Pflanzen

Min. Temp. °C	*Aechmea chantinii* g Frischmasse	*Aechmea chantinii* Anzahl Blätter*	*Aechmea fasciata* g Frischmasse	*Aechmea fasciata* Anzahl Blätter*	*Neoregelia carolinae* g Frischmasse	*Neoregelia carolinae* Anzahl Blätter*
Versuchsbeginn	10.3	14,0	4,2	17,0	2,2	18,0
15	11,7	10,5	8,2	18,8	4,1	23,1
20	18,2	17,3	12,9	21,0	5,8	25,2
25	23,9	18,2	12,9	21,9	6,6	27,5
30	14,3	16,4	9,9	21,0	5,4	26,5

* einschl. Blattanlagen

Tabelle 5: Einfluß unterschiedlicher Tag- und Nacht-Minimumtemperaturen auf die Entwicklungsdauer in Tagen von einer induktiven Belichtung (16.8.) bis zur Ausfärbung (nach Otto, 1966)

Tag Tp °C	Nacht TP °C 25	20	15	10
25	96	107	121	175
20	–	141	157	197

Licht genug vorausgesetzt – die Temperatur jedoch die Entwicklung erheblich beeinflussen (vgl. Abb. 41). Wie OTTO (1966) an *Vriesea splendens* zeigen konnte, kann die Entwicklung der Blütenstände bei einer induktiven Behandlung am 16. August über die unterschiedliche Mindesttemperatur erheblich beeinflußt werden (Tabelle 5).
Wie deutlich wird, beschleunigen höhere Temperaturen die Infloreszenzentwicklung erheblich. In der lichtarmen Jahreszeit aber wird natürlich auch die Stoffbilanz negativ beeinflußt, und so kann es geboten erscheinen, trotz der mit einer Absenkung der Temperatur verbundenen Verlängerung der Kulturzeit niedrigere Temperaturen einzuhalten, um nicht nur Energie zu sparen, sondern auch aus Qualitätsgründen: Bei höheren Temperaturen und Lichtmangel kann die Entwicklung gehemmt oder sogar völlig verhindert sein.

2.3 Wasser und Nährstoffe

An den Standorten der Bromelien erfolgt die Versorgung der Pflanzen mit dem lebensnotwendigen Wasser auf vielerlei Weise: Für die an extrem niederschlagsarme Standorte angepaßten Bromelien (graue Tillandsien), die z.T. nicht einmal mehr ein Wurzelsystem entwickelt haben, steht Wasser in der Regel als Nebel oder Tau zur Aufnahme über die Trichome zur Verfügung. In Gebieten mit Niederschlägen wird Wasser über die Blätter in Zisternen und dort oft in Wasserspeichergewebe geleitet, in niederschlagsreichen Gebieten (Regenwälder) wird Wasser in Speicherzisternen gesammelt. Die Aufnahme ist bereits bei der Besprechung der Trichome geschildert worden. Anders sieht es mit der Nährstoffversorgung aus. Es soll daher hier auf einige Besonderheiten hingewiesen werden.

2.3.1 CO_2

Grundsätzlich kann man davon ausgehen, daß CO_2 während der täglichen Lichtphase über die Spaltöffnungen in die Pflanze gelangt und dort „assimiliert" wird. Es gibt aber einige Pflanzengruppen, bei denen die CO_2-Fixierung während der Dunkelheit abläuft: Hierher gehören eine Reihe von *Crassulaceae* (CAM-Pflanzen = Crassulacean acid metabolism); aber auch andere succulente Pflanzen, z.B. Orchideen. Anfang der 70er Jahre wurde festgestellt, daß auch eine Reihe von Bromelien zu den sogenannten CAM-Pflanzen gehören. So wurden *Dyckia tuberosa, Aechmea tillandsioides, A. bromelifolia, Bromelia humilis, Guzmania monostachia* und 20 *Tillandsia*-Arten (z.B. *T. usneoides*) als zu dieser Gruppe gehörig erkannt (BENZING und RENFROW, 1971b; KLUGE et al., 1973; MEDINA und THROUGHTON, 1974).
Eine wesentliche Voraussetzung für die CO_2-Dunkelfixierung ist das Vorhandensein von wasserspeicherndem Blattparenchym mit stark vakuolisierten Zellen. Wie KLUGE erkannte, ähneln die Zellen des Assimilationsparenchyms der *T. usneoides* mit im Verhältnis zum Plasmaanteil großen Vakuolen und relativ geringem Chloroplastenbesatz den Zellen sukkulenter CAM-Pflanzen. Diese Bedingung für das Auftreten des CAM,

nämlich innerhalb der assimilierenden Zellen ausreichender Vakuolenspeicherraum für das während der CO_2-Dunkelfixierung gebildete Malat, scheint also bei Tillandsien und auch anderen Bromeliaceen erfüllt zu werden. Obwohl Tillandsien als zum Teil extreme, wurzellose Epiphyten am natürlichen Standort häufig Wasserdampfdefizite aufweisen, wird aufgrund des CAM die Kohlenstoffbilanz kaum beeinträchtigt. Nachts vermögen die Trichome vermehrt atmosphärische Feuchte (Tau, Nebel) aufzunehmen; bei der CO_2-Dunkelfixierung entstehendes Malat wird in den Vakuolen der Parenchymzellen gespeichert und tagsüber in Kohlenhydrate umgewandelt (KLUGE et al., 1973). Das Vermögen der Wasseraufnahme über Trichter und/oder die Trichome, die durch Saugschuppen erheblich vergrößerte Blattoberfläche, die stark spezialisierte Beschaffenheit der Trichomwände und Zellmembranen, die Ausbildung von Wasserspeichergewebe, die Fähigkeit zur CO_2-Dunkelfixierung und damit zur Photosynthese unter möglichst geringem Wasserverlust bei am Tage geschlossenen Stomata, alle diese Merkmale sind die Resultate einer sehr effektiven und funktionellen Anpassung an die extremen Bedingungen der wechselfeuchten Bromelienstandorte.

Für die CO_2-Düngung hat diese Besonderheit natürlich Bedeutung: Bei CAM-Pflanzen dürfte der CO_2-Gehalt der Luft während der Dunkelheit weit größere Bedeutung haben als während der Lichtphase, so daß eine Erhöhung des CO_2-Gehaltes über Nacht stärker wirksam wäre als während des Tages.

2.3.2 Ernährung der Bromelien am natürlichen Standort

In der Familie der *Bromeliaceae* existieren grundsätzlich verschiedene Formen der Nährstoffaufnahme:

- diejenige, die bei vielen **terrestrischen Spezies der Subfamilien** *Bromelioideae* **und** *Pitcairnioideae* vorkommt, weicht nur wenig von der üblichen Nährstoffaufnahme anderer Pflanzen ab;
- die **Trichter- bzw. Zisternenbildner** und die **extrem atmosphärischen Formen** dagegen haben stark spezialisierte Mechanismen der Nährstoffaufnahme entwickelt.

Zisternenbildung kann nur an niederschlagsreicheren Standorten effektiv sein, während die atmosphärischen Epiphyten an trockene, wenig fruchtbare Zonen angepaßt sind.

BENZING und RENFROW (1974) untersuchten die Besonderheiten der Ernährungsstrategie anhand von Sammlungen wildwachsender Bromelien. Sie kamen zu der Erkenntnis, daß besonders die epiphytischen Arten ungewöhnlich effektive Mechanismen zur Akkumulation von Mineralsalzen aus nährstoffarmen Medien entwickelt haben und sie eben diese spärlichen Nährstoffvorkommen mit sehr großer Effektivität auszunutzen vermögen.

Vergleicht man die natürlichen Wuchsorte der Epiphyten mit denen terrestrischer Pflanzen in Mineralböden, so wird deutlich, daß die Epiphytensubstrate nur minimale Gehalte an Mineralsalzen zur Nährstoffversorgung aufweisen. BENZING und RENFROW folgerten hieraus, daß an Rinden oder in Felsspalten ohne Schichten organischer Bestandteile wachsende Epiphyten fähig sein müssen, ein eigenes „Substrat“ zu erzeugen, indem sie geeignete Substanzen aus ihrer unmittelbaren Umgebung festhalten, zersetzen und absorbieren oder bereits gelöste Nährstoffe während der Niederschlagsperioden extrahieren.

Niederschlagswasser als Nährstoffquelle. An Pflanzen und Felsen herablaufende Regengerinnsel (stemflow) in dicht bewachsenen tropischen Wäldern sind gleichbleibend mit ausgewaschenen oder atmosphärischen Nährelementen und organischen Zersetzungsstoffen angereichert. Die Ergiebigkeit dieses Regenwassers für die Mineralstoffversorgung der Epiphyten ist von verschiedenen Faktoren abhängig:

- von der Löslichkeit und den Auswaschungsverlusten der Mineralstoffe aus Wirtspflanzengeweben
- der Jahreszeit
- der Niederschlagshäufigkeit und -höhe
- der Entfernung von Meeresküsten.

Kaum verfügbar sind Makroelemente wie K, N oder P, deren Konzentration im Regenwasser meist äußerst gering ist (Tab. 6).

Tabelle 6: Mineralstoffzusammensetzung des 'stemflow' von Orchideen-Bromelienwirtspflanzen in Südflorida (Benzing und Renfrow, 1974)

Nährelement und Konzentration, ppm	Baumart und Anzahl Proben	
	Quercus laevis, 11	Taxodium distichum, 7
Ca	9,6 ± 1,5	28,1 ± 11,3
K	4,4 ± 1,2	2,7 ± 0,5
Mg	2,5 ± 0,3	5,6 ± 2,5
N	1,0 ± 0,2	2,5 ± 0,6
Na	3,0 ± 0,3	8,2 ± 1,9
P	0,7 ± 0,1	0,4 ± 0,05

Um diese geringen Salzmengen aufzunehmen, steht den Epiphyten nur die kurze Zeitspanne zur Verfügung, in der die Pflanzenoberfläche und damit die Trichome mit nährstoffhaltigem Wasser befeuchtet werden, wobei die antennenartig abgespreizten Schuppen eine effektive Aufnahme ermöglichen.

Trichterwasser als Nährstoffquelle. Das Vermögen, Wasser und organische Substanzen aufzufangen und zu speichern, ist bei mehreren Pflanzenfamilien bekannt, bei den Zisternenbromelien jedoch in Verbindung mit den an die Zisterne angrenzenden Trichomen besonders effektiv. Eine Vorstellung davon, in welcher Zeit Salze in den Blattachseln einer Zisternenrosette akkumulieren, gibt folgendes Experiment. Flaschen wurden aufrecht in epiphytentragenden Baumkronen befestigt. Jede einzelne Flasche entsprach in etwa einer durchschnittlichen großen Bromelienrosette, da deren Volumen und die Flaschenöffnung von vergleichbarer Größe waren. Die Flaschen blieben etwa 10 Monate an Ort und Stelle; danach wurde das aufgefangene Wasser analysiert und die gesammelten Salze quantifiziert (Tabelle 7). Die Nährelementgehalte aus diesem Experiment entsprechen etwa denjenigen, die von den gleichen Autoren schon früher in den Zisterneninhalten ausgewachsener Pflanzen von *Catopsis floribunda* und *Guzmania monostachia* in Südflorida gefunden worden waren. Es ist daher zu vermuten, daß erhebliche standortbedingte Unterschiede im Nährelementangebot die Wuchsleistung stark beeinflussen. Untersuchungen mittels markierter Nährelemente (Benzing und Burt, 1970; Benzing und Renfrow, 1973) zeigten, daß Blätter atmosphärischer Tillandsien sehr viel höhere Ca-, P- und Zn-Mengen während kurzer Befeuchtungszeiten akkumulieren können als vergleichbare Blattgewebe von Zisternenbromelien und terrestrischen Arten, da der starke Trichombesatz der Tillandsien die Aufnahmekapazität verstärkt.

Die Effektivität der Blätter atmosphärischer Tillandsien als Organe der Nährstoffaufnahme wird deutlich an einem Versuch, in dem feldgesammelte Pflanzen von *Tillandsia circinnata* und *T. usneoides* für jeweils 5 Minuten täglich in eine Nährlösung schwacher Konzentration getaucht wurden.

Die N- und P-Aufnahmerate überstieg die Ausgangswerte aller anderen Elemente nach 120 Tagen wesentlich. Die P-Aufnahme entsprach mit einer 20fachen Steigerungsrate bei *T. circinnata* einem Luxuskosum, der bei Pflanzen aus wenig fruchtbaren Biotopen, in denen Nährsalze nur während zeitlich begrenzter Niederschlagsperioden verfügbar sind, schon häufiger beobachtet wurden (Tabelle 8).

Tabelle 7: Elementgehalte in Sammelflaschen (mg/Flasche) aus Baumkronen in der Nähe von Tampa, Florida (Benzing und Renfrow, 1974)

Probe	Baumart	Standort	Ca	K	Mg	N	Na	P
1	*Quercus virginia*	Hochland	5,36	3,54	0,81	27,20	2,43	3,23
2	*Q. nigra*	Sumpf	5,74	1,34	1,09	7,19	0,84	0,41
3	*Q. nigra*	Sumpf	11,70	1,76	2,72	15,60	3,68	1,46
4	*Q. laevis*	Hochland	2,00	0	0,20	3,20	0,30	0,28

Nährelementgehalte. Die Nährstoffzusammensetzung der Blätter feldgesammelter Bromelien normaler Größe und Vitalität ist eng mit der Nährstoffverfügbarkeit des bevorzugten Standortes dieser Pflanzen korreliert (Benzing und Renfrow, 1974). Ausgehend von den geringen Gehalten vieler Makronährelemente in den Blättern gesunder Wildpflanzen benötigen atmosphärische Tillandsien die geringsten K-, P- und N-Gehalte für eine normale Lebensfunktion. Die Nährelementgehalte in den Blättern der zisternenbildenden und terrestrischen Bromelien sind – mit Ausnahme von Natrium – relativ höher und vergleichbar mit den Gehalten ähnlicher terrestrischer Arten anderer Familien (Tabelle 9).

Tabelle 8: N- und P-Gehalt feldgesammelter *Tillandsia circinnata*- und *T. usneoides*-Triebe vor und nach Behandlung mit einer Nährlösung (nach Benzing und Renfrow, 1974)

		Zusammensetzung (% TS)	
		N	P
T. circinnata	vor Behandlung	0,44 ± 0,02	0,02 ± 0,001
	nach Behandlung	1,40 ± 0,12	0,38 ± 0,06
T. usneoides	vor Behandlung	0,74 ± 0,08	0,18 ± 0,002
	nach Behandlung	1,14 ± 0,04	0,33 ± 0,02

Aufgrund ihrer Untersuchungen kommen Benzing und Renfrow (1974) zu dem Schluß, daß die Spezies der Familie *Bromeliaceae* verschiedene effektive morphologische und physiologische Strukturen entwickelt haben, die sie befähigen, an nährstoffarmen Standorten zu überdauern und auch trotz der schlechten Wachstumsbedingungen zu vermehren. Diese sind

- relativ geringe Wachstumsgeschwindigkeit,
- regelmäßige Kindelbildung; einblütige bzw. kleine mehrblütige Triebe in Verbindung mit einem effektiven Recycling der Nährstoffe zugunsten der jüngeren Triebe,
- Ausbildung kleiner Samen mit geringem Nährstoffreservoir,
- Minimierung von Verdunstungs- und Auswaschungsverlusten durch spezifische Membran- und Epidermisstrukturen,

- Entwicklung spezifischer Wuchsformen (Trichterbildung) und Trichombesatz zur effektiven wurzelunabhängigen Wasser- und Nährstoffaufnahme,
- hohe Nährstoffaffinität auch unter extrem armen Bedingungen, sowie die Fähigkeit, Nährstoffe schnell zu absorbieren, wenn sie kurzzeitig verfügbar sind,
- Fähigkeit, Nährstoffvorkommen auszunutzen, die anderen höheren Pflanzen nicht zugänglich sind,
- Fähigkeit, niedrige Nährstoffgehalte im lebenden Gewebe zu tolerieren, ohne die notwendige Vitalität und Reproduktionspotenz zu verlieren.

Tabelle 9: Elementgehalte (% TS) der Blattspreiten feldgesammelter *Bromeliaceae* (Benzing und Renfrow, 1974)

Species	Subfamilie	Fundort	Ca	K	Mg	N	Na	P
bewurzelte terrestrische								
Bromelia karatas	*Bromelioideae*	Jamaica	1,19	2,48	0,14	0,67	0,06	0,07
Pitcairnia bromeliifolia	*Pitcairnioideae*	Jamaica	1,06	1,02	0,14	1,37	0,04	0,08
Pitcairnia sp.	*Pitcairnioideae*	Dominica	0,26	1,70	0,18	0,81	0,04	0,10
Zisternen-Epiphyten								
Aechmea nudicaulis	*Bromelioideae*	Trinidad	0,38	1,94	0,20	0,57	0,18	0,06
A. paniculifera	*Bromelioideae*	Jamaica	0,51	1,03	0,15	0,54	0,81	0,04
Catopsis berteroniana	*Tillandsioideae*	Jamaica	0,40	0,72	0,12	1,14	0,55	0,09
C. floribunda	*Tillandsioideae*	Florida	1,15	1,59	0,18	1,36	0,32	0,09
Guzmania lingulata	*Tillandsioideae*	Trinidad	0,44	1,59	0,25	0,88	0,19	0,06
G. monostachya	*Tillandsioideae*	Florida	0,34	1,94	0,14	0,60	0,10	0,08
Tillandsia anceps	*Tillandsioideae*	Trinidad	0,39	1,06	0,14	0,85	0,26	0,04
Vriesea splendens	*Tillandsioideae*	Trinidad	0,36	1,43	0,20	0,89	0,48	0,06
Atmosphärische Epiphyten								
T. balbisiana	*Tillandsioideae*	Florida	0,83	0,34	0,14	0,36	0,41	0,04
T. circinnata	*Tillandsioideae*	Florida	0,73	0,32	0,14	0,34	0,65	0,03
T. pruinosa	*Tillandsioideae*	Florida	0,70	0,48	0,24	0,73	0,38	0,06
T. usneoides	*Tillandsioideae*	Florida	0,67	0,50	0,29	0,82	0,55	0,01

3 Kultur

3.1 Generative Vermehrung

3.1.1 Samenträger, Bestäubung und Samengewinnung

Alle schon lange in Kultur befindlichen Arten sind bereits selektierte Typen: Es wurde seit jeher auf bessere Blattzeichnung, breitere kompakte Blätter, gedrungeneren Wuchs, größere, besser ausgefärbte und/oder verzweigte Blütenstände, Raschwüchsigkeit und Frühblütigkeit Wert gelegt. Als Samenträger müssen vor allem kräftige Pflanzen, welche diesen Wünschen und Anforderungen gerecht werden, ausgewählt werden. Schwache Pflanzen wie auch solche, die zum frühest möglichen Zeitpunkt zur Blüte gebracht wurden, können dazu neigen, keine oder zu wenig oder in der Keimfähigkeit reduzierte Samen zu bilden (GÜLZ, 1975). Es ist für *Vriesea splendens* allerdings nachgewiesen, daß mittels Azetylen induzierte Pflanzen normale Samenbildung aufwiesen (ZIMMER, 1969).
Die Bestäubung geschieht in der Heimat bei vielen Arten durch Honigvögel, Kolibris, Nachtfalter und Fledermäuse (oder auch durch andere Vögel, z.B. *Puya chilensis* durch den Star *Caracus aterrimus*, JOHOW, 1898, nach RAUH, 1981), die durch die gefärbten Hoch- oder Deckblätter, Blüten oder deren Duft und die oft reichliche Nektarabsonderung angelockt werden. Bei diesen Fremdbestäubern muß man daher möglichst mehrere Samenträger selektieren, die jedoch nicht dem gleichen Klon agehören sollen. Kindelpflanzen eines besonders selektierten Typs sind also nicht geeignet (GÜLZ, 1975), da Selbststerilität ziemlich häufig ist. Ebenso wichtig ist zu wissen, daß bei vielen Arten Proterandrie (Vormännlichkeit) besteht. Das bedeutet, daß die Pollen reif sind und die Antheren stäuben, ehe an der gleichen Blüte die Narbe empfängnisfähig ist. Auch aus diesem Grunde ist die Auswahl mehrerer Samenträger notwendig.
Bei den Fremdbestäubern wird zur Übertragung des Pollens Pinzette, kleiner Pinsel oder Feder benutzt. Ein Sonderfall liegt bei *Tillandsia lindenii* und verwandten Formen vor. Diese Blüten haben eine verhältnismäßig lange Röhre. Staubbeutel und Narben sitzen bei den angeführten Arten tief unten in der Blütenröhre. Da diese sehr eng ist, dürfte in der Natur nur ein Kolibri die Bestäubung mit Erfolg vollführen können. Da aber selbst der dünne Schnabel des Kolibris nicht in die schmale Röhre bis zu den Staubblättern, der Narbe und zum Nektar vordringen würde, geschieht hier die Entnahme des Nektars bzw. die Bestäubung durch die fast zwirnfadendünne lange Zunge mancher Kolibriarten. Diese Form des Blütenbaues macht auch die Bestäubung in der Praxis so schwierig. Ein Aufschneiden der Röhre hat nie zum Erfolg geführt. Erfolge wurden aber mit einer Hühnerfeder erzielt, welcher man von beiden Seiten des Kieles die Fahnen entfernt und nur die äußerste Spitze der Raphis beließ (GÜLZ, 1973). Die Bestäubung muß hier mit etwas Fingerspitzengefühl durchgeführt werden.
Die Zeit, in welcher die Bestäubung vorgenommen werden kann, erstreckt sich bei vielen Arten nur auf wenige Stunden. Manche Arten, wie *Aechmea fasciata*, sind nur in den Morgenstunden mit Erfolg zu bestäuben, andere, wie z.B. *Aechmea fulgens* var. *discolor*, in den späten Nachmittagsstunden. *Vriesea tesselata, V. hieroglyphica, V. fenestralis, V. fosteriana* 'Red Chest-

nut' u.a. sind Nachtblüher und nur dann aufnahmefähig.
Bei manchen Bromelien-Arten bleiben die Blüten ständig geschlossen. Durch nähere Beobachtung und etwas Erfahrung wird man bald erkennen, wann die Geschlechtsreife der Blüten eingetreten ist. Merkmale sind Zeitpunkt der intensivsten Färbung und das teilweise Überlappen der Blütenblätter, die sich von oben leicht durchstoßen lassen. Solche Arten gehören aber oft auch zur Gruppe der Selbstbefruchter, zu denen *Guzmania-* und *Vriesea*-Arten, aber auch *Billbergia* und *Aechmea* gehören. So bilden z.B. *Guzmania monostachia* und *Vriesea splendens* selbstbefruchtend Samen aus.
Bei den kapselfrüchtigen *Pitcairnioideae* und *Tillandsioideae* springen die Früchte nach Eintrocknung und Braunfärbung auf. Die Samen werden dann – wenn die Luftfeuchtigkeit gering ist und die Flughaare sich voll entfalten können, leicht durch Wind und Luftzug verbreitet. Da die Früchte ungleichmäßig reifen, muß, um Samenverluste zu vermeiden, sorgfältig auf den Reifezustand geachtet und gegebenenfalls mehrfach geerntet werden, da eine Nachreife offenbar nicht erfolgt, wenn die Früchte noch grün sind (Gülz, 1973).
Bei den beerenfrüchtigen *Bromelioideae* sind die Samen reif, wenn sie eine dunkle Färbung zeigen. Man muß deshalb nicht warten, bis die Einzelbeeren eintrocknen, da die Entfernung aus dem klebrigen Fruchtfleisch schwierig ist. Im Gegensatz zu den seidig glänzenden trockenen Samen der *Tillandsioideae* und *Pitcairnioideae* werden die Samen der *Bromelioideae*, weil sie mit Fruchtfleischresten behaftet sind, in Chinosollösung für einige Zeit desinfiziert und abgewaschen (1:1000). Richter (1962) empfiehlt sogar, die fleischigen Beeren mit wenig Wasser warm aufzubewahren und einige Tage gären zu lassen, ehe sie gewaschen, desinfiziert und gegebenenfalls zurückgetrocknet werden.

3.1.2 Keimfähigkeit und Saatgutlagerung

Bromeliensaatgut verliert offenbar sehr schnell seine Keimfähigkeit. Es wird immer wieder betont, daß Importsaatgut sofort ausgesät werden soll, da das Samenalter nicht bekannt sei und die Keimfähigkeit schon nach drei Monaten erheblich nachlassen und nach sechs Monaten verloren gegangen sein soll (Richter, 1950, 1962; Rauh, 1970).
Hier fehlen noch eingehende Untersuchungen an vielen Arten, doch gibt es Hinweise dafür, daß die Lagerfähigkeit außerordentlich unterschiedlich sein kann und möglicherweise auch von den Lagerbedingungen abhängig ist.
Saatgut von *Neoregelia carolinae* kann man offenbar – ohne einen Verlust der Keimfähigkeit befürchten zu müssen, länger als drei Monate bei Zimmertemperatur aufbewahren. Selbst nach 30 Wochen Lagerzeit waren weder Keimung noch Mittlere Keimzeit beeinträchtigt. Lediglich, wenn die Keimtemperatur niedrig war (15° C), wurde nach so langer Lagerung die Keimung herabgesetzt und die Triebkraft vermindert sowie der Keimungsverlauf verzögert (Zimmer, 1967). Erst nach neun bis zehn Monaten Lagerdauer wurde die Keimung auch bei 25° C vermindert. Diese Reaktionsweise legt den Schluß nahe, daß mit zunehmendem Samenalter bei ungünstigen Keimtemperaturen die Keimung stärker beeinträchtigt ist als bei optimalen Temperaturen. Daraus folgt, daß bei Saatgut unbekannten Alters die Einhaltung optimaler Temperaturen für die Keimung

besonders wichtig ist und die besten noch möglichen Ergebnisse bringt.
Untersuchungen an Saatgut von *Vriesea splendens* (ZIMMER, 1969) zeigten eine ähnliche Tendenz: Je älter das Saatgut, desto stärker wurde die Keimung bei 20° C (unteroptimal) oder 30° C (überoptimal) gehemmt oder vermindert, während bei Keimtemperaturen von 25° C diese Beeinträchtigung erst später eintrat.
Aber auch ein anderer Punkt ist wichtig. Wurde das Saatgut bei Zimmertemperatur gelagert, wurde eine Minderung der Keimfähigkeit schon nach vier bis fünf Monaten gefunden. Erfolgte die Lagerung bei +2° C oder +1° C, war eine Hemmung der Keimung – verzögerte Wurzelhaarbildung und Chlorophyllbildung – erst nach fünf bis sechs Monaten festzustellen. Auch Saatgut von *Vriesea splendens* kann daher ebenfalls mindestens drei bis vier Monate unbedenklich gelagert werden. Andere Untersuchungen zeigten, daß es aber auch Arten gibt, bei denen die Keimfähigkeit sehr schnell verloren geht, und zwar bei Arten der Unterfamilie *Tillandsioideae* ebenso wie bei solchen der Familie *Bromelioideae* (ZIMMER, 1973).
Bei *Aechmea chantinii*, deren Saatgut drei Wochen nach der Ernte noch voll keimfähig war, sank die Keimfähigkeit bei 20° C und 30° C nach weiteren neun Wochen auf etwa 60%, nach 18 Wochen auf etwa 30%, wenn das Saatgut bei Zimmertemperatur gelagert wurde. Bei einer Keimtemperatur von 25° C sank die Keimfähigkeit nicht so stark ab. Wurden die Samen dagegen bei +2° C gelagert, blieb die Keimfähigkeit für drei Monate voll erhalten.
Bei *Aechmea tillandsioides* genügten bereits vier Wochen Lagerung bei 20–22° C, um die Keimfähigkeit erheblich zu reduzieren. Nach acht Wochen Lagerzeit keimten nur noch etwa 25–30% der Samen.

Auch *Vriesea hieroglyphica*, von der etwa acht Wochen altes Importsaatgut für die Untersuchungen verwendet wurde, verliert seine Keimfähigkeit rasch: Nach weiteren zwei Monaten keimten nur noch 50%. Auch hier war durch Lagerung bei +2° C die Keimfähigkeit geringfügig länger zu erhalten. Saatgut von *Guzmania monostachia* behält seine Keimfähigkeit länger. Nach vier Monaten Lagerung bei Zimmertemperatur oder auch +2° C keimten noch alle Samen bei 25° C. Bei 30° C Keimtemperatur wurden zwar Keimblätter gebildet, aber kaum Chlorphyll – ein Zeichen dafür, daß auch hier schon Alterung des Saatgutes eingetreten und die Saatgutqualität vermindert war.
Ausnahmen sind offenbar *Aechmea fasciata* und *Guzmania minor* 'Orange'. *Aechmea fasciata* keimte nach 20 Wochen Lagerdauer unabhängig von der Lagertemperatur noch völlig normal und der Temperatur während der Keimung entsprechend auch normal schnell. Nach weiteren 16 Wochen Lagerdauer wurden die in Tabelle 10 dargestellten Ergebnisse gefunden.

Tabelle 10: Keimung in % von *Aechmea fasciata* in Abhängigkeit von Lagertemperatur und Keimtemperatur nach 36 Wochen Lagerzeit

Lagertemperatur °C	Keimtemperatur °C			
	15	20	25	30
2	73	99	98	98
10	12	54	45	41
20*	81	95	88	89

* Zimmertemperatur

Diese Ergebnisse zeigen, daß eine Lagertemperatur von 10° C offenbar viel ungünstiger ist als Zimmertemperatur oder Temperaturen knapp über 0° C. Immerhin kann man *Aechmea fasciata*-Samen unbedenklich bis zu 6 Monaten bei Zimmertemperatur lagern.

Saatgut von *Guzmania minor* 'Orange' scheint noch länger lagerfähig. Hier wurde bei dem verwendeten Kultursaatgut nach 36 Wochen Lagerzeit bei 2°, 5°, 10° C oder Zimmertemperatur vollständige Keimung bei nur geringfügiger Verzögerung gefunden. Nach 40 Wochen Lagerdauer keimten bei 25° C alle Samen.
Obwohl diese Versuchsergebnisse andeuten, daß Saatgut mancher Bromelien mindestens eine gewisse Zeit lagerfähig ist, sollte die Lagerung möglichst vermieden werden, zumal wenn es sich um Importsaatgut handelt. Für den Sammler von Wildsaatgut besteht ja immer die Gefahr, daß er am Standort Pflanzen vorfindet, deren Früchte schon längere Zeit reif sind, oder daß er das Saatgut nicht sofort versenden kann. Da außerdem die Samen eines Fruchtstandes nicht gleichzeitig reif sind, können auch aus diesem Grunde Lager- und Keimfähigkeit unbefriedigend sein.
Wenn jedoch Saatgut gelagert werden muß, empfiehlt es sich, dieses in fest verschließbaren Schraubdeckelgläsern aufzubewahren. In wasserdampfdurchlässigen Papier- oder Zellglastüten schwanken die Samenwassergehalte in Abhängigkeit von der Relativen Luftfeuchte, so daß – besonders bei höheren Temperaturen – Stoffwechselprozesse wie Atmung im Samen weiter ablaufen und damit natürlich Vorratsstoffe abgebaut werden. Die Empfehlung, Bromeliensaatgut grundsätzlich möglichst bei +2° C zu lagern, kann noch nicht gegeben werden, da bisher noch zu wenige Untersuchungen vorliegen. Auf jeden Fall ist aber zu bedenken, daß bei niedrigen Temperaturen die Samenatmung – und damit der Stoffabbau, der mit zur Alterung und zur Verminderung der Keimfähigkeit führt – eingeschränkt ist. Allerdings müßte es möglich sein, die Samenproduktion so zu steuern, daß eine längere Lagerung von Saatgut nicht notwendig ist. Da man Blütenbildung induzieren kann, kann man auch zu verschiedenen Zeiten Saatgut erzeugen und somit für verschiedene Aussaattermine bereitstellen. In Verbindung mit der Möglichkeit der zwei- bis dreimonatigen Lagerung können so auch die für die Saatguterzeugung ungünstigen Wintermonate überbrückt werden. Es wäre allerdings denkbar, die relativ wenigen Samenträger im Winter mit zusätzlicher Belichtung zu kultivieren und damit für eine bessere Saatgutqualität zu sorgen. Untersuchungen zu dieser Frage liegen allerdings bisher nicht vor.

3.1.3 Keimungsbedingungen

Über die für die Keimung von Bromeliensamen notwendigen Bedingungen lagen lange Zeit nur mehr oder weniger pauschale Angaben vor. Erst in neuerer Zeit wurden einige Einflußfaktoren wie Licht und Temperatur näher untersucht. Ein sehr wichtiger Faktor ist die Temperatur. Untersuchungen von DOWNS (1964) haben gezeigt, daß das Temperaturoptimum oft sehr eng ist und zwischen 20° C und 25° C liegt. Eine Ausnahme bildete in seinen Untersuchungen *Puya berteroniana*, die die höchsten Keimergebnisse bei 15° C brachte. In den Untersuchungen von DOWNS fehlen allerdings Angaben über die Untersuchungsmethode, die Dauer und den zeitlichen Ablauf der Keimung. Die Ergebnisse (Tabelle 11) zeigen aber, daß niedrigere und höhere Temperaturen in der Regel die Keimung vermindern.
Neuere Untersuchungen an anderen Arten zeigen, daß offenbar bei einer Reihe von Bromelien der Temperaturbereich, in dem Keimung erfolgen kann, breiter ist, aber der zeitliche Ablauf der Keimung stark temperaturabhängig ist.
Wie die Werte in Tabelle 12 deutlich machen, erfolgt auch bei 15° C noch volle Keimung – we-

Tabelle 11: Keimung verschiedener *Bromeliaceae* in Abhängigkeit von der Temperatur. Annährungswerte in %, abgeleitet nach Darstellung von Downs, 1964

Art	Keimtemperatur °C			
	15	20	25	30
Puya berteroniana	90	72	12	8
Vriesea scalaris	0	100	98	0
Aechmea coelestis	0	58	73	53
Aechmea fasciata	68	90	88	31
Aechmea nudicaulis	0	34	50	0
Billbergia elegans	60	98	99	33
Neoregelia concentrica	0	50	70	0
Wittrockia superba	0	43	45	45

nigstens bei einigen Arten, doch ist hier der zeitliche Ablauf, gekennzeichnet durch den Keimbeginn, sehr stark verzögert.

Hohe Temperaturen von 30° C sind bei den meisten Arten insofern überoptimal, als hier oft die Chlorophyllbildung in den Sämlingen stark verzögert oder gehemmt ist. In den Keimuntersuchungen wurden sogar völlig chlorophyllfreie Sämlingspflanzen mit zwei vollständig ausgebildeten Blättern und bereits erkennbaren Blattanlagen gefunden – allerdings immer nur bei hohen Temperaturen. Es könnte möglich sein, daß hier das Licht eine Rolle spielt. Diese Erscheinungen wurden unabhängig von der Zugehörigkeit zu einer bestimmten Unterfamilie beobachtet. Oft wird auch der Keimverlauf bei 30° C verzögert, wenn auch der Keimbeginn gegenüber 25° C gefördert erscheint.

Temperaturen um 25° C scheinen somit für Bromelien in den meisten Fällen optimal zu sein, da etwas niedrigere Temperaturen meist die Keimung verzögern. Bei den untersuchten *Guzmania*- und *Vriesea*-Arten ist das stärker der Fall als bei *Aechmea*, was auf eine geringfügig höhere Wärmebedürftigkeit für die Keimung bei *Tillandsioideae* schließen läßt (Tabelle 12).

Tabelle 12: Keimung (%) und Keimbeginn B (Tage n. Aussaat) verschiedener *Bromeliaceae* in Abhängigkeit von der Temperatur. Frisches Saatgut (nach Zimmer, 1967, 1969, 1973)

Art		Keimtemperatur °C			
		15	20	25	30
Guzmania minor 'Orange'	%	100	100	100	100
	B	25	12	8	9
Guzmania monostachia	%	6	88	100	100
	B	–	9	6	5
Vriesea splendens	%	100	100	100	100
	B	42	11	9	11
Vriesea x *vigeri*	%	44	91	89	90
	B	25	11	8	8–9
Vriesea hieroglyphica	%	3	83	86	84
	B	–	12	9	9
Aechmea fasciata	%	100	100	100	100
	B	12	5	4	4
Aechmea tillandsioides	%	93	96	100	99
	B	9	4	3	3
Aechmea chantinii	%	50	89	90	86
	B	14	4	3	3
Aechmea bracteata	%	52	78	90	89
	B	19	8	5	4
Neoregelia carolinae	%	100	100	100	100
	B	14	8	5	4

Untersuchungen über die Wirkung unterschiedlicher Tag- und Nachttemperaturen an *Neoregelia carolinae* (ZIMMER, 1967) zeigten, daß mindestens für diese Art konstante Temperaturen am günstigsten sind. Jede Absenkung der Nachttemperatur verzögert die Keimung.

Von entscheidender Bedeutung für die Keimung ist Licht. Nach Untersuchungen von DOWNS (1956) und DOWNS & PIRINGER (1958) sowie DOWNS (1964) sind alle Bromelien Lichtkeimer, doch scheint das Lichtbedürfnis unterschiedlich zu sein. So gibt es Arten, die offenbar auch im Dunkeln keimen, wie z.B. *Tillandsia stricta, T. pulchella (= T. tenuifolia)* und *T. geminiflora* (DOWNS & PIRINGER, 1958), die im Dunkeln und bei 8stündiger Belichtung gleiche Keimergebnisse brachten. Andere Arten keimen zu einem gewissen Prozentsatz auch ohne Licht, werden aber durch Belichtung gefördert. Hierher gehören z.B. *Vriesea incurvata, V. lubbersii, V. petropolitana* (DOWNS & PIRINGER, 1958) und *Neoregelia carolinae* (ZIMMER, 1967). Wieder andere Arten keimen ohne Licht nicht, es genügt aber eine kurze tägliche Belichtungszeit, um volle Keimung auszulösen. Solche Verhältnisse finden wir z.B. bei *Vriesea haematina, V. scalaris* und *Nidularium fulgens* (DOWNS, 1964), wo eine Stunde Licht täglich ausreicht, um volle Keimung zu erzielen. Auch *Vriesea splendens* und *Neoregelia carolinae* keimen voll bei nur 30minütiger täglicher Belichtung, doch wird mit zunehmender täglicher Belichtungsdauer die mittlere Keimzeit stark verkürzt (ZIMMER, 1967, 1969, Abb. 27). Bei *Aechmea fasciata* und *Guzmania minor*

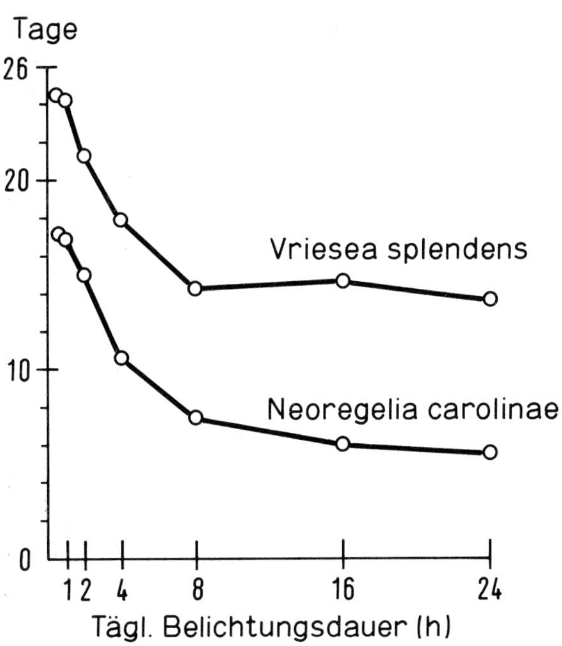

Abb. 27: Mittlere Keimzeit in Abhängigkeit von der täglichen Belichtungsdauer, Tage

'Orange' genügt ebenfalls eine Stunde Licht täglich für volle Keimung (ZIMMER, 1973).
Insgesamt gesehen, scheinen *Bromelioideae* weniger Licht zu benötigen als *Tillandsioideae* oder *Pitcairnioideae*. Besonders wirksam ist Rotlicht, während Dunkelrotlicht im Spektralbereich über 700 nm Wellenlänge bei vielen Arten die Keimung hemmt. Allerdings gibt es auch Beispiele dafür, daß ununterbrochenes Dunkelrotlicht die Keimung nicht verhindert (DOWNS, 1964: *Wittrockia superba, Billbergia pyramidalis*).

3.1.4 Aussaatverfahren

Für alle Bromelien gilt etwa die Regel, daß sehr dicht ausgesät wird. Da die Anfangsentwicklung recht langsam verläuft, besteht immer die Gefahr starker Veralgung oder Vermoosung des Aussaatsubstrates. Gefäße und Substrate müssen möglichst steril sein. Bei Verwendung von Holz-, Ton- oder Kunststoffgefäßen ist dies kein Problem. Schwieriger wird es mit der Sterilisation der Aussaatsubstrate, da ein Sterilisieren torfhaltiger Substrate möglicherweise Veränderungen mit sich bringt. Ein Überbrausen mit kochendem Wasser mag oberflächlich Abhilfe schaffen.
Als Aussaatsubstrate verwendet man sehr leichte, lockere Torfsubstrate. Gelegentlich werden Torfbrocken oder mit *Sphagnum* besetzte Rindenstücke empfohlen, wie neuerdings auch für spezielle Arten (z.B. wurzellose Tillandsien) Kunststoffmatten verwendet werden.
Werden torfhaltige, lockere Substrate in flachen Gefäßen verwendet, wird Saatgut der *Bromelioideae* recht dicht ausgesät und leicht angedrückt. Die Saatdichte kann bis 50.000 Samen/m^2 betragen. Je dichter die Samen liegen und auflaufen, desto geringer ist die Gefahr der Veralgung,

desto eher muß allerdings auch pikiert werden. Saatgut der Pappus tragenden *Tillandsioideae* wird oft mit einer Pinzette ausgelegt, weil Ausstreuen Schwierigkeiten bereitet. Dabei wird versucht, die verfilzten Samen möglichst gleichmäßig zu verteilen. Ein Überbrausen mit einer Desinfektionslösung schwemmt die Samen an und verhindert das Auffliegen.
Samen der sog. atmosphärischen Tillandsien werden oft entweder auf Rindenstücke, auf die *Sphagnum* aufgebunden wurde, ausgesät. Eine besondere Methode schildert OESER (in RAUH, 1981). Er benutzt Bündel von *Thuja-* oder *Juniperus*-Zweigen, die dicht zusammengesteckt werden. Auf diese Zweigbündel werden die Samen mit den Pappus ausgebracht und durch Besprühen „angeklebt". Die Bündel können frei aufgehängt werden und müssen nun lediglich bewässert werden (Sprühen oder Eintauchen). Auch *Bromelioideae* können in Moos oder *Sphagnum* keimen (Abb. 28). Gleicherweise sind aber auch Kunststoffmatten (z.B. Nylon-Geflechte, Cinta-Matten) geeignet, die entweder ohne weitere Substrate in Kisten gelegt oder auch einfach im Gewächshaus aufgehängt werden, wenn die Keimung stattgefunden hat.
Saatkisten werden meist abgedeckt, doch sollte zwischen Glasabdeckung und Kistenrand ein

Abb. 28: *Aechmea tinctoria*, auf bemoostem Zweig gekeimt

Luftaustausch stattfinden können. Licht ist zwar für die Keimung notwendig, doch reichen sehr geringe Lichtmengen aus. Ein stärkeres Schattieren der Saatschalen verzögert daher nicht die Keimung, hemmt aber das Algenwachstum. Je nach Art beginnt die Keimung innerhalb weniger Tage, kann sich aber über 2–4 Wochen hinziehen – auch wenn die Temperatur möglichst optimal gehalten wird. Je nach Aussaatdichte können Monate vergehen, ehe die Sämlinge soweit herangewachsen sind, daß das Substrat abgedeckt ist.

3.2 Vegetative Vermehrung

3.2.1 Kindel

Es gibt eine Reihe von Arten, die nur sehr schwer Samen bilden. Außerdem existieren sterile Hybriden und Mutanten, die ebenfalls nicht generativ vermehrt werden können. Zu den Mutanten gehören alle sogenannten *Variegata*-Formen, die bei vielen Arten immer wieder einmal auftreten und gelegentlich sogar als botanische varietas (var. *variegatus*) bezeichnet werden. Wirtschaftliche Bedeutung haben heute von diesen Formen *Ananas comosus* 'Variegatus', *Cryptanthus bro-*

melioides var. *tricolor, Neoregelia carolinae* var. *tricolor* und *Nidularium innocentii* var. *lineatum*. Es kommen aber auch von anderen *Bromelioideae* variegate Formen vor. Diese sind praktisch nur über Seitentriebe (Kindel) vermehrbar, da Aussaaten, soweit Samen gebildet werden, grüne Pflanzen ergeben.

Die Kindel bilden sich bei den meisten Arten während oder nach der Blüte. Es gibt einige Ausnahmen wie *Tillandsia viridiflora, Vriesea reginae* und verschiedene andere, welche sich allerdings erheblich in der Kindelbildung unterscheiden. Hier bilden sich in der Rosettenachse verhältnismäßig sehr kleine und viele Kindel, lange bevor die Mutterpflanze zur Blüte kommt. Sie wachsen schneller weiter, wenn man sie entfernt und wie Sämlinge oder Jungpflanzen weiterbehandelt.

Bei den meisten, insbesondere Trichterbromelien, entstehen die Kindel in den Achseln der unteren Rosettenblätter. Andere Arten vermehren sich durch Ausläufer aus dem unterirdischen Teil des Sprosses. Wieder andere bilden neue Sprosse inmitten der alten Rosette, wie z.B. *Vriesea splendens, V. hieroglyphica, V. fosteriana* 'Red Chestnut'. Bei *Guzmania sanguinea* drückt das einzige Kindel, welches an der Basis des Blütenstandes entsteht, den Blüten- bzw. Fruchtstand zur Seite und wächst im Zentrum der Rosette weiter. Bei den *Ananas* bilden sich aus den unterirdischen Stengelsprossen sowie aus der Basis und dem oberen Teil der Scheinfrucht Kindel. Bei *Cryptanthus* entstehen außer Seitensprossen aus den Rosettenblättern heraus Seitentriebe, die bei leichter Berührung abfallen und erst am neuen Standort Wurzeln bilden.

Bei manchen Arten (z.B. *Tillandsia*) entstehen Fortsetzungssprosse unterhalb des Blütenstandes (akrotone Verzweigung), manche bilden einen mehr oder weniger verholzenden Sproß (unterirdisch oder die Mutterpflanze überhöhend). Bei allen Arten ist die Vermehrungsrate bei Verwendung von Kindeln gering. Es hat daher nicht an Versuchen gefehlt, bei den wirtschaftlich wichtigen Arten die Zahl der Seitensprosse zu erhöhen. So hat man zunächst gezielt die Blütenbildung induziert, um während Perioden mit günstigsten Wachstumsbedingungen die Entwicklung von möglichst vielen Trieben zu ermöglichen. Auch die mechanische Beschädigung des Vegetationskegels wurde teilweise angewendet. Dieses Verfahren führt jedoch unter Umständen durch erhöhte Infektionsgefahr zum Verlust der Mutterpflanzen.

Einen anderen Weg haben MEKERS & THOMAS (1980) beschritten: Sie behandelten *Neoregelia* 'Perfecta Tricolor', *Guzmania* 'Exodus', *Tillandsia cyanea* und *Vriesea* 'Coral' mit unterschiedlichen Konzentrationen von Dikegulac (Atrinal). Dieses wurde in Wasser gelöst und entweder auf bereits induzierte Pflanzen oder auf vegetativ wachsende Pflanzen gesprüht. Die Resultate zeigt Tabelle 13.

Als günstigste Konzentration erwiesen sich 5 gr Dikegulac/l, höhere Konzentrationen führten zu einer starken Hemmung des Seitentriebwachstums. Auch hier empfiehlt es sich, eine solche Behandlung im Frühjahr durchzuführen, da unter winterlichen Lichtmangelbedingungen nicht so günstige Ergebnisse zu erwarten sind. Auf die folgende Bewurzelung der Kindel hatte die Behandlung keinen Einfluß.

Kindel schneidet man mit einem Messer dicht an der Mutterpflanze ab, solche mit Wurzeln topft man am besten sofort ein. Unbewurzelte Kindel steckt man am besten in ein Vermehrungsbeet bei 20° C bis 22° C Bodenwärme. *Neoregelia carolinae* var. *tricolor* und ähnlich harte Arten benötigen bis zur Wurzelbildung im Sommer nur wenig Schatten. *Guzmania* und andere weichblättrige Arten benötigen entsprechend mehr Schatten. Es ist ratsam, die Kindel nicht zu klein abzutrennen, sie also möglichst lange an der Mutterpflanze zu belassen.

Tabelle 13: Einfluß von Dikegulac-Spritzungen (Atrinal) auf die Seitentriebentwicklung (n. Mekers & Thomas, 1980)

Art, Sorte	Anz. Seitentriebe/Pfl.*		Trieblänge cm*	
	Kontrolle	5 g Dikegulac je 1	Kontrolle	5 g Dikegulac je 1
*Neoregelia*** 'Perfecta Tricolor'	2,0	6,2	17,9	12,9
Guzmania 'Exodus'	1,5	4,4	23,0	8,6
Tillandsia cyanea	0	5,2	–	6,2
Vriesea 'Coral'	1,4	3,2	9,0	8,4

* nach 4 Monaten ** Dikegulac zusätzlich zu Ethrelbehandlung

Gemessen an der Kultur aus Samen vollzieht sich die Entwicklung der Kindel sehr schnell. Bei den meisten Arten stehen sie nach einem Jahr wieder in Blüte. Eine Veränderung der naturgegebenen Blütezeit erfolgt durch die vegetative Vermehrung nicht.

3.2.2 In-vitro-Kulturverfahren

Seit etwa 10 Jahren hat man sich auch bei Bromelien mit Fragen der Massenvermehrung mit Hilfe von in-vitro-Kulturtechniken beschäftigt. So wurden etwa gleichzeitig von JONES und MURASHIGE (1974) und MAPES (1974) Ergebnisse über die Massenvermehrung von *Bromelioideae* veröffentlicht, die allerdings zunächst kaum bekannt wurden. In Hannover war ein Verfahren für die Vermehrung von *Aechmea fasciata, A. distichantha* und die sterile *Aechmea*-Hybride 'Beyes Gigant' sowie *Cryptanthus* entwickelt worden (ZIMMER und PIEPER, 1974, 1975, 1976a, b, ZIMMER, 1978). Später hat sich dann besonders O. MEKERS (Rijksstation voor Sierplantenteelt, Melle) in Belgien mit der Vermehrung von Bromelien und hier auch besonders der *Tillandsioideae* beschäftigt. Während frühere Autoren überwiegend zunächst von Blattachselknospen ausgingen und z.T. erhebliche Schwierigkeiten bei der Sterilisation der Gewebe zu überwinden hatten, untersuchte MEKERS zunächst das Regenerationsverhalten von sterilisiertem Samenmaterial von *Guzmania minor, G. nicaraguensis, Tillandsia polystachya, Vriesea heliconioides* und *Vriesea splendens* (MEKERS, 1976, 1977). Aufgrund ihrer Untersuchungen kommen MEKERS und van ONSEM (1983) zu dem Schluß, daß *Bromelioideae* (bisher untersucht: *Ananas, Aechmea, Neoregelia, Cryptanthus*) anders behandelt werden als *Tillandsioideae* (bisher untersucht: *Guzmania, Tillandsia* und eine Reihe von Namensorten von *Vriesea*, z.B. *Vriesea* 'Mira', *V.* x

poelmannii, V. x *vigeri*). Wir können hier die Unterschiede schrittweise darlegen.
Die Gewinnung des Materials für die Explantate erfolgt über eine Vorkultur der selektierten Mutterpflanzen. Da durch die lange Kultur der Trichterbromelien das Trichterwasser völlig mit Mikroorganismen durchsetzt ist, können nicht Knospen des Haupttriebes benutzt werden. Es werden daher entstehende Kindel genutzt. Um eine Infektion zu vermeiden, wird sorgfältig darauf zu achten sein, daß in den sich bildenden Rosetten der Kindel niemals Wasser steht. Diese trockene Vorkultur sollte etwa 2 Monate dauern. Zur Förderung der Seitentriebbildung bei den *Tillandsioideae* empfiehlt MEKERS (1983) eine Behandlung mit Atrinal (5 gr/l). Nach dieser Vorbereitung werden die Seitentriebe entfernt, äußerlich gründlich gewaschen und entblättert. Es erfolgt dann eine erste Sterilisation in Alkohol und Natriumhypochlorid (1,5 %, 15 min). Aus den Sprossen werden dann die in den unteren Blattachseln vorhandenen Sproßknospen mit einem etwa kegelförmigen Schnitt herausgeschnitten (Abb. 29) und nochmals sterilisiert.

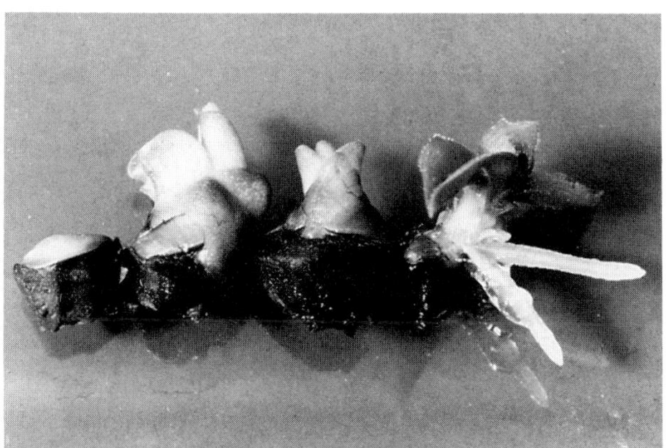

Abb. 29: Blattachselknospen für die in-vitro-Kultur von Aechmea in verschiedenen Entwicklungsstadien

Die Explantate werden nun unterschiedlich behandelt: Für *Bromelioideae* haben sich flüssige Nährmedien für die folgenden Schritte als günstiger erwiesen, für *Vriesea*-Hybriden sind feste Medien zu bevorzugen, da die Explantate in flüssigen Medien offenbar bald geschädigt werden. Weiterhin spielt die Zusammensetzung des Mediums eine Rolle. Für *Bromelioideae* wird das MURASHIGE-SKOOG-Medium (MS in Tabelle 14) bevorzugt, obwohl in unseren Experimenten auch das KNUDSON-C-Medium ausreichte (KC in Tabelle 14). Beide Medien unterscheiden sich stark im Salzgehalt, so daß die Unverträglichkeit der *Vriesea*-Explantate offenbar weniger auf die Zusammensetzung als auf die Salzkonzentration zurückzuführen ist.

Tabelle 14: Mineralische Komponenten zweier wichtiger Nährmedien für Gewebekulturen (mg/Liter)

Salz	Murashige & Skoog "M & S"	Knudson C modif. "KC"
Ammoniumnitrat	1650	500
Ammoniumsulfat	–	500
Kaliumnitrat	1900	–
Kalziumnitrat	–	500
Kaliumchlorid	–	250
Kalziumchlorid	440	–
Kalzium-Dihydrogen-phosphat	170	250
Magnesiumsulfat	370	250
Mangansulfat	17	7
Zinksulfat	9	1
Eisensulfat	28	–
Organ. Eisen (Fetrilon)	–	30
mg Salz/Liter	4584	2258

Ein Drittel der Konzentration der MS-Salze ist auch für *Tillandsioideae* verträglich. Die Überlebensrate liegt nach MEKERS (1983) bei 20–50 %. Während der ersten Phase nach der Überführung auf die Anfangsmedien sollen die präparierten Knospen zunächst nur austreiben (Abb. 29 rechts). Infolgedessen wird empfohlen, dem

Medium nur Auxin in geringeren Konzentrationen (0,5–1 mg/l Naphthylessigsäure) zuzusetzen. Das erste Stadium dauert bei *Bromelioideae* etwa 4–6 Wochen, bei den *Vriesea*-Hybriden jedoch mindestens doppelt so lange. Bei *Aechmea* kann wohl diese erste Phase gleich mit der 2. Phase, in der die Vermehrung erfolgt, gekoppelt werden. Kultiviert man nämlich die herauspräparierten Knospen gleich in einem Medium, das Cytokinine enthält, entstehen sofort Sproßbildungen, aber auch Kallus. Bei *Aechmea* können sogar an abgebrochenen Blättern Sprosse entstehen (Abb. 30). Damit ist bereits klar, daß die Vermehrungsphase, die wiederum bei *Aechmea* 4–6, bei den untersuchten *Vriesea*-Hybriden 8–12 Wochen dauert, an das Vorhandensein von Cytokinin gebunden ist. Verwendung findet hier Benzyladenin (Benzylaminopurin) in einer Konzentration von 1–2 mg/l (*Bromelioideae*) oder 0,5–1 mg/l (*Vriesea*). Für *Vriesea* könnte auch ein anderes Cytokinin (2-JP, 2-Isopentyladenin) in einer Konzentration von 2–5 mg/l Verwendung finden.

Abb. 30: Adventiv-sproßbildung an abgetrennten Blättchen

Die Anwesenheit von Cytokininen fördert die Sproßbildung erheblich, vermindert oder hemmt aber die Weiterentwicklung der Sprosse (Tabelle 15).

Tabelle 15: Mittleres Sproßgewicht (mg) im 6. u. 7. Monat nach Kulturbeginn in BAP-haltigem Medium (1 mg/l) und 2 bzw. 3 Monate nach Wechsel in BAP-freies Medium (aus Zimmer & Pieper, 1975)

Kulturmonat	immer BAP	4. Mo. BAP dann BAP-frei	Grenzdifferenz p = 5 %
6	11,5	79,6	46,2
7	9,1	156,6	45,0
Grenzdifferenz p = 5 %	2,1	65,5	

Schon 2 Monate nach dem Wechsel aus BAP-haltigem in BAP-freies Medium war das Sproßgewicht etwa um das 7fache, nach 3 Monaten auf das 17fache angestiegen. Dies ist nach den Befunden von Mekers (1983) auch bei den untersuchten *Vriesea*-Hybriden der Fall gewesen.

Aus dieser Tatsache folgt die dritte Phase: Nach der Vermehrung müssen die Sproßhaufen auf ein Cytokinin-freies, aber Auxin-haltiges Medium umgesetzt werden. Für *Bromelioideae* werden 1 mg/l Naphthylessigsäure + 1 mg/l Indolylbuttersäure empfohlen, für *Vriesea* soll die NES-Konzentration nur 0,5 mg/l betragen. Während der folgenden Periode trieben nur noch vereinzelt Achselsprosse aus, die Einzelsprosse wachsen und können dann nach 4–6 Wochen (*Aechmae*) oder 8–12 Wochen (*Vriesea*) in praxisübliche Erde pikiert und unter Gewächshausbedingungen überführt werden.

Von der Präparation bis zum Pikieren vergehen bei *Vriesea* 30–36 Wochen, bei *Aechmea* 15–18 Wochen, hierbei ist allerdings die Multiplikationsphase nur recht kurz gehalten. Man kann natürlich einen Teil des Materials, anstatt es in Phase 3 auf Cytokinin-freies Medium zu überführen, weiterhin zu Vermehrungszwecken benutzen. Es besteht aber die Gefahr, daß Veränderungen auftreten. So wurden nach einjähriger Subkultur (über 12 4-Wochen-Passagen Vermehrung auf Cytokinin-haltigem Medium) in einem *Aechmea*-Bestand von nahezu 14.000 Pflanzen über 50% Pflanzen mit völlig abweichendem Wuchscharakter gefunden (Abb. 31). Es scheint darauf anzukommen, daß immer wieder neue Isolierungen durchgeführt werden. Bei *Vriesea* sind allerdings Abweichertypen noch nicht gefunden worden.

Eine solche Vermehrung ist nur unter Sterilbedingungen in einem eigens für solche Zwecke eingerichteten Laboratorium möglich. Zusätzlich benötigt man aber auch einen Kunstlichtkulturraum, in dem die für das Wachstum der Explantate notwendigen Temperatur- und Lichtbedingungen gehalten werden können. Optimale Bedingungen sind bisher nicht bekannt. Die Temperaturangaben liegen zwischen 22 und 28° C während der Lichtphase und 20–24° C während der Dunkelphase. Als Beleuchtungsstärke werden bis zu 10 Kilolux (MURASHIGE, 1974) empfohlen, obwohl gute Entwicklung auch bei 3–5 Kilolux erreicht wurde. Für *Cryptanthus* wurde sogar ein hemmender Einfluß höherer Beleuchtungsstärke (3,4 Kilolux) gegenüber geringerer Beleuchtungsstärke festgestellt (ZIMMER, 1978a). Es sei hier festgestellt, daß die beschriebenen

Abb. 31: Chimaerenbildung nach 12-monatiger Subkultur des Primärexplantates. Mitte: Normalpflanze

Abb. 32: Chimaerenentmischung während der Entwicklung: unterer Abschnitt mit ungezähnten Blättern in regelmäßiger, fünfstrahliger Anordnung, oberer Abschnitt mit gezähnten Blättern, die mehr dem Normaltyp entsprechen

Verfahren vermutlich für variegate Formen nicht anwendbar sind, es sei denn, man kann die Kallusphase völlig überspringen und grundsätzlich nur Achselsprosse erzeugen. Da variegate Formen Chimären sind und zur Entmischung neigen, können sogar ursprünglich variegate Kleinpflanzen wieder völlig ergrünen oder grüne Pflanzen ihren Habitus ändern (Abb. 32).

3.3 Weiterkultur

3.3.1 Allgemeines, Sortierung

Sobald Sämlinge groß genug geworden sind, daß sie sich gegenseitig beengen, müssen sie pikiert werden. Je nach Wachstumsgeschwindigkeit und Pflanzenart kann auch mehrmaliges Pikieren erforderlich sein. Jungpflanzen aus in-vitro-Kulturen werden, wenn sie unter Sterilbedingungen entsprechende Größe erreicht haben, ebenfalls pikiert. Jungpflanzen sollen zwar zügig wachsen, doch spielen hierfür eher die Luftfeuchte, Temperatur, Belichtung und Ernährung eine Rolle als der Pflanzenabstand. Dies bedeutet, daß das Pikieren nicht unbedingt zu einem bestimmten Zeitpunkt erfolgen muß, sondern so in den Betriebsablauf eingepaßt werden kann, daß Arbeitsspitzen vermieden werden.

Beim Pikieren sollte unbedingt nach Pflanzengrößen sortiert werden. Auch bei immer wieder auf Raschwüchsigkeit ausgelesenen Bromelien können in einem Sämlingsbestand mehr oder weniger starke Unterschiede in der Wuchsleistung beobachtet werden. Wie Untersuchungen an *Vriesea splendens* gezeigt haben, können beim 1. Pikieren in verschiedene Größen sortierte Pflanzen zu völlig unterschiedlichen Zeiten blühen (Zimmer, 1971). Die Sortierung erfolgte nach Augenschein in drei Größenklassen. Jeweils ca. 200 Pflanzen wurden dann über mehr als zwei Jahre in getrennten Gruppen, aber bei gleichartiger Behandlung kultiviert und ohne weitere blühinduzierende Behandlung zur Blüte gebracht. Die Unterschiede im Blühverlauf zeigt Abb. 33.

Für Pflanzen aus in-vitro-Kulturen ist die Sortierung in Größenklassen ebenfalls notwendig. Da während der Vermehrungsphase in den Sproßhaufen Sprosse in unterschiedlichsten Entwicklungsstadien nebeneinander vorkommen und während der 3. Phase (vgl. S. 48) noch einzelne Sproßneubildungen auftreten können, befinden sich die Einzelpflanzen beim Auspikieren nicht alle im gleichen Entwicklungszustand. Da außerdem nicht zu erwarten ist, daß die Adventivwurzelbildung bei allen Pflanzen gleich schnell

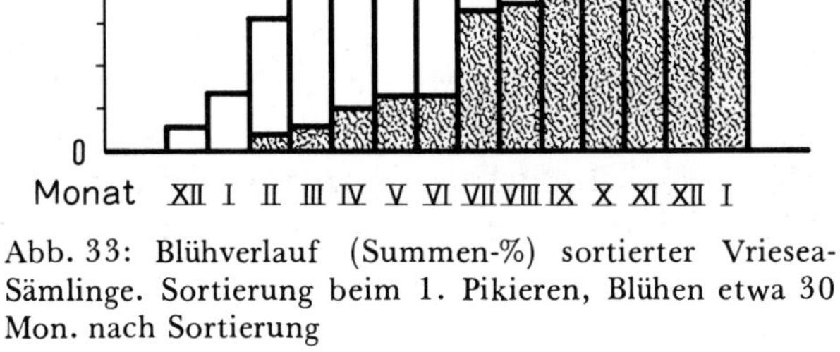

Abb. 33: Blühverlauf (Summen-%) sortierter Vriesea-Sämlinge. Sortierung beim 1. Pikieren, Blühen etwa 30 Mon. nach Sortierung

verläuft, ergeben sich zwangsläufig Unterschiede in der Entwicklungsgeschwindigkeit. Auch hier schafft Sortierung in unterschiedliche Größenklassen die Voraussetzung für gleichmäßige Bestände.
Die Frage, ob kleine Pflanzen nicht von vornherein verworfen und von der Weiterkultur ausgeschlossen werden sollen, hängt sicher von der Pflanzenart, Beschaffbarkeit und dem Preis des Saatgutes und den für fertige Pflanzen erzielbaren Erlösen ab. Hier muß abgewogen werden, ob die längere Kulturzeit und die damit verbundenen höheren Aufwendungen die Weiterkultur rechtfertigen. Sicher ist diese Frage für *Aechmea, Vriesea* und *Guzmania* anders zu entscheiden als z.B. für Bromelien, die mehr für Liebhaber in kleinen Stückzahlen produziert werden. Auf jeden Fall kann aber die Sortierung in Größenklassen dazu führen, daß langsamer wachsende Pflanzen einer Aussaat mit schnellwachsenden Pflanzen einer Folgeaussaat aufgrund der gleichen Größe in einem Bestand vereinigt werden. Dies könnte Probleme bei der Auswahl der Samenträger für die Nachzuchten geben.
Abgetrennte Kindel werden in der Regel sofort in den Endtopf gesetzt und dort, soweit nicht schon mit Wurzeln versehen, bewurzelt. Es ist dabei gleichgültig, ob es sich dabei um selbstgewonnene oder importierte Kindel (z.B. Blattschöpfe von *Ananas*) handelt.
Der Verpflanzen in Zwischen- und/oder Endtöpfe aus den Pikierkisten oder Tischbeeten ist wie das Pikieren nicht an einen bestimmten Zeitpunkt gebunden. Es hängt wesentlich davon ab, wie eng die Pflanzen beim letzten Pikieren gesetzt wurden. Da bei den meisten in Töpfen kultivierten Bromelien die Wurzeln für die Nährstoffaufnahme wichtig sind und somit ein gut entwickeltes Wurzelsystem mit eine Voraussetzung für eine möglichst rasche Entwicklung darstellt, sollte mit dem Verpflanzen jedoch nicht zu lange gewartet werden, damit das Wurzelwachstum nicht zu stark gestört wird. Eine wesentliche Rolle für die Weiterentwicklung spielen Substrate sowie Ernährung und Wasserversorgung.

3.3.2 Substrate

3.3.2.1 Einführung und Anforderungen

Die ersten ausführlichen Kulturhinweise gab Richter (1950). Als Bromeliensubstrat empfahl Richter damals eine lockere, durchlässige Mischung aus grober Heideerde, Torfstreu, halbverrottetem Laub, *Sphagnum* und Sand unter eventueller Beigabe von kleingeschlagenen Ziegelbrocken, um die lockere poröse Struktur während der Kulturzeit zu erhalten. Die chemische Reaktion dieser Substratmischung lag bei pH 4–4,5. Miessner (1968) empfiehlt als Bromeliensubstrat ein Material möglichst grober und poröser Struktur, das der epiphytischen bzw. terrestrischen Lebensweise der betreffenden Arten entsprechend abgewandelt wird:
„. . . für Epiphyten eine Mischung aus halbverrottetem Buchenlaub, zerhacktem *Sphagnum*, Torfbrocken mit Zusatz von Sand, Holzkohlenstückchen oder Ziegelbrocken. Das Substrat sollte stark sauer sein mit einem pH-Wert von 3,5–4."
Terrestrische Arten sollen nach Miessner „. . . einen erdigeren, etwas nahrhafteren Pflanzstoff erhalten; also statt des Buchenlaubes Laub-Heide-Erde und statt der Torfbrocken Torfstreu oder Torfmull. Um den Pflanzstoff nahrhafter

zu machen, kann der Mischung getrockneter, zerriebener Rinderdung zugesetzt werden.“
Außer diesen genannten Beispielen existieren in der Literatur einige weitere Praxismischungs-Rezepte, die nach Angaben der Autoren als Bromeliensubstrate geeignet sind, da sie den natürlichen Lebensbedingungen nahe kommen. Aufgrund der Beschaffungsprobleme und des Mischungsaufwandes sind derart vielfältige Praxiserden für die rationelle Bromelienkultur unnötig, da fast alle Bromeliaceen in jedem beliebigen Substrat wachsen, das ihnen genügend Halt, Nahrstoffe, Wasser und Sauerstoff bietet. Heute werden in modernen Betrieben reine Torfsubstrate bzw. Torf-Nadelerde-Mischungen bevorzugt verwendet; möglich sind aber auch Blähtone bis hin zu sterilen Industrieabfällen.
Die Substratbeschaffenheit muß heute neben den Ansprüchen der jeweiligen Pflanzenart auch in immer größerem Ausmaß wirtschaftlichen und kulturtechnischen Anforderungen entsprechen. Nach HERMANN (1976) spielen dabei folgende Gesichtspunkte eine Rolle:

- Kulturdauer
- Einsatzmöglichkeit von Topfmaschinen
- Art der Wasserversorgung
- Art der Nährstoffversorgung.

Die Kulturdauer ist bei Bromeliaceen mit 2–3 Jahren im Vergleich zu anderen üblichen Topfpflanzen relativ lang. Da häufige Wassergaben und eine hohe Luftfeuchtigkeit für einen optimalen Kulturerfolg notwendig sind, werden an die Strukturstabilität des Bromeliensubstrates die höchsten Anforderungen gestellt. Das Substrat muß grob, porös, strukturstabil sein; eine gleichmäßige Wasser- und Nährstoffversorgung gewährleisten, in den Wintermonaten nicht zu stark auskühlen; jederzeit und nicht zu kostenaufwendig beschaffbar, lagerbar und einfach zu verarbeiten sein.

3.3.2.2 Torfsubstrate und Beimischungen

Im Hinblick auf die Beschaffungsmöglichkeiten, Kosten und arbeitswirtschaftlichen Vorteile ist Torf als Substratgrundlage besonders häufig. Da Torf aufgrund seines hohen Feinanteils allerdings leicht zum Vernässen bzw. Austrocknen neigt, haben sich in der Praxis verschiedene Beimischungen zur Strukturstabilisierung mehr oder weniger bewährt: Nadelstreu und Nadelerde, *Sphagnum*, Hygromull, Styromull, Hygropor 73. Gelegentlich wird Lauberde verwendet. Nach HERMANN (1976) wirkt Nadelstreu zwar strukturstabilisierend, bringt aber bezüglich des Wasserhaushaltes und der Nährstoffversorgung keine Vorteile und ist zudem knapp und teuer. Trotzdem werden in einigen Praxisbetrieben mit Erfolg Torf-Nadelerde-Mischungen als Bromeliensubstrate verwendet. Sandbeimischungen zu Bromeliensubstraten, an die hohe Anforderungen gestellt werden, bringen praktisch nur Nachteile (HERMANN, 1976):

- Verringerung des Porenvolumens
- Verringerung des Puffervermögens
- ungünstige Temperaturführung
- mögliche Beeinflussung des angestrebten niedrigen pH-Wertes.

Hygromull, Styromull und Hygropor 73
HERMANN (1974/76) empfiehlt aus eigenen Versuchen die Beimischung von Schaumstoffen zu reinen Torfsubstraten. Als geeignet erwiesen sich Hygromull, Styromull und Hygropor 73 (30 % Styromull, 70 % Hygromull).
Die Zugabe von Hygromull bewirkt eine Strukturverbesserung:

- Vergrößerung und Stabilisierung des Porenvolumens – bei gleichzeitiger Verbesserung der Wasserkapazität, so daß die Wiederbenetzung trockener Substrate sehr schnell erfolgt. Die Beimischung von Hygromull beeinflußt durch die überwiegend offenzellige Struktur besonders positiv den Wasserhaushalt von Torfsubstraten. Hygromull besitzt eine hohe Wasserkapazität (50–70 Vol.-%); trotz größerer Bewässerungsintervalle kann das vollständige Austrocknen der Bromeliensubstrate weitgehend verhindert werden. Das für die Praxis günstige Mischungsverhältnis liegt nach HERMANN bei 10–30 Vol.-% Hygromull. Hygromull neigt allerdings dazu, sich im Laufe der Zeit zu zersetzen und zu zerkrümeln. Damit gehen Strukturveränderungen und Volumenverlust einher.

Tabelle 16: Substratversuche mit *Vriesea splendens* (Hermann, 1976)

Substrat Verhältnis	Pflanzen-ϕ cm	Blattzahl St.	Blütenschaftlänge cm*
Weißtorf	43,0	14,0	25,1
Weißtorf + Hygromull 90 : 10	43,4	15,1	25,9
Weißtorf + Hygromull 70 : 30	41,0	13,5	26,6
Weißtorf + Hygropor 70 : 30	43,7	14,4	25,9

* zur Zeit der Auswertung

Die angestrebten Verbesserungen der Strukturstabilität und Wasserkapazität sind insbesondere bei Schwarztorfen nötig, die sich einerseits durch hohe Wasserkapazität, schlechte Wasserabgabe und -aufnahme sowie feine Struktur charakterisieren lassen, andererseits aber ein hohes Sorptionsvermögen aufweisen. In diesen Fällen rät HERMANN zu einer Hygropor-73-Beimischung (z.B. Schwarztorf:Hygropor 73:70:30 bei *Guzmania* 'Magnifica'), wobei der Styromullanteil die Strukturstabilität beeinflußt und durch den Hygromullanteil die Wasseraufnahme und -abgabe deutlich verbessert wird. Hygropor 73 kann auch zu Weißtorf zugesetzt werden (z.B. Weißtorf: Hygropor 73 = 70:30 bei *Vriesea splendens*, siehe Tabelle 16).

Eine Styromull-Beimischung vergrößert ebenfalls das Porenvolumen, verbessert im Substrat die Wasserabführung und erhöht damit die Vergießfestigkeit. Nach HERMANN (1976) beeinflußt eine ausschließliche Beimischung von Styromull (4–12 mm) zu Weiß- oder Schwarztorfen nur die Substratstruktur im Hinblick auf das Porenvolumen und die Wasserabführung. Bei der üblichen Topfkultur haben zu hohe Styromullanteile (über 20%) zur Folge, daß die Wasserverfügbarkeit und das Sorptionsvermögen abnehmen. Diese Verdünnung des Substrates muß daher in der Praxis durch eine differenziertere Nachdüngung ausgeglichen werden.

Perlag, Perlite

Perlag ist ein vulkanisches Gestein, ähnlich Perlite, mit hoher Porosität durch untereinander verbundene Hohlräume und Kapillaren (Anonym, 1979). Perlag ist härter als Perlite oder Vermiculite, steril, chemisch neutral (ph 6,5–7) und damit eine gute Ergänzung zu Torf- oder Rindensubstraten. Perlagbeimischungen bieten demnach eine weitere Möglichkeit, Bromeliensubstrate bezüglich der Strukturstabilität zu verbessern. Perlag ist in 3 Größenordnungen erhältlich: fein, mittel und grob (siehe Tabelle 17). Für die Beimischung zu Bromeliensubstraten wird die mittlere Größe empfohlen; es muß weniger häufig bewässert werden, und im Topf bleibt eine gleichmäßige Feuchte bestehen.

Tabelle 17: Wasserkapazität von Perlag und Perlite (Anonym, 1979)

		Wasserkapazität (kg/m³)
Perlag	fein	300 – 350
	mittel	200 – 250
	grob	150 – 200
Perlite		350 – 400

E-Erde, TKS

Einheitserden und TKS eignen sich natürlich ebenfalls als Substrate für Bromeliaceen, da sie die Anforderungen bezuglich Strukturstabilitat, Wasserhaltevermögen und Durchlässigkeit erfüllen und in nahezu gleichbleibender Qualität beziehbar sind. Selbstverständlich sind alle Zuschlagstoffe auch mit diesen Substraten mischbar. Für pikierte Jungpflanzen wird häufig TKS 1 verwendet. BOSSE u.a. (1981) empfehlen TKS 1 oder 2, Einheitserde P oder T zum Topfen von Aechmeen, Billbergien, Neoregelien und Tillandsien; TKS 1 oder Einheitserde P für *Ananas*, Cryptanthen, Guzmanien, Nidularien und Vrieseen. STIRNBERG (1982) empfiehlt TKS 1 und 2 neben Weißtorf und Praxismischungen.

3.3.2.3 *Andere Substrate*

Rindensubstrate

Experimente an der Universität von Gent in Belgien mit *Vriesea splendens* und *V.* 'Meyers Favorite' zeigten, daß Rindensubstrate (Abfälle aus Papiermühlen) für Bromelien ebenso gut geeignet sind wie Kiefernnadelerde oder Torf (VERDOUCK u.a., 1980).

Bei der Fertigung von dekorativen Epiphytenstämmen können kleinere Pflanzen direkt auf Korkeichenrinde befestigt werden (RAUH, 1981; PRINSLER und WERNER, 1983, pers. Mittlg.).

Aussaat auf 'Cintamat'-Matten

Cintamat-Matten bestehen aus Polyvinylalkohol-Fasern innerhalb einer sehr beständigen Membran. Die Matten nehmen Wasser durch Quellung auf und halten die Feuchte in befriedigendem Maße; sie sind sehr haltbar. Versuche mit *Aechmea fasciata*-Sämlingen, die direkt auf die Cintamat-Matte gesät wurden, brachten sehr gute Ergebnisse. Die Sämlinge konnten zum Pikieren ohne Schwierigkeiten herausgenommen werden, da sie die Matte nicht verfilzten (MEIJ, 1977).

3.3.2.4 *pH-Wert*

Die in der Literatur angegebenen Werte für die Substratreaktion schwanken zwischen pH 3,5 und pH 8 (MIESSNER, 1968, RICHTER, 1950, HERMANN, 1976, BIK, 1976, PENNINGSFELD, 1964).

Die pH-Werte der natürlichen Bromeliensubstrate unterscheiden sich je nach Biotop; terrestrische Bromelien wachsen bei pH 4,5–6,5, epiphytische bei pH 4–4,5 (STIRNBERG, 1982).

Der pH-Wert des Kultursubstrates ist von der Substratart und -herkunft, der chemischen Düngerreaktion und der Gießwasserqualität abhängig und kann nach einfachen Analysen z.B. durch Aufkalkung auf die erforderliche Höhe eingestellt werden. In neuerer Zeit werden für Aussaaten und Jungpflanzen überwiegend pH-Werte im Substrat von 4,5–5, für die Weiterkultur solche von 5–6,5 angegeben.

3.3.3 Düngung, Bewässerung, Hydrokultur

3.3.3.1 Frühere Untersuchungen

Die Düngung stellt nach RICHTER „ein schwieriges Kapitel in der Bromelienkultur dar, da die Trichter auf Verunreinigungen sehr schnell durch Faulen reagieren, es sei denn, sie werden dauernd überwacht, was bei großen Beständen eine enorme Belastung wäre . . . Dort, wo eine Düngung angewandt wird, spritzt man sehr schwache Aufgüsse vergorenen Kuh- oder Taubendüngers, natürlich nur in der ausgesprochenen Vegetationsperiode. Es käme dies einer naturgemäßen Ernährung gleich. Die andere Möglichkeit besteht in der Verwendung schwacher Nährsalzlösungen, die ebenfalls zu guten Ergebnissen führen können . . . Vorsicht ist bei *Vriesea splendens* nötig; dort führt reichliche Düngung zu einer Verminderung der schönen Blattzeichnung, die Pflanzen werden reichlich grün."
Untersuchungen von SIEBER (1955) über die Wasser- und Nährstoffaufnahme bei epiphytischen trichterbildenden Bromeliaceen erbrachten erstmalig den Nachweis, daß Bromelien sowohl über die Blätter als auch über die Wurzeln Nährstoffe aufnehmen können (vergl. Tabelle 1). Anhand dieser Untersuchungen wies er nach, daß Bromelien schon im Sämlings- und Jungpflanzenstadium schwache Nährlösungen über ihre Wurzeln verwerten können. Die Bedeutung der Blätter als Nährstoffaufnahmeorgane nahm mit dem Alter der Pflanzen zu.
SIEBER beschäftigte sich weiterhin mit der Wirkung einzelner Nährstoffe und kam zu dem Ergebnis, daß „Stickstoff bevorzugt über die Blätter aufgenommen wurde und dabei ein kräftigeres Wachstum zur Folge hatte als bei der Aufnahme über die Wurzeln. . . . Die Düngung mit Phosphor hat das beste Ergebnis gebracht, wenn sie über die Wurzeln erfolgt. Ganz auffällig war jedoch die Tatsache, daß die P-Zufuhr über die Blätter eine große Zahl trockener Blattspitzen zur Folge hatte . . . Eine deutlich bessere Aufnahme und Wirkung des Kali hat sich dann eingestellt, wenn es über die Wurzeln gegeben wurde."
Zusammenfassend gab SIEBER (1957) folgende Empfehlungen für die Praxis:

- Da im Jugendstadium den Wurzeln eine größere Bedeutung für die Nährstoffaufnahme zukommt als den Blättern, ist es angebracht, die trichterbildenden epiphytischen Bromelien in den ersten Lebensmonaten nur über die Wurzeln zu düngen, und zwar mit einer sehr niedrigen Nährlösungskonzentration von 0,025–0,05 %, besonders die sehr salzempfindlichen *Vriesea splendens* und *Guzmania monostachia.*
- Haben die Pflanzen aber die ersten kräftigen Blätter entwickelt, so kommt der Blattdüngung eine immer größer werdende Bedeutung zu, wobei die Wurzeln allerdings keineswegs die Fähigkeit zur Nährstoffaufnahme verlieren.
- Mit zunehmendem Alter der Pflanzen kann die Konzentration der Nährlösung erhöht werden; bei *Vriesea splendens* und *Guzmania monostachia* nicht über 0,05–0,1 %, bei *Nidularium innocentii* und *Aechmea fasciata* 0,2–0,25 %.
- Die besten Wachstumserfolge werden erzielt, wenn die Pflanzen mit einer Mehrnährstofflösung über die Wurzeln und die Blätter versorgt werden.

PENNINGSFELD's Untersuchungen (1960) an *Aechmea fasciata* und *Vriesea splendens* führten zu ähnlichen Ergebnissen. Als günstigste Nähr-

lösungskonzentration erwies sich 0,2 %, höhere Konzentrationen verminderten den Wurzelertrag. Aus Analysen der Nährstoffgehalte in Sproß und Laub schloß PENNINGSFELD auf einen relativ hohen Kalibedarf von *A. fasciata*. Während sich die N-, P- und K-Gehalte mit steigender Konzentration stetig erhöhten, sank der Mg-Gehalt leicht, der Ca-Gehalt stark. Mit zunehmender Konzentration erhöhte sich das $N:K_2O$-Verhältnis in der Trockenmasse bis auf 1:2,4. In entsprechenden Untersuchungen ergab sich als günstigstes Nährstoffverhältnis $N:P_2O_5:K_2O$ wie 1:1,0:3,0. Mit steigender Stickstoffgabe wurden die Blätter dunkler grün, länger und weicher, wodurch sie leicht überhingen; die Kindelbildung wurde gefördert. Steigende Kaligaben verursachten deutlich breiteres und kräftigeres, gleichzeitig aber auch etwas heller grün gefärbtes Laub.
Die Versuche BICKs (1976) zeigen, daß das Frischgewicht (FG) und folglich die Pflanzengröße von *A. fasciata* mit zunehmender Kaligabe steigt (siehe Tabelle 18). Alle Pflanzen der niedrigsten K-Variante wiesen Mangelsymptome an den Spitzen der älteren Blätter auf.

Tabelle 18: Frischgewichtsertrag (g/Pfl.) von *Aechmea fasciata* in Abhängigkeit von steigenden Stickstoff- und Kaligaben (BIK, 1976)

mg K_2O/ Topf u. Woche	mg N / Topf u. Woche					
	7,2	25,2	43,2	61,2	79,2	97,2
3,8	357,4	411,5	368,0	334,9	295,7	303,3
45,0	487,5	548,5	555,0	645,6	597,6	537,2
86,0	593,1	634,9	657,0	603,8	639,2	622,8

Zwischen N und K_2O bestand eine deutliche Wechselwirkung. Als optimal bezüglich des FG erwies sich die dritte N- bzw. K-Düngungsstufe, wobei das $N:K_2O$-Verhältnis 1:2 betrug. Die Optimalgehalte von Stickstoff und Kali in Blättern wurden mit 1,29 und 2,78 % angegeben. Die Ergebnisse BIKs bestätigten die bestehende Auffassung, daß die Blühreife von Bromelien in enger Beziehung zu der Pflanzengröße bzw. dem Frischgewicht und der Blattzahl steht. Düngungsmaßnahmen, die die Jungpflanzenentwicklung optimal fördern, wirken also auch positiv auf das spätere generative Stadium, denn je höher das Pflanzenfrischgewicht, desto höher war das Blütenfrischgewicht. Zwischen beiden Parametern bestand eine enge Korrelation. SCHELSTRAETE (1978) folgerte aus mehreren Versuchen, daß sich das optimale $N:K_2O$-Verhältnis im Laufe der Pflanzenentwicklung von 1:3 auf 1:4 erhöht. Die Versuche von PENNINGSFELD (1960) mit *Vriesea splendens* ergaben, daß diese Bromelie sehr salzempfindlich ist. Das Optimum der Pflanzenentwicklung lag in Sand und Torf bei 0,05 %. Bei höheren Konzentrationen blieben die Pflanzen kleiner, die Blätter wurden breit und dunkler grün, so daß sich die erwünschte Blattzeichnung weitgehend verlor. Die Blattspitzen wurden infolge des Salzüberschusses nekrotisch. Schon bei 0,2 % war die Wurzelbildung deutlich gestört, und ab 0,3 % starben die Pflanzen total ab.

3.3.3.2 Blatt- und Wurzeldüngung

Wie bereits beschrieben, können die Bromeliaceen Nährsalze sowohl über die Blätter als auch über die Wurzeln aufnehmen. Die Nährsalzaufnahmekapazität der Blätter und Wurzeln ist jedoch artabhängig und variiert je nach Entwicklungsstadium. Bei Jungpflanzen ist die Aufnahmekapazität der Wurzeln meist größer als die älterer Pflanzen, bei denen die Blattaufnahme überwiegt (KÄMPF, 1982).
KÄMPF stellte ausführliche Untersuchungen zu Düngung und Wachstum zisternenbildender Bromelien (*A. fasciata, G. minor, N. innocentii*) an.

Die Pflanzen wurden getrennt und kombiniert über Wurzeln und Blätter versorgt; die Pflanzenentwicklung, die Nährsalzaufnahmekapazität sowie der Nährstofftransport von ^{32}P wird dargestellt.

Blattdüngung

Während des vegetativen Wachstums bildete *A. fasciata* kürzere und kleinere Blätter bei reiner Blattdüngung als bei Wurzeldüngung. Die blattgedüngten Varianten kamen nur in Ausnahmefällen zur Blüte. Im Vergleich zur reinen Blattdüngung förderte die zusätzliche Wurzeldüngung bei Aechmeen neben der Blattgröße besonders die Blütenbildung. Zwischen den Behandlungen Wurzel- und kombinierte Düngung stellte KÄMPF bezüglich Blühbeginn, Länge, Umfang und Gewicht des Blütenstandes keine signifikanten Unterschiede fest.

Bei *Guzmania* traten bei den allein blattgedüngten Varianten regelmäßig K-Mangelsymptome auf; die ältesten Blätter waren chlorotisch und starben schneller ab. Analysen der oberen und unteren Blätter zeigten, daß das Verhältnis der Nährstoffgehalte der jüngeren zu den älteren Blättern für Stickstoff ca. 1:1, für Phosphor 1–2:1 und für Magnesium 1:2 betrug, während der Kaliumgehalt der jungen oberen Blätter den Gehalt der älteren um das 3,8fache überstieg. KÄMPF schloß heraus, daß die Kaliaufnahme über die Wurzeln in höherem Maße erfolgt als über die Blätter. Blattgedüngte *Guzmania* enthielten weniger K_2O und P_2O_5 als die wurzelgedüngten, dagegen aber mehr MgO, was eine fördernde Wirkung der Blattdüngung auf den Mg-Gehalt deutlich macht. Nidularien erwiesen sich bei Blattdüngung als sehr salzempfindlich; bei allen blattgedüngten Pflanzen, auch denen der kombinierten Behandlung, kam es aufgrund zu hoher Salzkonzentration zu ringförmigen Nekrosen um die Zisterne, selbst nach Senkung der Nährlösungskonzentration auf 0,05 %.

Aechmeen, Guzmanien und Nidularien unterschieden sich deutlich in ihrem Verhalten hinsichtlich der Blattdüngung. *Aechmea fasciata* vertrug eine wöchentlich dreimal in die Zisterne gegossene 0,1%ige Nährlösung, *Nidularium innocentii* dagegen zeigte bereits bei 0,05 % die oben erwähnten Schadsymptome. Daraufhin untersuchte KÄMPF bei ca. 2jährigen Pflanzen den Verlauf des Gesamtsalzgehaltes innerhalb einer Woche in den Zisternen. Wiederum erwies sich *Aechmea* als nicht salzempfindlich; ihre Blätter nahmen innerhalb von 48 Stunden alle mit einer 0,1%igen Nährlösung verabreichten Nährsalze auf. Innerhalb der ersten 24 Stunden verringerte sich die Konzentration der Nährlösung um ca. 30 %.

Nidularium innocentii und *Guzmania minor* zeigten geringere Aufnahmeraten: Innerhalb der ersten 3 Tage nach der Düngung mit 0,1%iger Nährlösung betrug der Abfall der Salzkonzentration in den Zisternen beider Arten ca. 20 % und blieb danach relativ konstant. Während *G. minor* diese Salzkonzentration ohne Probleme vertrug, reagierte *N. innocentii* mit Blattnekrosen.

Zur Prüfung der Aufnahme von Phosphor durch die Blätter von *A. fasciata* behandelte KÄMPF die Pflanzen mit ^{32}P und stellte fest, daß der Transport des Phosphors innerhalb einer Pflanze bei den jüngeren Blättern schneller als bei den älteren erfolgt. Innerhalb eines Blattes wird ^{32}P zuerst in der Mitte der Blattspreite und dann auf die Blattränder verteilt.

Wurzeldüngung

Nach den Ergebnissen von KÄMPF erwiesen sich die Wurzeln von *Aechmea fasciata* als besonders aufnahmefähig. Bei einer Nährlösungskonzentra-

tion von 0,2 % nahmen sie im Jungpflanzenstadium ca. 18 mg N, 6 mg P_2O_5, 36 mg K_2O, 7 mg MgO pro Woche auf (1:0,3:2,0:0,3). Während der Phase der Blütenbildung erhöhte sich die Aufnahmekapazität auf ca. 39 mg N, 13 mg P_2O_5, 72 mg K_2O und 13 mg MgO pro Woche (1:0,3: 1,8:0,3).
Auch die Wurzeln von *N. innocentii* zeigten eine starke Aufnahmekapazität: Bei einer Konzentration von 0,2 % nahmen sie ca. 17 mg N, 9 mg P_2O_5, 36 mg K_2O und 8 mg MgO pro Woche während der letzten Entwicklungsphase auf (1: 0,5:2,1/0,5).
Im Gegensatz zu *Aechmea* und *Nidularium* wiesen die Wurzeln von *Guzmania minor* eine sehr niedrige Aufnahmekapazität auf. KÄMPF konnte die Salzaufnahme über die Wurzeln erst ab der 38. Versuchswoche rechnerisch nachweisen. Danach wurden bei einer Nährlösungskonzentration von 0,05 % ca. 6 mg N, 2 mg P_2O_5, 10 mg K_2O und 2 mg MgO aufgenommen (1:0,3:1,7: 0,3).

Kombinierte Düngung
Die Pflanzen nahmen ca. 52–55 % der angebotenen N- und P_2O_5-Mengen auf, wenn nur über die Wurzeln (W) oder kombiniert über Wurzeln und Blätter (K) gedüngt wurde (Tabelle 19). Die Kaliumaufnahme wurde durch Wurzeldüngung gefördert, die Magnesiumaufnahme dagegen durch Blattdüngung. Es bestehen offenbar Wechselwirkungen zwischen Substrat und aufnehmenden Organen: In Hydrokultur wurde Kalium bevorzugt durch die Wurzeln, Stickstoff, Phosphor und Magnesium durch Wurzeln und Blätter aufgenommen. In Torf wurden N, P_2O_5 und K_2O besser durch die Wurzeln aufgenommen, während über die Blätter bevorzugt MgO in die Pflanzen gelangte.

Tabelle 19: % Anteil der gesamt verabreichten Nährstoffmengen bei Angebot über verschiedene Düngungsorte; *Aechmea fasciata* (nach Kämpf, 1982)

Düngungsort	Nährstoffe	Aufnahme %
Wurzeln	N, P_2O_5, MgO	53 – 55
	K_2O	72
Blätter +	N, P_2O_5,	52 – 55
Wurzeln	K_2O, MgO	63 – 65
Blätter	N, P_2O_5, K_2O	40 – 45
	MgO	70

Mit Hilfe von ^{32}P wies KÄMPF nach, daß Aechmeen Phosphor durch die Wurzeln etwa doppelt so schnell aufnehmen und transportieren wie durch die Blätter: Die Phosphoraufnahme durch Wurzeln war nach 24 Stunden, die durch Blätter nach 46 Stunden nachweisbar.
Bei *A. fasciata* zeigten sowohl Blätter als auch Wurzeln hohe Aufnahmekapazitäten. Bei Guzmanien erwies sich die Blattdüngung als besonders wirkungsvoll, mit Ausnahme der K-Aufnahme, die über die Wurzeln stattfand. Für Nidularien scheint, wie allgemein bei terrestrischen Arten, der Wurzeldüngung eine größere Bedeutung zuzukommen als der Blattdüngung, wobei die Blätter besonders salzempfindlich sind (KÄMPF, 1982).

3.3.3.3 Grund- und Flüssigdüngung

Grunddüngung
So wie fast alle anderen Zierpflanzen vertragen auch die Bromeliaceen eine Vorrats- oder Grunddüngung, die je nach Düngerart die Nährstoffe langsam oder schnell freisetzt. Nach KNICKMANN und TEPE (1966) sind 1,5–3 g Volldünger je 1 Torf für nährstoffbedürftige und salzverträgliche Arten geeignet, z.B. 1,5 g/l in Topferde für *Aechmea fasciata* bei einer Kalkzu-

gabe von 1–3 g $CaCO_3$/l je nach Torfherkunft. Für salzempfindliche Arten reichen 0,5 g Volldünger je l Anzuchterde aus.
Versuchsergebnisse von PENNINGSFELD (1964) beweisen jedoch, daß selbst eine salzempfindliche Bromelie wie *Vriesea splendens* eine Grunddüngung von 2 g Mairol/l Torf verträgt, wenn der Torf genügend feucht gehalten wird. Nach FINCK (1979) sind für *Aechmea fasciata* als mittelsalzempfindliche Bromelie und *Vriesea splendens* als hoch salzempfindliche Pflanze folgende optimale Nährstoffgehalte in humusreichem Substrat empfehlenswert (mg/100 ml Substrat):

	Aechmea fasciata	*Vriesea splendens*
N	10–25	5–15
P_2O_5	30–60	4–10
K_2O	40–80	5–15

BEEL und SCHELSTRAETE (1980) erzielten mit 450 mg N/l in Torf bzw. 600 mg N/l in Torf-Nadelerde 3:1 und 1000 mg K_2O/l in beiden Substraten gute Ergebnisse bei *Aechmea fasciata*. Bei der Prüfung von langsamwirkenden Düngern erwiesen sich Gold N, 1 g/l (SCHELSTRAETE, 1978), Osmocote 18-11-10, 1 g/l (BEEL und SCHELSTRAETE, 1980), Nutrifum und Viano (ein langsamwirkender organischer Dünger) 0,5–1 g/l als geeignet für *Aechmea fasciata*. Depotdünger wie Triabon erlauben eine hohe Grunddüngung des Substrates für den Endtopf, wodurch sich die nötigen flüssigen Nachdüngungen vermindern (HERMANN, 1976).
STRAVER (1978) kam zu dem Ergebnis, daß das Einmischen von Osmocote zu einem Torfsubstrat bei *Guzmania* gute Resultate mit 8 kg/m^3 Substrat bringt, wobei die Düngewirkung 8–9 Monate anhält. BOSSE u.a. (1981) empfehlen je nach Art und Substrat 1–2,5 kg eines Mehrnährstoffdüngers pro m^3 Substrat.

Flüssigdüngung
HERMANN (1976) führte Nährstoffversuche an *Guzmania lingulata, Neoregelia*-Hybriden und *Vriesea splendens* durch. Mit Hakaphos blau (15+10+15+Spurenelemente), Hakaphos grün (18+6+12) und Kamasol grün (10+4+7) wurden handelsübliche Mehrnährstoff-Flüssigdünger geprüft. Dabei schnitt das ausgeglichene Nährstoffverhältnis von Hakaphos blau besser ab als die Stickstoff-betonten Dünger Hakaphos grün und Kamasol grün. Für die K-bedürftigen Bromeliaceen eignen sich also sehr gut ausgeglichene bzw. K-betonte Mehrnährstoffdünger besonders zur Zeit der Blütenbildung. Häufig wird flüssige Düngung von 0,05 % (Winter) bis 0,1–0,2 % (Sommer) bei *Aechmea fasciata*, 0,05 % (Winter und Jungpflanzen) bis 0,1–0,15 % im Sommer wöchentlich, im Winter 14tägig bei Guzmanien und 0,05–0,1 % (Winter und Jungpflanzen) bis 0,1–0,2 % bei *Vriesea splendens* empfohlen.
In vielen Praxisbetrieben wird eine leicht N-betonte Düngung zu Beginn der Kultur gegeben, da diese nach Meinung der Praktiker eine zügige Pflanzenentwicklung fördert. Die Deckung des Kalibedarfs erfolgt dann durch K-betonte Nachdüngungen. In der Praxis werden oft Dünger bevorzugt, die gut im sauren Bromeliensubstrat ansprechen (Polycrescal, Wuxal 1%). Ab März bis September wird wöchentlich einmal, im Oktober und Februar zweimal monatlich, im November und Januar einmal monatlich flüssig gedüngt.

3.3.3.4 Spurenelementversorgung

HERMANN (1972) stellte Untersuchungen zur Spurenelementversorgung von *Vriesea splendens* an. Die üblicherweise für Bromeliaceen verwendeten Substrate wie Torf und Nadelerde bedür-

fen in der Regel einer besonderen Versorgung. Torf enthält überwiegend Wasser, wenig organische Substanz (10–15% Trockenmasse) und nur 1–2% Mineralstoffe. Hauptnährelemente und Spurenelemente müssen also durch ausreichende Düngung zugeführt werden. HERMANN (1972) kam zu dem Ergebnis, daß z.B. der Spurenelementgehalt des handelsüblichen Düngers Hakaphos blau im Bereich des Optimums liegt und die Chelatform von Eisen und Kupfer (Fetrilon und Cutrilon) Vorteile in der Pflanzenentwicklung bringt.
Metallchelate sind metallorganische Komplexe, bei denen das Metallkation vom Chelatbildner scherenförmig von mehreren Seiten fest gebunden und damit eingeschlossen ist. Metallchelate erleichtern die Aufnahme von Schwermetallkationen, und bei ihrer Anwendung als Blattdünger ist die Verbrennungsgefahr geringer als bei Salzen (FINCK, 1979). Eisen- und Kupferchelate eignen sich daher besonders gut für die Düngung salzempfindlicher Bromelien.
MEYER (1967) empfiehlt zu einer Torf-Styromull-Mischung (4:1) die Zugabe von 1–3 kg Kalk sowie 7,5 g Natriummolybdat, 15 g Kupfersulfat und 40–50 g Eisenchelat (Sequestren oder Fetrilon) pro m^3 Substrat.
Die Spurenelemente werden fein gemahlen in 50 l Wasser aufgelöst, über den Torfhaufen gegossen und gut untergemischt. Da nach den neueren Untersuchungen von HERMANN (1972) ein leicht negativer Einfluß von Kupfersulfat auf das Wachstum von *Vriesea splendens* ausging, sollte in der Praxis Kupfer ebenfalls in Chelatform gedüngt werden.

3.3.3.5 Nährstoffmangel und Schwermetalltoxizität

Nährstoffmangelerscheinungen sind – da Bromelien je an geringe Nährstoffgehalte im Substrat und im Wasser angepaßt sind – selten gegeben. Häufiger könnten Nährstoffüberschußerscheinungen auftreten, besonders bei zu hoher Stickstoffdüngung.
Bei N-Mangel bleiben die Pflanzen kleiner und schwächer und bilden schmale, hellgrüne, vielleicht rötlich getönte Blätter, die gelegentlich zu einer Röhre verwachsen waren (*Aechmea*).
Bei P-Mangel zeigt sich ein schwacher, häufig verkrüppelter Wuchs. Die schmalen, dunkelgrünen Blätter haben anfangs eine rötlich-violette, später eine bräunliche Färbung. Typisch ist eine sehr schlanke Röhre. Auch Absterbeerscheinungen von der Blattspitze her treten auf.
Kalimangel zeichnet sich durch schnale Blätter und einen insgesamt lockeren Pflanzenaufbau aus. Chlorotische Blattflecken, trockene Blattspitzen und vorzeitig absterbende ältere Blätter sind ebenfalls charakteristisch. Die Schäden treten meist zur Zeit der Blütenbildung plötzlich auf. Bei *Aechmea fasciata* kommen chlorotische Blattflecken im Blattinnern vor, die später absterben (SIEBER, 1957; PENNINGSFELD, 1960).

Schwermetall-Toxizität

An Bromelien, insbesondere an *Vriesea splendens* und *Guzmania minor, G. lingulata* und epiphytischen Tillandsien treten in Gewächshäusern mit feuerverzinkter Stahlkonstruktion gelegentlich chlorotische Blattflecken oder Vergilbungen der Interkostalflächen auf, die auf zu hohe Zinkgehalte im Gießwasser zurückgeführt werden (PREISSEL u. ZIMMER, 1975; IRMER u.a., 1982), weil derartige Schadsymptome besonders häufig bei Verwendung des von den Dachflächen aufgefangenen Regenwassers als Gießwasser auftraten. In von der verzinkten Konstruktion herabtropfendem Kondenswasser wurden Zinkgehalte von bis zu 80 ppm und in von Gewächshäusern ablaufendem Regenwasser bis zu 50 ppm Zink gefunden (PREISSEL und ZIMMER, 1975). Als weitere Quelle der Zinkkontamination ermittelten IRMER u.a. die Sprühanlage, an deren Austritt der Zinkgehalt auf etwa das 5fache anstieg, was sicherlich darauf zurückzuführen ist, daß die Rohrleitungen als Korrosionsschutz im Innern feuerverzinkt waren. Durch Beimischung von Stadtwasser kam es zu einer Verminderung des Schwermetallgehaltes.

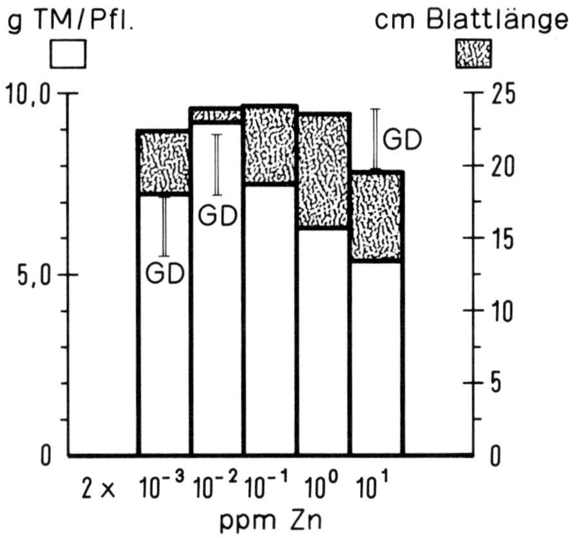

Abb. 34: Wuchsdepressionen durch ZN an *Aechmea fasciata*. Grenzdifferenz GD für p = 5%

Die Bromelienarten zeigen unterschiedliche Schwermetallempfindlichkeiten. PREISSEL und ZIMMER kamen zu dem Ergebnis, daß relativ hohe Zn-Gehalte ohne wesentliche Schäden toleriert werden: *Aechmea fasciata* wiesen 300–600 ppm Zn in der Trockensubstanz, *Guzmania minor* 400–600 ppm, *A. chantinii* 700–900 ppm und *Vriesea splendens* sogar 800–1700 ppm auf. Toxizitätsschäden – scharf abgegrenzte Läsionen an den jüngsten Blättern im Bereich der in der Zisterne befindlichen Lösung – und Wuchsdepressionen (Abb. 34) traten nur dann auf, wenn die Zn-Konzentration im Zisternenwasser über längere Zeit 10 ppm überstieg.

Sehr viel empfindlicher reagierte dagegen *Tillandsia usneoides* auf hohe Schwermetallgehalte. Hier und bei allen anderen Epiphyten hat die Qualität des Gießwassers eine ungleich größere Bedeutung als bei terrestrischen Pflanzen, bei denen das Substrat mit Pufferungs-, Ionenaustausch- und Komplexbildungsvorgängen wesentlich zur Detoxifikation von Schwermetallen beitragen kann (IRMER u.a., 1982).

3.3.3.6 Bewässerung und Wasserqualität

Bewässerung

Da Bromelien Wasser wie Nährstoffe über Blätter und Wurzeln aufzunehmen vermögen, muß die Bewässerung also sowohl über das Substrat als auch über die Blätter und Trichter erfolgen.

Bromelien verlangen eine gleichmäßige Wasserversorgung bei relativ hoher Luftfeuchte besonders in den Sommermonaten. Staunässe, die zu Sauerstoffmangel und niedrigen Temperaturen im Substrat führt, ist wie bei allen anderen Topfpflanzen zu vermeiden.

Bei trichterbildenden Arten (*Aechmea, Billbergia, Guzmania, Neoregelia, Nidularium, Vriesea*) sollte immer Wasser in den Zisternen enthalten sein, um ein optimales Pflanzenwachstum zu fördern. Sollte im Winter die Lufttemperatur, z.B. durch Heizungsausfall unter 5° C

sinken, so rät MEYER (1967), die Trichter auszuleeren.
Für die Wasserversorgung der Bromelien bietet sich eine Düsenbewässerung von oben an, wobei zum Wasser die wöchentliche Flüssigdüngung zugemischt werden kann. Eine Bewässerungsanlage ist nicht nur arbeitswirtschaftlich, sondern auch pflanzenbaulich dem Gießen von Hand mit dem Schlauch überlegen, da bei gut eingestellten Anlagen eine gleichmäßigere Wasserversorgung erzielt wird. Ihr größter Vorteil liegt jedoch in der Steigerung der Arbeitsproduktivitat und in niedrigeren Kosten. Eine Bewässerungsanlage bringt gegenüber dem Handgießverfahren eine Arbeitseinsparung bis zu 95% (WINKELS, 1979).
Düsenrohrbewässerungsanlagen bestehen aus Kunststoff-, verzinkten Stahl- oder Aluminium-Rohren und sind mit Metall- oder Kunststoffdüsen versehen. Zur Bewässerung von Bromelien sind aus Gründen möglicher Schwermetalltoxizität bei Verwendung sauren Gießwassers Anlagen aus Kunststoff vorzuziehen, die auch im allgemeinen sehr preisgünstig sind.
Bei der Bewässerung von oben über Blatt, Trichter und Substrat sind die Düsenstränge so anzuordnen, daß eine gleichmäßige Niederschlagsdichte herrscht, hierfür bieten sich Düsenrohre mit Kreisdüsen an. Eventuelle Ungleichmäßigkeiten müssen beobachtet und durch Nachgießen mit dem Schlauch ausgeglichen werden.
Eine Bewässerung mittels elektrisch angetriebener Gießwagen (mit Elektromotor) hat gegenüber den festmontierten Düsenrohrbewässerungsanlagen den Vorteil, daß in einem Gewächshaus meist nur wenige Düsen eingesetzt werden. Zudem ist der Druckabfall in den Zuleitungen sehr gering. Die Wasserverteilung bei Gießwagen ist in der Regel besonders in der Längsrichtung sehr gleichmäßig. Auch Kurzzeitsprühen zur Erhöhung der Luftfeuchte, Flüssigdüngung und Versprühen von Pflanzenschutzmitteln ist mit Gießwagen möglich.

Wasserqualität

Die Gießwasserqualität beeinflußt das Pflanzenwachstum nicht nur direkt durch die Wasseraufnahme, sondern auch indirekt durch Härte, Salzanreicherung und Veränderung des pH-Wertes im Substrat.
Hartes Gießwasser (Karbonathärte – an Kohlensäure gebundenes Ca und Mg – und bleibende Härte – meist als Sulfat gebundenes Ca und Mg) ist für die Bewässerung von Bromelien ungeeignet. Kalkablagerungen, sogenannte Wasserstandsmarken in den Trichtern, die langsam herauswachsen, mindern den Marktwert der Pflanzen. Ebenso unerwünscht ist stark eisenhaltiges Gießwasser, das Verbräunungen der Blätter mit sich bringt.
Ein weiteres Problem bei der Bewässerung von Bromelien kann der Salzgehalt, besonders an Natriumchlorid, vieler Gießwässer sein, der bei der Düngung berücksichtigt werden muß und bei salzempfindlichen Gattungen (*Nidularium, Vriesea*) zu Blattschäden führen kann. Besonders gut geeignet für die Wasserversorgung der Bromelien wäre also weiches, salzarmes Gießwasser, z.B. Regenwasser aus industriefernen Gebieten.
Durch „sauberes“ Regenwasser können einerseits die Wasserkosten gesenkt werden (Stadtwasser 1–3 DM/m^3), andererseits kann hiermit qualitativ schlechteres Wasser aus dem öffentlichen Netz, Brunnen oder Flüssen verschnitten werden.
Auch das Regenwasser sollte unter kontinuierlicher Kontrolle stehen, um etwaige pH-Wertänderungen oder Schwermetallgehalte zu erkennen und Gegenmaßnahmen treffen zu können. Regelmäßige Gießwasseranalysen helfen Schäden

durch hartes Wasser und zu hohe Salzgehalte zu Nach MEYER (1967) sollte das Bromelien-Gießwasser – am besten Regenwasser – mindestens 12–15° C warm sein, da sonst Kälteschockwirkungen mit anschließenden Wachstumsdepressionen auftreten können.
Bei Verwendung von Leitungswasser mit einer Gesamthärte von über 10° d.H. sollte das Gießwasser enthärtet werden. Am billigsten ist das Verfahren mittels Oxalsäure (HOOC-COOH), 22,5 g pro m^3 Wasser. Hierbei werden sämtliche Kalksalze, also auch diejenigen der bleibenden Härte, in das unlösliche Kalziumoxalat umgewandelt. Ein vollständiges Enthärten ist allerdings nicht ratsam; damit noch Kalzium als Nährstoff im Wasser enthalten bleibt und das Gießwasser nicht zu sauer wird (KNICKMANN-TEPE, 1966; MEYER, 1967). Eine Enthärtung mit Schwefelsäure (Umwandlung der Karbonate in Sulfate) hat sich laut MEYER nicht bewährt, da hierdurch Gipsrückstände auf den Pflanzen entstehen können. Die optimale Gesamthärte des Gießwassers sollte 5–6° d.H. betragen.
Eine Möglichkeit, das zur Verfügung stehende Gießwasser zu entsalzen, bieten Ionenaustauscheranlagen, die aber durch ihre hohen Anschaffungskosten nur in wenigen Betrieben wirtschaftlich sein können.

3.3.3.7 Hydrokultur

Die Hydrokultur erweist sich in steigendem Maße als zukunftsweisender Zweig in der Topfpflanzenproduktion, da diese Kulturmethode in modernen Betrieben sehr wirtschaftlich sein kann und Handel und Verbraucher derart „pflegeleichte" Ware gern abnehmen. Unter anderem werden auch Bromelien in Hydrokultur angeboten.

Nährlösung
KÄMPF (1982) verwendete für die Prüfung von Bromelien in Hydrokultur eine Planta-Flory-9-Lösung. Planta-Flory-9 ist ein handelsüblicher vollwasserlöslicher Mehrnährstoffdünger mit der Zusammensetzung: 15 % N, 7 % P_2O_5, 22 % K_2O, 6 % MgO, 0,1 % Fe als Chelat und Spurenelemente; Stickstoff liegt im Verhältnis 2:1 als NO_3 und NH_4 vor. Praxisbetriebe verwenden für die Hydrokultur von Bromelien eine 0,75–1 %-Flory-9-Kalksalpeter-Mischung und kommen damit zu guten Kulturergebnissen. Nach STRAVER (1978) hat sich für *Ananas* eine Hydro-Nährlösung mit 0,8 g Nutriflora T und 1 g $Ca(NO_3)_2$/l Wasser bewährt. Nutriflora T besteht aus 20 % N, 11 % P_2O_5, 40 % K_2O, 5 % MgO, 30 % SO_3 und Spurenelementen. KÄMPF und STRAVER empfehlen kaliumbetonte Mehrnährstofflösungen, da Bromeliaceen sehr kalibedürftig sind.

Blähton als Kultursubstrat
KÄMPF (1982) prüfte die Eignung von Blähton als Substrat für Bromelien in Hydrokultur. In vergleichenden Untersuchungen wurden Jungpflanzen von *Aechmea fasciata, Nidularium innocentii* und *Guzmania minor* in Torf und Blähton kultiviert. Blähton erwies sich als ein für Bromelien geeignetes Substrat, da sich die Pflanzen gut bewurzelten, genügend Halt fanden und zu einer ähnlich guten Verkaufsqualität wie die in Torf kultivierten Bromelien heranwuchsen. Für die Prüfglieder verwendete KÄMPF Hydrokulturgefäße nach dem LUWASA-System, in denen eine Planta-Flory-9-Nährlösung ca. 2,5–3 cm hoch stand.
Es wurde außerdem festgestellt, daß Blähton Nährstoffe speichern kann; Kationenaustauschkapazitätswerte von 30 mval/100 g Blähton ungemahlen bzw. 76 mval/100 g Blähton gemahlen (0,2 mm) bestätigten seine hohe Sorptions-

kapazität, die der Konzentration der verwendeten Nährlösung proportional war. Die Sorptionskapazität des Blähtons sank im Laufe der Zeit kontinuierlich bis zum Erreichen eines Gleichgewichtszustandes.
Phosphor wurde am stärksten sorbiert; dies kann in der Praxis unter Umständen zu P-Mangelerscheinungen führen. Stickstoff und Kalium blieben dagegen im Blähton vollständig verfügbar. Während der Kulturdauer können die Pflanzen durch Wurzelaktivität Nährstoffe aus dem Blähton aufnehmen (KÄMPF, 1982).

Vergleich Torf–Blähton

Die Ergebnisse der Versuche von KÄMPF zeigten einen deutlichen Einfluß des Faktors Substrat auf das Pflanzenwachstum. Während bei Versuchsbeginn im Sommer die Pflanzenentwicklung bei *Aechmea fasciata, Nidularium innocentii* und *Guzmania minor* in Torf der in Blähton überlegen war, führte bei Guzmanien der Versuchsbeginn im Winter in Blähton zu besseren Ergebnissen als im Torfsubstrat. Ein Vergleich der Pflanzenerträge in beiden Kulturen (Beginn Sommer und Beginn Winter) zeigte, daß die Versuchsvarianten in Blähton unabhängig vom jahreszeitlichen Versuchsbeginn homogene Ergebnisse brachten. KÄMPF verglich daraufhin die Substrattemperaturen in Torf und Blähton und stellte fest, daß im Winter in Torf eine stets um ca. 1 bis 2,5° C niedrigere Temperatur herrschte als in der Hydrokultur, obwohl alle Pflanzen auf Tischen mit darunterliegender Heizung standen. Je niedriger die Substrattemperatur, desto geringer ist offenbar die Wurzelaktivität und um so weniger Stickstoff, Phosphor, Kali und Eisen werden von den Pflanzen aufgenommen. Allein wurzelgedüngte Bromelien können durch diesen sekundären Nährstoffmangel in ihrer Entwicklung zurückbleiben und Mangelsymptome zeigen; besonders empfindlich reagierten frischgetopfte Jungpflanzen auf suboptimale Substrattemperaturen.
Die stets etwas höhere Temperatur in der Hydrokultur hat sich also im Winter positiv auf die Pflanzenentwicklung ausgewirkt. Im Torfsubstrat durchgeführte Versuche mit Aechmeen, Nidularien und Guzmanien führten jedoch stets zu besserer Pflanzenentwicklung und meist auch zu früherer Blüte (KÄMPF, 1982). Insbesondere *A. fasciata* reagierte positiv auf die Torfkultur und erreichte in der Versuchszeit wesentlich höhere Frisch- und Trockengewichte. Die besseren Ergebnisse der ohne jegliche Düngung im Torf kultivierten Pflanzen deuten nach KÄMPF darauf hin, daß im Torf zusätzlich verfügbare Nährstoffe vorhanden sind, nicht aber im Blähton, z.B. niedermolekulare Eiweißverbindungen und andere Humifizierungsprodukte, die von den Bromelien aufgenommen werden können. Dieses Nährstoffdefizit kann aber bei der Hydrokultur durch eine optimale Nährlösungskonzentration ausgeglichen werden.
Ein weiterer Unterschied zwischen Torf- und Hydrokultur bestand in der Blattdicke der Pflanzen: In Hydrokultur bildeten sich dickere Wassergewebe als in Torf. Bezüglich der Blütenbildung stellte KÄMPF fest, daß Aechmeen in Torf nach Umfang und Gewicht größere Blütenstände als in Blähton bildeten, aber keine Unterschiede in der Anzahl blühender Pflanzen zwischen Torf- und Hydrokultur bestanden. Bei den Guzmanien dagegen lag der prozentuale Anteil blühender Pflanzen der im Winter begonnenen Kultur mit 51,3 % in Blähton deutlich höher als im Torfsubstrat (36,2 %).
Insgesamt gesehen kam KÄMPF (1982) zu dem Schluß, daß sich Bromeliaceen für die Hydrokultur eignen und der Markt diese annimmt, da immer mehr dekorative, blühende Pflanzen für

Hydrogruppenpflanzungen gesucht werden. Die Autorin gibt aufgrund ihrer Ergebnisse folgende Empfehlung:

Aechmea fasciata
Jungpflanzen oder Kindel in Blähton sollen nur in Wasser bewurzelt werden. Die Düngung erfolgt über die Zisterne mit einer 0,05–0,1%igen Nährlösung (z.B. Planta-Flory-9). Die Weiterkultur erfolgt mit einer kombinierten Wurzel-Blatt-Düngung:

a) über die Wurzeln zu Beginn mit 0,1%iger Nährlösung, die jede 4. Woche gewechselt wird;
b) über die Blätter mit 0,1–0,15%iger Lösung 3–4 x wöchentlich in die Zisterne.

Nidularium innocentii
Nach der Bewurzelung in reinem Wasser werden die Pflanzen nur über die Wurzeln gedüngt, denn da diese Art sehr salzempfindlich ist, kann die Blattdüngung zu streifenförmigen Verbrennungsflecken und ringförmiger Nekrosebildung um die Zisterne führen. Die Blätter werden also mit reinem (Regen- oder entionisierten) Wasser versorgt. Die Nährlösungskonzentration sollte 0,15–0,20 % betragen; Nährlösungswechsel findet jede 4. Woche statt.

Guzmania minor 'Orange'
Während der Bewurzelung können die Pflanzen über die Blätter mit einer 0,05%igen Nährlösung gedüngt werden, die in die Zisterne gegossen und über die Blätter gesprüht wird.
Da die Wurzeln von Guzmanien eine sehr schwache Aufnahmekapazität zeigten (Kämpf, 1982), ist eine kombinierte Blatt-Wurzel-Düngung angebracht:

a) über die Wurzeln mit einer 0,05–0,1%igen Nährlösung, die alle 4–6 Wochen gewechselt wird,
b) über die Blätter mit einer 0,05%igen Lösung 2–3 mal wöchentlich gießen und sprühen.

Da die Aussaat auf Kunststoffmatten („Cintamat"-Matten) möglich ist, sollte auch eine Anzucht von Bromelienjungpflanzen auf Steinwolle oder ähnliche Substrate für Hydrokulturzwecke möglich sein.

3.4 Verfahren zur Blühinduktion

3.4.1 Historische Entwicklung

Schon vor 1900 ist durch Zufall entdeckt worden, daß Rauchgase bei *Ananas* Blütenbildung auslösen können. Nach Grabham (1903) soll etwa um 1890 ein Ananasfarmer auf den Azoren beim Räuchern gegen Insekten diese Entdeckung gemacht und als Mittel zur Regulierung der Blüte- und Fruchtzeit später eingesetzt haben.

Diese Rauchgasmethode wurde auch im feldmäßigen Anbau vor 1930 auf Puerto Rico angewandt. Man baute Tuchzelte über die Ananas-Pflanzen und entzündete unter diesen Schwelfeuer. 1932 publizierte Rodriguez seine Untersuchungen über dieses Phänomen. Er wies auch als erster darauf hin, daß die wirksamen Bestandteile der Rauchgase wohl ungesättigte Kohlenwasserstoffe wie Äthylen, Acetylen oder Propylen seien. Später wurde festgestellt, daß sogar unbewurzelte Ananasjungpflanzen, mit Äthylen

behandelt, sechs Monate früher blühten als nicht behandelte Pflanzen.
Sehr intensiv wurden diese Probleme auf Hawaii untersucht. Hier wurde die Wirkung von Acetylen erwiesen und die Verwendung von Kalziumcarbid als Verfahren in den Ananas-Anbau eingeführt. Diese Untersuchungen führten sogar zur Erteilung von Patenten auf die Verwendung von festem Kalziumcarbid zur Blüteninduktion bei *Ananas* (WENDT, 1936) und die Verwendung von gasförmigem oder in Wasser gelöstem Acetylen zum gleichen Zweck (KERNS, 1936). KERNS dehnte seinen Patentanspruch auch auf die Verwendung anderer Kohlenwasserstoffe und auf die Anwendung bei anderen Bromelien aus. In dieser Patentschrift ist zum ersten Mal eine andere Art in diesem Zusammenhang erwähnt (*Billbergia sp.*).
1942 veröffentlichten CLARK und KERNS ihre Untersuchungen über die Wirkung von Alpha-Naphthylessigsäure (NES). Sie fanden, daß geringe Konzentrationen von NES die Blütenbildung bei *Ananas* induzierten. 1945 berichtete van OVERBEEK, daß auch 2,4-Dichlorphenoxyessigsäure (2,4-D), ein Präparat mit Wuchsstoffcharakter, das als selektives Herbizid gegen zweikeimblättrige Unkräuter in Zuckerrohrkulturen verwendet wurde, Blütenbildung bei *Ananas* auslösen kann. Diese Entdeckungen führten überall auf der Welt, wo *Ananas* angebaut wurde, zu Untersuchungen über den Einfluß chemischer Agenzien auf die Blütenbildung, Fruchtentwicklung, Fruchtqualität und Möglichkeiten der praktischen Anwendung. Mit dem Einsatz dieser Mittel konnte der *Ananas*-Anbau rationalisiert werden. Da eine enge Korrelation zwischen Blattzahl der Pflanzen und Größe der Scheinfrucht besteht (van OVERBEEK, 1946, Abb. 35), konnten nun mit großflächigem Einsatz von NES oder 2,4-D zu vorherbestimmten Zeiten Früchte in gewünschter Größe erzeugt werden. Damit war die Möglichkeit einer ganz exakten Produktionsplanung gegeben, da natürlich diese behandelten Bestände auch zu gleicher Zeit abgeerntet werden konnten. Es sei an dieser Stelle darauf hingewiesen, daß auch BIK (1976) für *Aechmea fasciata* eine ähnliche Beziehung zwischen Pflanzengröße und Größe des Blütenstandes gefunden hat. GOWING und LEEPER (1955) fanden, daß Beta-Hydroxyäthylhydrazin (BOH) blühinduzierend wirkt. Sie begannen in Hawaii mit der systematischen Untersuchung aller möglichen Verbindungen und publizierten dann 1960 und 1961 als Ergebnis dieser Forschungen eine Liste von über 100 Stoffen, die bei *Ananas* Blütenbildung auslösen können.
Untersuchungen an gärtnerisch wichtigen Bromelien wurden wohl erstmals von FOSTER (1943) mit Kalziumcarbid oder in Wasser gelöstem Acetylen und Äthylen an *Aechmea, Billbergia, Quesnelia* und *Vriesea* durchgeführt. Hier erwies sich Äthylen wirksamer als Acetylen oder Kalziumcarbid.

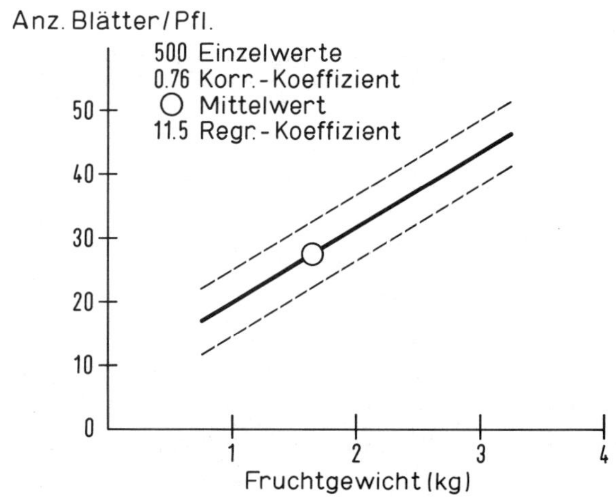

Abb. 35: Korrelation zwischen Blattzahl und Fruchtgewicht bei Ananas (nach Werten von van Overbeek, 1946)

Ab 1959 soll in den Niederlanden erstmals mit Versuchen begonnen worden sein: 1961 erschien ein erster Kurzbericht. Seit dieser Zeit beschäftigte man sich stärker mit gärtnerisch interessanten Bromelien und fand, daß auch BOH wirksam sein kann. NES scheint unter bestimmten Voraussetzungen nur bei *Bromelioideae* Blütenbildung zu induzieren, bei *Tillandsioideae* jedoch Schäden zu verursachen (ZIMMER, 1968) oder die Blütenbildung zu verhindern (Tabelle 20). Die Schädigungen bei *Vriesea splendens* und *Guzmania monostachia* nach NES-Behandlung reichen über Blattnekrosen (Abb. 36) bis zur Veränderung der Sproßachse und Hemmung der Infloreszenzentwicklung (Abb. 37). Damit scheint festzustehen, daß zwischen den *Tillandsioideae* und den *Bromelioideae* auch erhebliche physiologische Unterschiede bestehen.

Diese Unterschiede bestehen möglicherweise darin, daß bei den *Tillandsioideae* NES nicht die pflanzeneigene Äthylenproduktion fördert, wie es BURG & BURG für *Ananas* nachweisen konnten. Seit etwa 1968 wird auch ein anderes Präparat

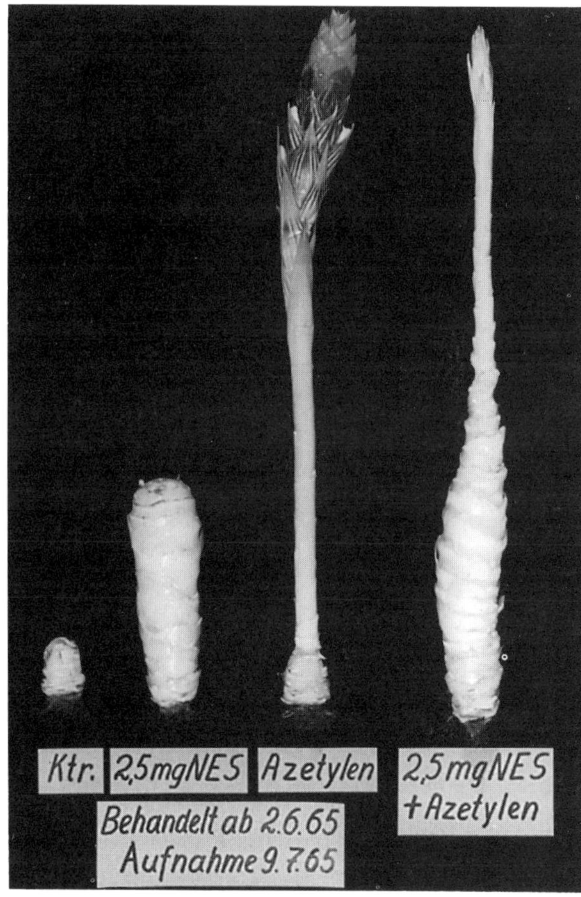

Abb. 37: Sproßveränderungen bei *Guzmania monostachia* nach NES-Behandlung

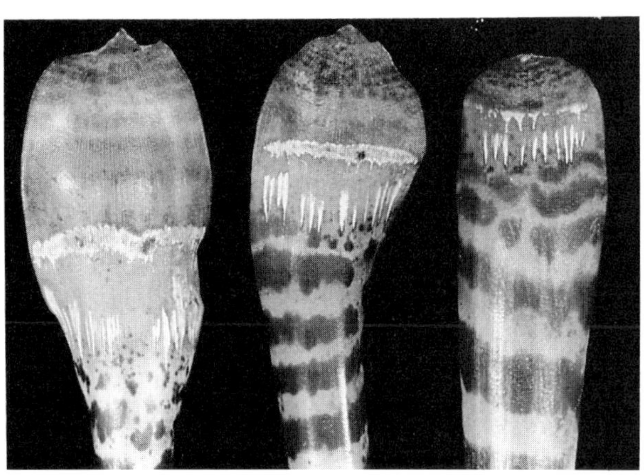

Abb. 36: Blattschäden im Bereich des Wasserstandes nach NES-Behandlung bei *Vriesea splendens*

in zunehmendem Maße angewendet: Ethrel. Die ersten Ergebnisse publizierten COOKE & RANDALL (1968), in denen sie über die Wirkungen an *Ananas* berichteten. Später folgten nach Voruntersuchungen die Untersuchungen von VANLUCHENE (1969), in denen an einer ganzen Reihe von Bromelienarten die Wirksamkeit von Ethrel nachgewiesen wurde. Ethrel (2-Chloräthanphosfonsäure) zerfällt nach COOKE & RANDALL in wässerigen Lösungen auch bei niedrigem pH-Wert, wie er in Zellsäften vorhanden ist, in Äthylen, einen Phosfonsäurerest und Chlor. Wahrscheinlich beruht die Wirksamkeit dieses Präparates auf dem freiwerdenden Äthylen. Die schnellste Freisetzung von Äthylen erfolgt allerdings wohl bei höheren pH-Werten. MEKERS & THOMAS (1980) gaben an, daß bei pH 9 – erreicht durch Zusatz von Natriumcarbonat – eine geringere Konzentration zur Erreichung des gleichen Blüheffektes ausreicht.

3.4.2 Wirkungsweise und Blütenbildung

So chemisch verschiedene Substanzen wie NES, 2,4-D, BOH, Ethrel, Acetylen und Äthylen lösen die gleiche Wirkung aus, obwohl angenommen werden muß, daß sie an unterschiedlichen Stellen in den Stoffwechsel eingreifen.

Die Wirkung von NES und Ethrel kann man auf Äthylenwirkung zurückführen, da einerseits BURG & BURG (1966) nachgewiesen haben, daß NES bei *Ananas* Äthylenproduktion auslöst und andererseits Ethrel selbst Äthylen freisetzt.

Für die Wirkungsweise der blühinduzierenden Stoffe wurde zunächst angenommen, daß der in der Pflanze vorhandene Auxingehalt erhöht würde (van OVERBEEK et al., 1947, 1951). Als ein Beweis dafür wurde angesehen, daß waagerecht gelagerte Pflanzen einer bestimmten *Ananas*-Sorte ('Cabezona', 3 Tage, van OVERBEEK und CRUZADO, 1949) zur Blütenbildung gelangen. Die Blütenbildung sollte als Folge einer geotropisch bedingten Umverteilung des Auxins im Vegetationskegel eintreten. Es konnte aber niemals eine Erhöhung des Auxinspiegels in der Pflanze nachgewiesen werden. Es ist daher die von GOWING aufgestellte Hypothese wahrscheinlicher, nach der eine Erniedrigung des Auxingehaltes die Blütenbildung auslöst (GOWING, 1956a, b, 1958b; GOWING und LEEPER, 1961).

Für diese Thesen sprechen mehrere Gründe: β-Indolylessigsäure (IES) ist ein in *Ananas* natürlicherweise vorkommendes Auxin (GORDON und SANCHEZ NIEVA, 1949a), welches – wenn es vor Behandlung mit blühinduzierenden Stoffen gegeben wird – eben diese blühinduzierende Wirkung abschwächt.

Da neben dem IES auch ein Auxin-zerstörendes System (IES Oxidase) und ein Hemmsystem für die Bildung der IES-Oxidase gefunden wurde (GORTNER und KENT, 1953), konnte man einwandfrei nachweisen, daß BOH die Bildung dieses Hemmstoffes blockiert. Die Folge ist, daß IES-Oxidase in größeren Mengen gebildet wird

Tabelle 20: Wirkungen von Azetylen, BOH und NES auf die Blüteninduktion verschiedener Bromelien (nach Zimmer, 1968) Anzahl Pflanzen blühend oder nicht blühend

Behandlung	*Aechmea fasciata*		*Vriesea splendens*		*Guzmania monost.*	
	blühend	nicht blühend	blühend	nicht blühend	blühend	nicht blühend
unbehandelt	0	14	0	8	0	12
Acetylen	14	0	8	0	12	0
BOH 1 ml	14	0	8	0	12	0
NES 1 mg	13	1	0	8	0	12

und nun ihrerseits IES abbaut. Auch für Äthylen ist nachgewiesen, daß es die IES-Oxidase-Aktivität fördern kann (z.B. HALL und MORGAN, 1964). Bei niedrigen Temperaturen unter 15° C unterblieb diese Reaktion jedoch – möglicherweise eine Erklärung dafür, daß bei *Vriesea splendens* und *Aechmea fasciata* bei diesen niedrigen Temperaturen keine Blütenbildung nach Azetylenbehandlung erfolgte (van ONSEM, 1956; ZIMMER, 1965). Selbst die Tatsache, daß Lichtmangel die Wirkung blühinduzierender Stoffe (NES bei *Ananas*, BOH bei *Aechmea chantinii*, Azetylen bei *Guzmania monostachia*) verhindern oder hemmen kann, läßt sich dieser Hypothese einpassen: Licht fördert den Abbau von IES (GALSTON und HILLMANN, 1961), Lichtmangel könnte demnach eine Erniedrigung des IES-Gehaltes verhindern.

Auch die Blätter spielen für die Wirkung der blühinduzierenden Stoffe eine spezifische Rolle. Die Entfernung der Blätter verhindert eine Induktion, obwohl diese sehr rasch in die ersten erkennbaren Schritte der Differenzierung übergeht – eine Verbreiterung der Scheitelregion bei *Ananas* (KERNS, COLLINS und KIM, 1935), die nach 3–4 Tagen sichtbar wird, oder eine Streckung der Apexregion nach 5–6 Tagen bei *Ananas* (COOPER und REECE, 1942) und etwa 10–12 Tagen bei *Vriesea splendens* (ZIMMER, 1964, vgl. Abb. 38). Bei *Ananas* und *Guzmania monostachia* genügt jedoch die Anwesenheit für 24 Stunden, um die ersten charakteristischen Veränderungen am apikalen Meristem als Zeichen der abgeschlossenen Umstimmung hervorzurufen. Bei *Vriesea* und *Aechmea* ist die Anwesenheit der Blätter für längere Zeit erforderlich (ZIMMER, 1968). Die Weiterentwicklung geht je nach Art unterschiedlich vonstatten. Näher untersucht wurde dies in *Vriesea splendens*. Wie Abb. 38 zeigt, ist am 10. Tag nach einer induktiven Behandlung bereits die Apexregion in Streckung begriffen. Erst mit dem 30. Tag bei etwa einer Sproßlänge von 30 mm wurden erste Blütenanlagen sichtbar. Innerhalb von etwa 4 Wochen bildeten sich nahezu alle Blüten und Hochblätter, während sich der Schaft – zunächst langsam, dann schneller streckte. Als alle Blütenanlagen differenziert waren, war etwa auch die

Abb. 38: Sprosse von *Vriesea splendens*. Links: vegetativ, dann 10, 40 und 63 Tage nach einer Induktionsbehandlung

endgültige Schaftlänge erreicht. Erst von diesem Zeitpunkt an beginnt das Streckungswachstum der Blütenstandsachse – in diesem Falle der Achse der Ähre. Diese streckt sich erst, wenn alle Einzelblüten angelegt sind und der Schaft seine endgültige Länge nahezu erreicht hat (vergl. auch Abb. 18). Zeitlich etwas anders mag die Entwicklung bei *Guzmania monostachia* verlaufen. Hier sind ca. 26 Tage nach einer Azetylenbehandlung ohne nennenswerte Streckung des Schaftes nahezu alle Blütenorgane angelegt, und erst wenn die „Knospe“ fertig ausgebildet ist, beginnt die Streckung aus dem Blatttrichter (Abb. 39–40). Hier kann besonders die Temperatur für das Streckungswachstum entscheidend sein (Abb. 41).

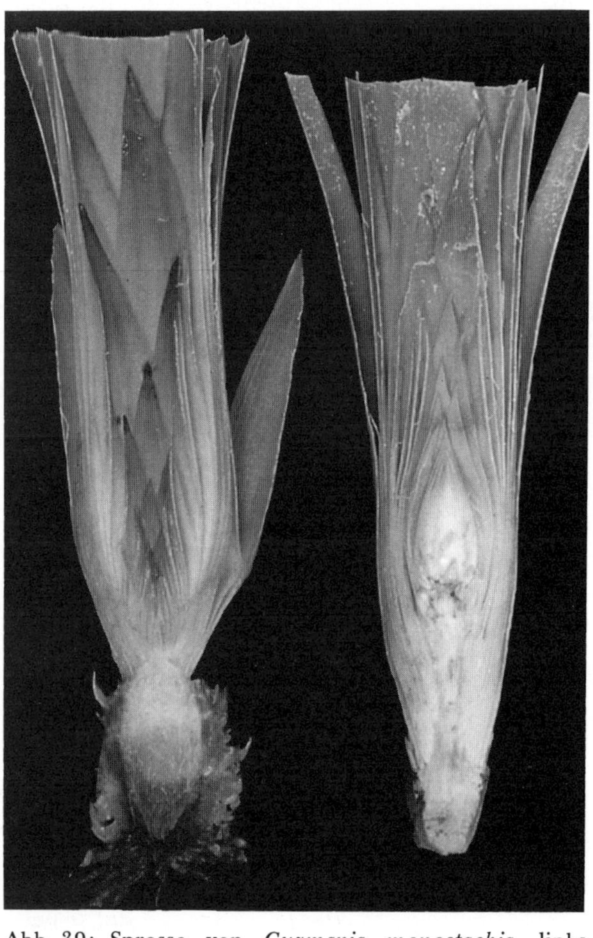

Abb. 39: Sprosse von *Guzmania monostachia,* links vegetativ, rechts 26 Tage nach Induktionsbehandlung

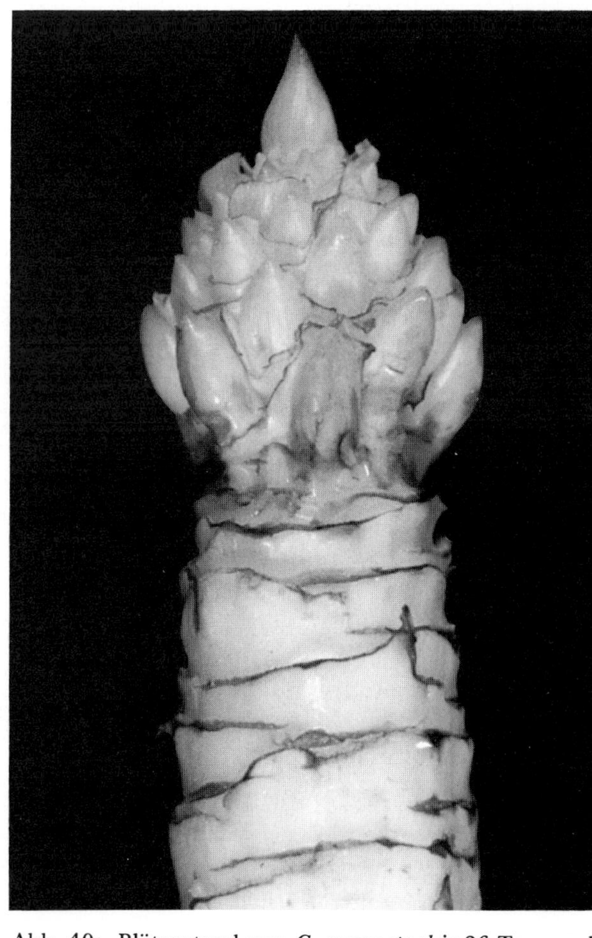

Abb. 40: Blütenstand von *G. monostachia* 26 Tage nach Induktion

3.4.3 Induktionsverfahren

In der Frühzeit wurden Rauchgase aus Schwelfeuern unter Zelte geleitet, die über die Ananasfelder gebaut wurden, später wurde auch im Ananasanbau Kalziumcarbid verwendet, das in die Trichter der Pflanzen gegeben wurde. Als die Wirkung der Auxine bekannt geworden war, wurden NES oder 2,4-D großflächig mit Schleppern und Sprühgeräten ausgebracht. Im feldmäßigen Ananasanbau kann dies auch mit den heute üblicherweise verwendeten Äthylen abspaltenden Substanzen geschehen. Bei gärtnerisch interessanten Bromelien wurde ebenso Kalziumcarbid verwendet. Hierbei wurden 5 g Kalziumcarbid je Liter Wasser aufgelöst und die so entstandene Lösung nach Absetzen oder Abfiltern des entstandenen Kalziumhydroxyds in die vorher entleerten Trichter gegossen. Dieses Verfaren erscheint nur dann wirtschaftlich, wenn gelegentlich eine kleinere Anzahl Pflanzen zu bestimmten Zeitpunkten zur Blüte gebracht werden soll. Wichtig ist, daß die Lösung gut gefiltert wird, da sonst die Pflanzen verschmutzen und damit der Handelswert vermindert wird.

Abb. 41: Zustand 49 Tage nach Induktion in Abhängigkeit von der Temperatur

Die Verwendung von Azetylengas aus der Flasche war dann wesentlich einfacher, allerdings nur, wenn größere Bestände behandelt wurden und eigene Stahlflaschen vorhanden waren. Das Azetylengas wurde entweder direkt aus der Flasche über ein Druckminderungsventil bei einem Druck von 0,1 bis 0,2 atü in das Wasser der Trichter geleitet, oder man stellte vor der Behandlung der Pflanzen eine Azetylenlösung her. Bei direkter Einleitung des Gases in das Trichterwasser genügten eine Begasungsdauer von 6–8 sec/Pflanze. Eine Begasungsdauer von 2–4 sec reicht nicht ganz aus, die Entwicklung der Blütenstände ist verzögert (Zimmer, 1965). Bei Verwendung einer leicht selbst herstellbaren Vergabelung des Zuleistungsschlauches konnten, bei einheitlichem Pflanzenabstand, jeweils zwei Pflanzen zur gleichen Zeit behandelt werden.
Die Herstellung einer Azetylenlösung erfolgte zweckmäßigerweise so, daß das Gas über eine Gießkannenbrause in Wasser geleitet wurde. Es reichte aus, wenn das Wasser für etwa 10–15 Minuten durchströmt wurde. Ein weiteres Verfahren bestand darin, Azetylen oder auch Äthylen

unter Folienzelte einzuleiten und dort auf den zu behandelnden Pflanzenbestand einwirken zu lassen. Diese Verfahren der direkten Anwendung von Azetylen oder Äthylen sind heute nicht mehr zulässig, da natürlich Explosionsgefahr bestehen und eine unsachgemäße Anwendung nicht immer ausgeschlossen werden kann.

Die Anwendung von BOH (Brombloei, Bromblüte) schien dann einige Vorteile zu bieten. Mit diesem Präparat ist eine frühere und vollständigere Induktion zu erzielen als mit Azetylen, so daß bei Anwendung dieses Mittels die Kulturzeit stärker verkürzt werden konnte. Auch die Dosierung ist relativ einfach: Für *Vriesea splendens* werden 500 ml Brombloei (Handelspräparat mit 1 % Wirkstoff) mit 14,5 l Wasser verdünnt. Jede Pflanze erhält 15 ml dieser Lösung in die vorher entleerten Trichter. *Aechmea fasciata* benötigen eine höhere Dosierung: Hier benutzt man für 1000 Pflanzen 1250 ml Bromblüte in 13,75 l Wasser. Ethrel bietet weitere Vorteile. Nach den Untersuchungen von VANLUCHENE (1969) kann Ethrel gespritzt werden, wobei Wirkstoff- und Wassermenge je Flächeneinheit den Erfolg bestimmen können. Somit ist vor allem auch die Anwendung bei Bromelien möglich, die keine ausgeprägten Trichter bilden und deshalb Azetylen- oder BOH-Lösung nicht halten können.

Auch hier liegen die Aufwandmengen je nach Art verschieden hoch. Das Handelspräparat soll in folgenden Mengen angewendet werden (in 10 l Wasser, für 50 m²):

Aechmea fasciata	3jährig	250 ml
	2jährig	500 ml
Guzmania sp		250 ml
Neoregelia carolinae		250 ml
Tillandsia lindenii		375 ml
Vriesea splendens	3jährig	250 ml
	2jährig	375 ml

Diese Aufwandmengen lassen sich wahrscheinlich bei günstigen Lichtverhältnissen reduzieren: Bei *Vriesea splendens* reichen im Sommer schon weit geringere Mengen aus. Durch Zufügung von Natriumcarbonat zur Erhöhung des pH-Wertes der Lösung auf pH 9 kann die notwendige Wirkstoffkonzentration herabgesetzt werden, bei *Aechmea fasciata* z.B. von 500–1000 ppm auf 250 ppm, bei *Guzmania minor* von 500 ppm auf 250 ppm. Die Zufügung von 2 % Harnstoff kann die Wirksamkeit offensichtlich noch einmal verbessern, so daß nur noch 50 bis 100 ppm Wirkstoff (2-Chlor-ethylphosfonsäure) notwendig sind.

3.4.4 Vorteile, Nachteile

Die Vorteile der künstlichen Blüteninduktion liegen auf der Hand: Es ist weitgehend möglich geworden, die Produktion blühender Pflanzen ganzjährig zu betreiben. Damit kann das Angebot ausgedehnt und erweitert werden und vor allem auch die Blütezeit, die unter unseren Bedingungen oft in die Sommermonate fällt, verändert werden. Weiterhin ist das Angebot absatzgünstigen oder absatzungünstigen Zeiten anzupassen. Die Gesamtkulturzeit kann erheblich verkürzt werden. Für die Produktion blühender Pflanzen zu bestimmten Terminen ist zu berücksichtigen, daß die Entwicklungsdauer von der Behandlung mit blühinduzierenden Stoffen bis zum Erreichen der Verkaufsreife unterschiedlich sein kann und in der Regel im Herbst, Winter und Frühjahr länger ist als im Sommer. Auch das Alter der Pflanzen kann eine gewisse Rolle spielen. Zusätzlich kann natürlich auch die Temperatur die Entwicklungsdauer modifizieren.

Aus diesem Grund können nur Spannen für die nach einer induktiven Behandlung zu erwartende Entwicklungsdauer angegeben werden. Einige Beispiele sind in Tabelle 21 zusammengestellt.

Tabelle 21: Entwicklungsdauer vom Tag der Blühinduktion bis zur Verkaufsreife (nach versch. Autoren)

Art	Entwicklungsdauer, Tage*
Aechmea chantinii	50 – 112
A. fasciata	60 – 105
A. fulgens var. discolor	85
Ananas comosus	168 – 196
Billbergia leptopoda	70
B. pyramidalis	30
Guzmania minor 'Orange'	35 – 52 – 82
G. monostachia	30 – 45
G. donnelsmithii	50 – 70
G. zahnii	70 – 92
Neoregelia sp.	70 – 85
N. carolinae 'Meyendorffii'	90 – 120
N. carolinae 'Tricolor'	90 – 120
Nidularium sp.	70
N. bilbergioides	85
Tillandsia sp.	134
T. lindenii	130 – 140
Vriesea psittacina	80 – 90
V. splendens	75 – 145

* Die höheren Werte gelten für Lichtmangelbedingungen

Da die „Verkaufsreife" ein recht weit auslegbarer Begriff ist, zudem in der Regel die Haltbarkeit von Bromelienblütenständen relativ lange anhält, wird sich für jeden Betrieb mit der Zeit ein Erfahrungswert einstellen, der eine wesentlich genauere Planung des Blühzeitpunktes möglich macht.

Voraussetzung für die Wirksamkeit induktiver Behandlungen ist, daß die Pflanzen „blühreif" sind. Dieser Zustand ist nicht genau zu definieren. Er hängt offenbar – artverschieden – von einer Reihe von Faktoren, wie Pflanzengröße, Blattzahl, Alter und Umweltbedingungen wie Temperatur und Lichtgenuß, ab. In früheren Untersuchungen an *Vriesea splendens* hatte sich

Tabelle 22: Anzahl Blätter und Blattanlagen bis zur ersten Blüte an blühenden und nicht blühenden Pflanzen vor *Vriesea splendens* (verändert nach Zimmer, 1965)

Pflanzen	Azetylen-behandlung	Mittel aus Anz. Pfl.	Anz. Blätter + Blattanlagen Rosetten-Sproß	Schaft	Summe
blühend	ja	122	18,4	17,5	35,9
	nein	55	18,8	17,7	36,5
nicht blühend	ja	45	30,0	–	30,0
	nein	71	29,0	–	29,0

gezeigt, daß, unabhängig von Pflanzenalter und -größe, Blütenbildung mit oder ohne Azetylenbehandlung nur dann beobachtet wurde, wenn eine bestimmte Anzahl Blätter an Sproß und Infloreszenzschaft vorhanden waren (Tabelle 22). Diese Ergebnisse führten zu dem Schluß, daß die Blühfähigkeit erreicht ist, wenn am Hauptvegetationspunkt eine bestimmte Anzahl Blattanlagen gebildet ist. Diese Untersuchungen werden durch Ergebnisse von Bik (1976) gestützt, der bei *Aechmea fasciata* eine strenge Korrelation zwischen Frischgewicht der Pflanzen und dem Anteil blühfähiger Pflanzen fand. Probleme bei der Anwendung blühinduzierender Stoffe können sich nun aus verschiedenen Gründen ergeben:

1. Der Zustand der Blühreife ist in einem Pflanzenbestand nicht von allen Pflanzen gleichzeitig erreicht. Eine blühinduzierende Behandlung bringt daher gegebenenfalls nur einen – vorher nicht bekannten – Teil der Pflanzen zum Blühen. Eine genaue Produktions- und Absatzplanung wird daher erheblich erschwert.
2. Es spielt die Frage eine Rolle, ob noch nicht blühreife Pflanzen durch eine induzierende Behandlung geschädigt werden.

   Bei einer Behandlung mit Azetylengas spielte eine zunächst vergebliche Behandlung für den späteren Erfolg einer erneuten Behandlung keine Rolle. Nicht blühende Pflanzen konnten nach 2–3 Monaten mit Erfolg neu begast werden. Azetylen ist aber insgesamt nicht so wirksam wie BOH oder Ethrel. Dies bedeutet, daß man Bestände mit guter Aussicht auf Erfolg erst 3–5 Monate später mit Azetylen behandeln konnte, als das mit BOH oder Ethrel möglich war.

Zahlreiche Versuche, in denen BOH oder Ethrel und Azetylen miteinander verglichen wurden, zeigten, daß offenbar folgende Reihenfolge in der Wirksamkeit dieser Mittel besteht: Ethrel wirksamer als BOH, BOH wirksamer als Azetylen. Daraus geht hervor, daß der Zustand der Blühreife auch noch von anderen Faktoren abhängig sein muß.

3. Offenbar kann der Zustand der „Blühreife" mit der Jahreszeit Änderungen unterworfen sein. Das Licht spielt in diesem Zusammenhang eine wesentliche Rolle. Schon bei *Ananas* wurde beobachtet, daß eine NES-Behandlung nur halb so wirksam ist, wenn sie an wolkigen Tagen vorgenommen wird. Da NES bei *Ananas* Äthylenproduktion auslöst (BURG & BURG, 1966), muß eine Abhängigkeit der zur Äthylenbildung führenden Prozesse in der Pflanze von der Belichtung bestehen, oder das Äthylen beeinflußt seinerseits lichtabhängige Prozesse, die zur Blütenbildung führen. Auch BOH und Ethrel können im Herbst und Winter weniger wirksam sein oder überhaupt keine Wirkung hervorrufen, obwohl im vorangegangenen Sommer Pflanzen des gleichen Bestandes blühfähig waren. Daraus resultiert die Empfehlung, BOH oder Ethrel in den dunkleren Monaten nur dann anzuwenden, wenn sonnige Tage zu erwarten oder höhere Konzentrationen zu verwenden sind. Dies führt aber natürlich dazu, daß eine exakte, auf bestimmte Termine ausgerichtete Blütezeitsteuerung mindestens erschwert oder mit dem Risiko größerer Ausfälle behaftet wird.

Für die auftretenden Mißerfolge im Herbst und Winter sind mindestens zwei Ursachen anzunehmen:

1. Die angewendeten Mittel sind zwar wirksam im Sinne der Umstimmung des Vegetationspunktes zur Blütenbildung. Es unterbleibt aber die Entwicklung der Infloreszenz aus Lichtmangel, oder die Entwicklung wird stark verzögert. Für diese Tatsache sprechen die in Tabelle 3 gegebenen Werte eines Versuches, der im Sommer unter verschiedenen Lichtbedingungen durchgeführt wurde. *Vriesea*-Pflanzen (2jährig) wurden mit Ethrel behandelt und im Gewächshaus aufgestellt, wobei in einigen Versuchsgruppen durch Schattierleinen die Beleuchtungsstärke mehr oder weniger stark reduziert wurde. Nach 56 Tagen, als die Blütenstände der unschattierten Gruppe (100% Licht) über den Blättern erschienen, wurden die Pflanzen auseinandergeschnitten und die Sproßlängen gemessen (Tabelle 3, S. 31). Die scheinbar nicht induzierten Pflanzen der Gruppe „7 % Licht" wurden aber umgestimmt, denn nicht zerschnittene Pflanzen begannen nach Überführung in normale Lichtbedingungen mit der Entwicklung der Infloreszenz (ZIMMER, 1974).
2. Die angewendeten Mittel werden nicht wirksam im Sinne des angestrebten Erfolges, sondern verändern den Vegetationspunkt in der Weise, daß dieser offenbar unfähig wird, eine Infloreszenz auszubilden. Es kann dann noch eine geringfügige Streckung auftreten, oder sie unterbleibt ganz. Diese Erscheinungen ähneln denen zu junger Pflanzen, die noch nicht blühfähig sind. Eine nochmalige Behandlung

bringt keinen Erfolg mehr, die Pflanzen sind verloren.

Hier muß man annehmen, daß die ursprünglich vorhandene Blühreife aufgrund noch unbekannter Einwirkungen von außen (Lichtmangel?) wieder verloren gegangen ist. Dies wäre dann der Fall, wenn Stoffwechselprozesse, die durch die Zugabe blühinduzierender Stoffe wie BOH oder Ethrel ausgelöst werden, aufgrund von Lichtmangel nur unvollständig ablaufen können. Noch nicht blühfähige Bestände bilden manchmal mehr oder weniger verlaubte, mißgebildete infloreszenzähnliche Sproßverlängerungen (Abb. 42).

Diese Schäden im wirtschaftlichen Sinne sind irreversibel. Sie treten oft auch ohne sichtbare Veränderungen im Trichter auf und sind eigentlich erst zu erkennen, wenn die so behandelten Pflanzen plötzlich verstärkt zur Kindelbildung übergehen. Die einzelnen Arten reagieren offenbar etwas unterschiedlich, so daß auch noch nicht gesagt werden kann, wie solche Fehlschläge, die schon zu Verlusten von 30–70% des behandelten Bestandes geführt haben, vermieden werden können.

Abb. 42: Verlaubte „Blütenstände" von *Aechmea fasciata* nach zu frühzeitiger Ethrelbehandlung

4 Markt und Wirtschaftlichkeit

4.1 Anbauentwicklung

Bis etwa 1960 waren Bromelien relativ seltene und teure Topfpflanzen, die in gewissem Umfang zwar immer kultiviert worden waren, aber doch nicht die Bedeutung erlangt hatten, die ihnen heute zukommt. Dies mag wesentlich daran gelegen haben, daß die meisten Bromelien erst nach drei- bis vierjähriger Kulturzeit blühten, daß die Hauptblüte meist in den Sommer fiel und daß die Bestände nicht gleichmäßig blühten. Erst mit der Möglichkeit, die Blütenbildung zu beeinflussen, begann der Anbau in stärkerem Umfang. 1969 wurden bei den Anbauerhebungen des Statistischen Bundesamtes erstmals die Bromelien als gesonderte Gruppe ausgewiesen, und seit dieser Zeit hat sich die Produktion zunächst bis 1978 mehr als nur verdoppelt, hat aber dann innerhalb der nächsten Jahre drastisch abgenommen (Tabelle 23). Mit dieser Produktionsentwicklung hat sich aber auch offenbar die Absatzweise von Bromelien geändert: Während 1969 von der erhobenen Gesamtproduktion nur

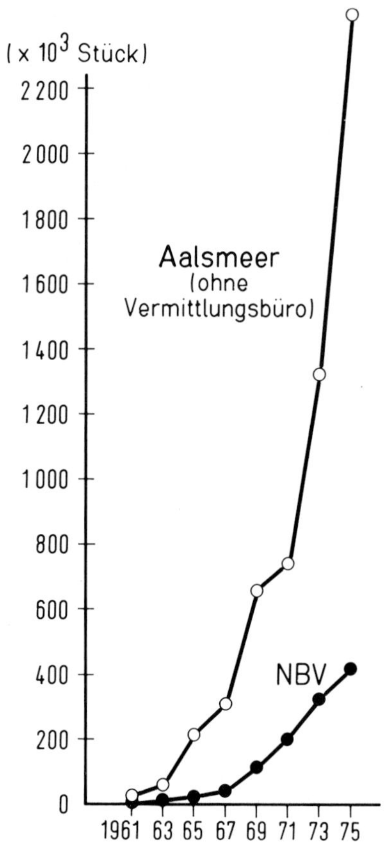

Abb. 43: Entwicklung des Bromelienumsatzes in Aalsmeer und an der NBV Neuss 1961–1975

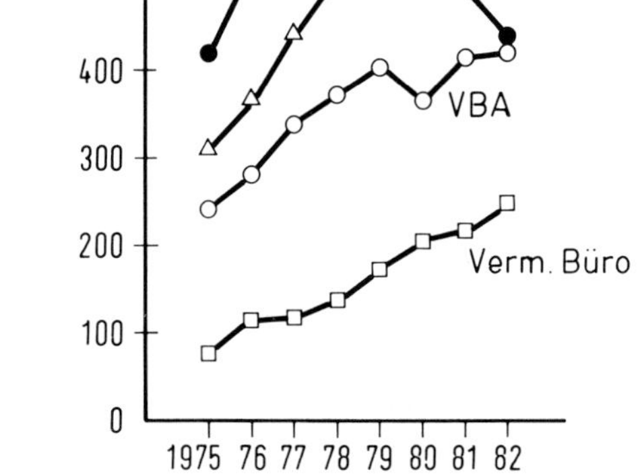

Abb. 44: Wie Abb. 43, Umsatz Vermittlungsbüro + Umsatz VBA = Gesamtumsatz Aalsmeer in 10.000 Stck.

etwa 9% über die NBV Neuss abgesetzt wurden, waren es 1972 schon knapp 14% und 1975 22%. Erst 1981 sank der Anteil der über die NBV Neuss abgesetzten Bromelien auf knapp unter 20%. Die stürmische Entwicklung läßt sich daher auch besser anhand der Anlieferungen an großen Umsatzzentren betrachten. Wie Abb. 43 und 44 zeigen, ist diese Entwicklung in den Niederlanden noch viel stürmischer und frühzeitiger verlaufen: Bereits 1970 wurden in Aalsmeer etwa 700.000 Bromelien umgesetzt, und dieser Umsatz steigerte sich bis 1979 auf 4 Mill. Stück (ZIMMER, 1983).

Die enorme Ausweitung des Angebotes hat sich drastisch auf die Erlöse ausgewirkt: Wie Abb. 45 zeigt, sind die an der NBV Neuss erzielbaren Erlöse bei den wichtigsten Arten trotz ständig steigender Kosten stark gefallen und zeigen erst seit 1980 – mit abnehmendem Angebot – wieder eine etwas steigende Tendenz. Es muß allerdings berücksichtigt werden, daß hier nur etwa 20% der Gesamtproduktion erfaßt werden und daß an anderen Märkten höhere Erlöse erzielbar sind. Hier sind mit Sicherheit erhebliche regionale Unterschiede vorhanden. Außerdem mag dazukommen, daß diese Entwicklung besonders auf die Arten zutrifft, die offenbar den höchsten Anteil in der Bromelienproduktion einnehmen und damit auch am längsten den höchsten Bekanntheitsgrad erreicht haben.

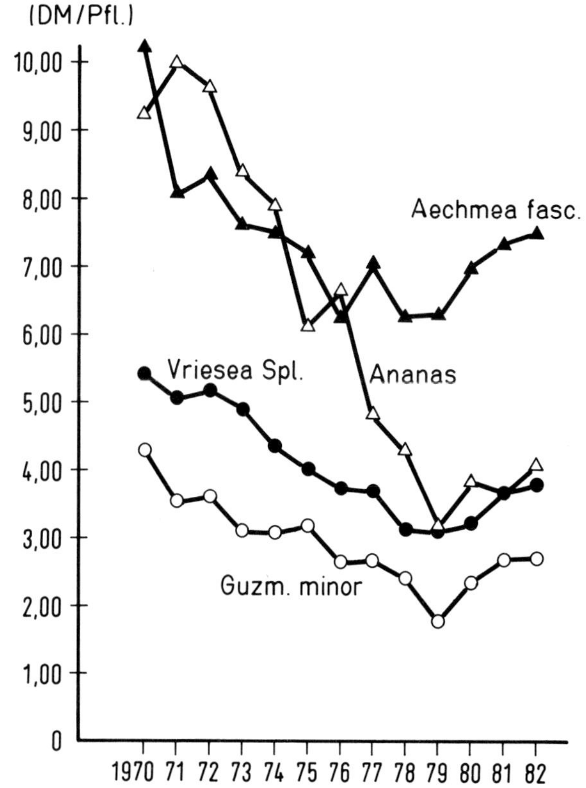

Abb. 45: Entwicklung der Jahresdurchschnittspreise für Bromelien an der NBV Neuss

Tabelle 23: Entwicklung des Bromelienanbaus seit 1969 (1000 Stck. Fertigware); Quelle Stat. Bundesamt

Bundesland	1969	1972	1975	1978	1981	1984
Nordrhein-Westfalen	342	761	718	1224	1088	614
Niedersachsen	215	403	540	709	672	411
Bayern	100	137	146	153	177	74
Baden-Württemberg	98	150	147	289	293	347
Summe	755	1451	1551	2375	2230	1446
Bundesgebiet gesamt	1254	1798	1909	2824	2490	1623

4.2 Veränderungen im Sortiment

Die Veränderungen im angebotenen Sortiment scheinen gering (Abb. 47). Hier muß allerdings darauf hingewiesen werden, daß es durchaus möglich ist, daß die Zusammensetzung des Angebotes bei den Betrieben, die direkt oder über lokale Märkte absetzen, völlig anders aussieht als an der NBV Neuss.

Auffällige Veränderungen innerhalb des untersuchten Zeitraumes ergaben sich fast nur bei den drei wichtigsten Arten und auch hier eigentlich erst innerhalb der letzten Jahre. Der Anteil an großwachsenden Pflanzen wie *Aechmea fasciata* und *Vriesea splendens* hat zugunsten der kleiner bleibenden *Guzmania minor* abgenommen. Außerdem hat, wie die Trendberechnungen in Abb. 46 zeigen, der Anteil der 3 Gattungen *Ananas, Neoregelia* und *Tillandsia* am Gesamtangebot geringfügig zugenommen.

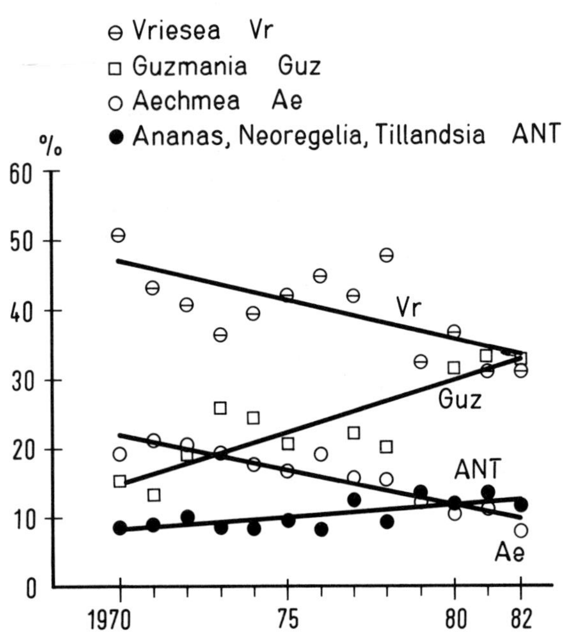

Abb. 46: Relativer Anteil einzelner Artengruppen an der Gesamtmenge verkaufter Bromelien an der NBV Neuss

Auch für den Platz Aalsmeer lassen sich ähnliche Tendenzen zeigen: Bei stark steigendem Gesamtverkauf nahm der relative Anteil von *Vriesea* und *Neoregelia* zu, der von *Guzmania* blieb gleich, und der von *Aechmea* und *Ananas* nahm ab (Abb. 47).

Auch innerhalb einzelner Artengruppen fanden in den letzten Jahren Verschiebungen statt: So wurden z.B. *Guzmania minor* 'Orange' am Platz Aalsmeer fast völlig von rotblühenden Typen verdrängt, und die Sorte 'Meyer's Favorit' eroberte innerhalb weniger Jahre fast 50% des *Vriesea-splendens*-Angebotes (Abb. 48).

Mit der Verbreitung neuer Vermehrungstechniken wird wohl auch in zunehmendem Maße die Selektion kompakt wachsender Typen und damit eine stärkere Veränderung im bisher angebotenen Sortiment eintreten. Daß solche Entwicklungen eintreten können, zeigt die Aufschlüsselung der in Aalsmeer verkauften sog. „Anderen Guzmanien". Im Laufe der Jahre tauchen in der Umsatzstatistik neue Warenbezeichnungen auf. Wurden 1975 z.B. nur *G. minor* in Farben und sonstige Guzmanien ausgewiesen, tauchen in späteren Jahren Arten und Sorten als Einzelpositionen auf. Dies kann als ein deutliches Zeichen des sich ändernden Angebotes bzw. der Bedeutung der angebotenen Sorten sein. Tabelle 24 zeigt neben der absoluten Zunahme der Anfuhr „Anderer Guzmanien" den relativen Anteil neuer Gruppen bzw. Sorten.

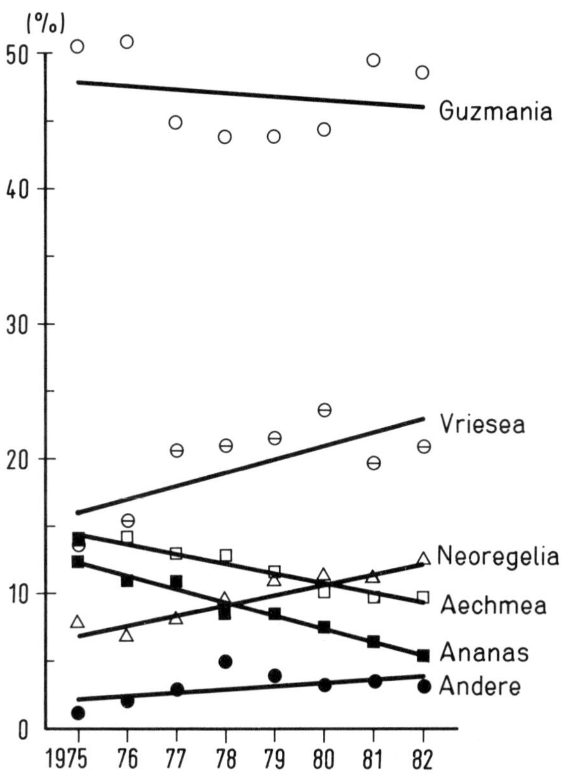

Abb. 47: Wie Abb. 46, jedoch für Aalsmeer

Tabelle 24: Anzahl verkaufter *Guzmania* (außer *G. minor)* in Aalsmeer 1976–1982 und relativer Anteil einzelner Gruppen

Jahr	Anz. verkauft		Davon %	
		Andere	Hybriden	Sorten***
1976	304 941	100*	–	–
1977	351 621	74,1	25,9**	–
1978	371 615	55,5	44,5	–
1979	373 674	71,6	28,4	–
1980	293 086	68,0	32,0	–
1981	420 432	37,3	37,1	25,6
1982	515 907	31,4	20,6	48,0

* Arten, Hybriden, Sorten, ab 1977 nur Arten
** incl. Sorten, ab 1981 excl.
*** 'Amaranth', 'Grand Prix', 'Marlebeca', 'Mini Exodus', 'Remanbrance'

Es wird deutlich, daß die Bedeutung anderer Guzmanien seit 1976 ständig zugenommen hat – und zwar derart, daß sogar Sorten namentlich als eigenständige Position aufgenommen wurden. Die fünf wichtigsten *Guzmania*-Sorten machten bereits fast 50% der insgesamt angelieferten und verkauften *Guzmania*-Arten und Sorten aus!
Eine ähnliche Tendenz zeigt sich auch bei uns:

43,5% der 1984 an der NBV Neuss umgesetzten Bromelien entfielen auf *Guzmania,* 32% auf *Vriesea* und nur noch 9% auf *Aechmea.* Mehr als ein Viertel aller *Guzmania* waren Hybrid-Sorten oder sonstige Arten außer *G. minor.* Bei *Vriesea* entfielen fast 60% auf die Sorte 'Meyer's Favorit'.

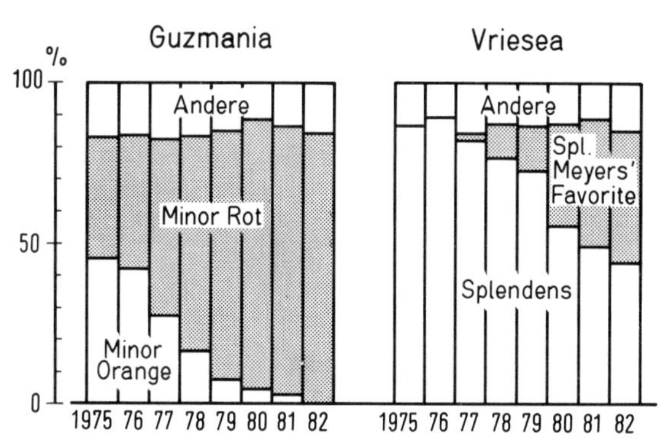

Abb. 48: Relative Veränderung des Guzmania- und Vriesea-Sortimentes in Aalsmeer

4.3 Überlegungen zur Wirtschaftlichkeit

Um die Wirtschaftlichkeit von Bromelienkulturen beurteilen zu können, müssen Kosten und erzielbare Erlöse analysiert und betrachtet werden. Dazu muß zunächst ein Mengengerüst erstellt werden, das natürlich je nach Produktionsverfahren unterschiedlich ausfallen kann. Je nach dem, ob mehrmals pikiert oder mehrere Zwischentöpfe verwendet werden, fallen unterschiedliche Substratmengen oder Kulturgefäße an. Auch der Platzbedarf kann sich verändern. Da die Wirtschaftlichkeit von einzelnen Kostengruppen unterschiedlich stark abhängen kann, sollen einige dieser Positionen gesondert betrachtet werden.

4.3.1 Materialkosten

Die direkt zurechenbaren Materialkosten fallen für Saatgut oder Jungpflanzen, Kulturgefäße, Substrate, Wasser, Düngemittel und Pflanzenschutzmittel sowie für die zur Blüteninduktion verwendeten Substanzen an. Insgesamt gesehen machten diese zurechenbaren Kosten nur einen relativ kleinen Teil der Gesamtproduktionskosten aus: So betragen die Pflanzenschutzkosten (ohne Arbeitsaufwand) zur Zeit kaum mehr als DM 12,– bis DM 15,– für 1000 Pflanzen während der gesamten Kulturzeit (monatliche Spritzungen vorausgesetzt).
Die Dünger- und Wasserkosten liegen bei einem Verbrauch von 3 l Wasser je Tag und m² und einem Wasserpreis von 1,40 DM/cbm bei 30–50 DM/1000 Pflanzen für *Guzmania*, ca. DM 70/1000 Pflanzen für *Vriesea* und bei DM 125–155/1000 Pflanzen für *Aechmea fasciata* (Rose, 1983). Hierbei ist eine wöchentliche Düngung mit 0,1 % Wuxallösung zugrundegelegt.
Der Substratverbrauch richtet sich natürlich nach der Häufigkeit des Verpflanzens und der Topfgröße. Man kann mit Substratmengen von etwa 0,4 cbm je 1000 Pflanzen (*Guzmania* im 9-cm-Endtopf) bis etwa 1,7 cbm/1000 Pflanzen (*Aechmea fasciata*, 8er und 10er Zwischentopf, 13er Endtopf) rechnen. Bei einem Preis von ca. DM 100 je cbm Substrat entstehen Substratkosten von DM 40 bis DM 150 je 1000 Pflanzen. Die Kosten für Kulturgefäße sind nur für die Endtöpfe voll anrechenbar. Zwischentöpfe und Pikierkisten sind mehrfach verwendbar und daher nur anteilig – der Nutzungsdauer entsprechend – zu berechnen. Vermutlich kann man in diesem Bereich mit einer 5jährigen Nutzungsdauer rechnen. Überlegungen zur Einsparung von Kosten führen hier zu geringen Erfolgen. Man wird zwar durch Ausnutzung von Mengenrabatten etwas erreichen können, doch bedeutet dies in jedem Fall Produktion in großen Serien und damit Überlegungen, wie der Absatz gestaltet werden kann. Am meisten Erfolg verspricht hier allenfalls die Umstellung von Kulturverfahren im Hinblick auf Einsparung von Zwischentöpfen.

4.3.2 Energiekosten

Die Bromelienkultur erfordert einen relativ hohen Energieaufwand. Im Sämlingsstadium lie-

gen die angestrebten Temperaturen im Bereich von 22–24° C tagsüber und 20° C während der Dunkelperiode, während der Weiterkultur werden meist 20–22° C während der Lichtphase und je nach Art 16–18° C während der Dunkelphase empfohlen.
Je nach Produktionsstandort – also den dort vorhandenen Klimabedingungen – kann der Energiebedarf unterschiedlich sein (Tabelle 25), er hängt natürlich zusätzlich von der Kulturdauer und der Kulturzeit ab. Da die Grundfläche beheizt wird, spielt für die Berechnung der Energiekosten je 1000 Pflanzen natürlich auch die Flächenausnutzung und die Standweite eine Rolle.

Tabelle 25: Monatlicher Heizmittelbedarf (l Öl EL/qm Grundfläche). Einfachglas, Warmhaus, Blockbauweise; Oberfläche: Grundfläche 1,34; Kesselwirkungsgrad 85 %; Wind 4 m/sec; K-Wert 7,56 (nach Hege, 1983)

Monat	Hannover		Geisenheim	
	TTp 20°	NTP 18°	TTp 20°	NTp 18°
Januar	4,8	10,9	5,3	7,9
Februar	4,7	8,2	3,6	6,7
März	4,2	7,0	2,8	5,4
April	2,4	4,4	1,9	3,7
Mai	1,4	2,4	1,2	1,9
Juni	0,6	1,4	0,6	0,8
Juli	0,4	1,2	0,5	0,5
August	0,7	1,2	0,5	0,7
September	1,0	2,2	0,9	1,9
Oktober	2,3	4,3	2,2	3,9
November	4,3	7,0	3,6	6,2
Dezember	4,9	10,4	3,6	8,6
Jahr	32,0	60,7	26,6	48,5
	92,7		75,1	

Rechnet man den in Tabelle 25 gegebenen Heizölverbrauch für verschiedene Kulturzeiten und unterschiedlichen Kulturbeginn für die beiden angenommenen Standorte um, so ergibt sich der in Tabelle 26 aufgeführte Heizölbedarf für einen qm Gewächshausgrundfläche. Es ist einzusehen,

Tabelle 26: Heizölbedarf (l Öl El/qm Grundfläche) an zwei Orten in Abhängigkeit von Kulturdauer und Kulturbeginn (Normhaus, einfach verglast, ohne Wärmedämmung) (abgeleitet aus Tabelle 25)

Ort	Kultur-Dauer, Mon	Kulturbeginn			
		1.3.	1.6.	1.9.	1.12.
Hannover	14	110,7	96,3	102,5	123,7
	18	120,0	119,3	157,7	158,8
	22	156,8	174,8	181,9	167,5
Geisenheim	14	88,9	77,5	84,0	100,5
	18	95,6	97,4	129,5	127,7
	22	126,5	141,3	147,0	134,1

daß bei hoher Flächennutzung (Verringerung der Wegeflächen, Hängen) die Energiekosten je Pflanze gesenkt werden können, ebenso wie durch die Kultur kleinerer Pflanzen und die damit verbundene geringere Standweite. Ebenso sind natürlich Wärmedämmungsmaßnahmen geeignet, die hohen Energieaufwendungen zu reduzieren, doch werden dazu höhere Investitionen nötig, die in einer anderen Kostenposition wirksam werden (Gemeinkosten). Um den Energiebedarf für eine bestimmte Anzahl Pflanzen zu berechnen, muß der wechselnde Platzbedarf während der Kultur berücksichtigt werden. Wie sich verschiedene Kulturverfahren mit unterschiedlichem Platzbedarf auf die Energiekosten auswirken können, sei an einigen Beispielen demonstriert.
Das erste Beispiel gibt einige mögliche Kulturverfahren in vereinfachter Form für *Guzmania minor* wieder (Tabelle 27). In allen vier Varianten ist die Kulturzeit vom Zukauf der Jungpflanzen an gleich, lediglich Topfgrößen und Platzbedarf sind variiert. In Verfahren 1 und 3 wird nur einmal auf Endstand gerückt, jedoch werden unterschiedliche Topfgrößen benutzt. Dadurch ergeben sich unterschiedliche Flächenansprüche und damit auch ein höherer Energiebedarf.

Tabelle 27: Platz- und Heizölbedarf für 1000 Pflanzen von *Guzmania minor* in Abhängigkeit vom Kulturverfahren

Nr.	Verfahren Datum		Pflanzen je Netto-m²	Stand zeit Mon.	Brutto- m² *	Je 1000 Pflanzen Monats- B-m²	Heizöl- l EL**
1	1.9.	Topfen 8 cm	144	6	8,68	52,08	564,2
	1.3.	Rücken	64	7	19,53	136,71	595,7
	30.9.	Verkaufsende		13		188,8	1159,9
2	1.9.	Topfen 8 cm	144	5	8,68	43,40	452,2
	1.2.	Rücken	81	4	15,43	61,72	535,4
	1.6.	Rücken	49	4	25,51	102,04	221,9
	30.9.	Verkaufsende		13		207,2	1209,5
3	1.9.	Topfen 9 cm	120	6	10,42	62,52	677,3
	1.3.	Rücken	64	7	19,53	136,72	595,6
	30.9.	Verkaufsende		13		199,2	1273,0
4	1.9.	Topfen 9 cm	120	5	10,42	52,10	542,9
	1.2.	Rücken	80	4	15,62	62,48	542,0
	1.6.	Rücken	40	4	31,25	125,00	271,9
	30.9.	Verkaufsende		13		239,6	1396,8

* bei 80 % Kulturfläche ** berechnet nach Tabelle 25

In den Verfahren 2 und 4 wird zweimal gerückt. Durch die größeren Pflanzabstände entsteht nicht nur ein erhöhter Flächenbedarf und somit auch ein höherer Energieaufwand, sondern zusätzlich ein Arbeitsaufwand von etwa 3 Stunden/ 1000 Pflanzen. Die Pflanzen, die nach Verfahren 4 erzeugt werden, müssen über den Erlös gegenüber Pflanzen aus Verfahren 1 3 Arbeitsstunden und etwa 200 l Öl El Mehrverbrauch abdecken – abgesehen davon, daß über die erhöhten Topfkosten und den Mehrverbrauch an Substraten erhöhte Mehrkosten entstehen.

Da die Energiekostenberechnungen für Gewächshäuser ohne Wärmedämmung (einfach verglast) berechnet sind, können bei Vorhandensein entsprechender Einrichtungen (Doppelglas, Energieschirm, andere Dämmaßnahmen) sicher bis etwa 40 % der Energiekosten eingespart werden.

Diese grundsätzlichen Überlegungen zu den Energiekosten müssen natürlich geändert werden, wenn z.B. epiphytisch wachsende Bromelien zusätzlich zu einer normalen Flächennutzung an Stehwänden oder auf Hängen oder in Ampeln kultiviert werden. Natürlich verändert sich die Energiekosten-Situation auch in Abhängigkeit von den Brennstoffarten und -preisen. Die Heizmaterialkosten können bei Verwendung von Kohle (Anthrazit) oder Schweröl erheblich unter denen von Heizöl El liegen. Allerdings bedingt eine Umrüstung der Heizungsanlage auch erheblich höhere Gemeinkosten.

4.3.3 Kosten der Arbeitserledigung

Man könnte annehmen, daß die einer Bromelienkultur direkt zurechenbaren Kosten der Arbeitserledigung gering seien, „da ja nicht viele Arbeitsgänge anfallen". Neben dem bei Jungpflanzenzukauf notwendigen Pikieren und/oder Eintopfen, Verpflanzen und Rücken fallen jedoch über eine lange Kulturzeit Zeiten für Kontrollen, Pflanzenschutz, Ausgießen von Hand selbst bei weitgehend automatisierter Bewässerung und Düngung und schließlich für Blühbehandlung und den Verkauf (Sortieren, Verpacken, evtl. Töpfe säubern) an. Der Zeitaufwand für Kulturarbeiten ist relativ gut erfaßbar (Tabelle 28) und dürfte für die meisten Kulturverfahren (ohne Pikieren) einschließlich Ernten, Säubern und Verpacken bei etwa 30 AKh/1000 Pflanzen liegen. Schwieriger zu erfassen sind die für die Pflege notwendigen Zeiten. Hier werden von ROTHENBURGER (1983) monatlich etwa 2 AKh je 1000 Pflanzen angesetzt. Da der Pflegeaufwand überwiegend nettoflächenabhängig ist, ändert sich natürlich der für 1000 Pflanzen zurechenbare Pflegeaufwand mit der Standweite. Legt man die Annahme zugrunde, daß monatlich im Durchschnitt der Gesamtkulturdauer etwa 10 x die Bewässerungsanlage bedient werden muß (0,03 AKh/100 m^2), zweimal gründlich mit Schlauch nach- und ausgegossen werden muß (2 x 0,5 AKh/100 m^2) und dreimal Düngungs- oder Pflanzenschutzarbeiten anstehen (3 x 0,65 AKh bei 1,5 l Ausbringungsmenge/min und 100 m^2), so läßt sich der Arbeitszeitbedarf für 1000 Pflanzen leicht berechnen (Tabelle 29).

Aus den Zahlen ergibt sich, daß z.B. für eine *Guzmania*-Kultur von 13 Monaten Dauer (Zukauf von Jungpflanzen) und einen Endstand von 40 Pfl./m^2 wenigstens 12 AKh als zurechenbarer Zeitaufwand für die Pflege kalkuliert werden müssen. Bei einer *Aechmea*-Kultur, die zunächst 4 Monate nach dem Topfen eng steht (120 Pfl./m^2), nach dem 1. Rücken 50 m^2/1000 Pfl. und nach dem 2. Rücken (6 Monate später) noch weitere 6 Monate bis zum Verkauf auf Endabstand (11 Pfl./m^2) steht, wäre der Pflegeaufwand wie folgt zu kalkulieren: 4 Mon. x 0,3 AKh + 6 Mon. x 1,6 AKh + 6 Mon. x 3,0 AKh = 28,8 AKh. Natürlich können auch diese Zahlen nur Anhaltspunkte liefern.

Der zurechenbare Arbeitszeitbedarf für eine 13-monatige *Guzmania-minor*-Kultur läßt sich dem-

Tabelle 28: Arbeitszeitbedarf einzelner Arbeitsgänge (vereinfacht nach Rothenburger, 1983) einschließlich Nebenarbeiten

Lfd. Nr.	Arbeitsvorgänge		AKh/ 1000 Pfl.
1	Pikieren, einschließlich Kisten füllen und transportieren (100 m) Angießen, Rüstzeit	4 x 4 cm	2.09
		5 x 5 cm	2.56
2	Eintopfen einschließlich An- u. Abtransport von Leergut, Substrat, Töpfen, Ausstellen	9 cm Ton	6.90
		9 cm Kunstst.	6.45
		12 cm Ton	7.74
		12 cm Kunstst.	7.31
3	Eintopfen mit Maschine in 12 cm-Topf einschließlich An- und Abtransport, Ausstellen		5.00
4	Verpflanzen einschließlich An- und Abtransport von Leergut, Substrat, Töpfen, Kisten, Austopfen und Ausstellen	aus 8 in 11 cm	9.87
		in 12 cm	9.49
5	Rücken einschließlich An- und Abtransport	je nach Topfgröße	2.1–3.6
6	Ernten, in Kisten einstellen, Kisten An- und Abtransport	9 cm Töpfe	2.06
		11 cm Töpfe	2.61
7	Säubern, Verpacken in Plastiktüten		6.25

Tabelle 29: Arbeitszeitbedarf für Pflegemaßnahmen in Abhängigkeit von der Standweite

Anz. Pfl. je m^2	Netto m^2 je 1000 Pfl.	Monatl. AKh-Bedarf/1000 Pfl.
11	90,9	3.0
20	50,0	1.6
30	33,3	1.1
40	25,5	0.8
49	20,4	0.66
64	15,6	0.50
120	8,3	0,30

nach aus den Tabellen 28 und 29 wie folgt ableiten:
Eintopfen, Rücken, Ernten, Säubern und Verpakken ergeben etwa 18 AKh, der Pflegeaufwand erfordert etwa 12 AKh, so daß insgesamt 30 AKh/1000 Pflanzen anfallen. Bei einem Betriebsstundenlohn von DM 20,– je AKh ist somit jede Pflanze mit DM 0,60 Arbeitskosten belastet. Für Sonderkulturformen (Aufbinden auf Zweigbündel, Äste oder Rindenstücke) ergeben sich mit Sicherheit erhebliche Zeitzuschläge, über die jedoch keine Daten verfügbar sind.

4.3.4 Gemeinkosten

Die Gemeinkosten eines Betriebes entstehen durch die Bereitstellung der betrieblichen Kapazitäten, die notwendig sind, um ein Produkt zu erzeugen. Hierzu gehören alle betrieblichen Lasten, wie Kosten des Bodens, der Gewächshäuser und Betriebsgebäude, feste Maschinenkosten, Versicherungen und Betriebssteuern und möglicherweise auch die nicht zurechenbaren Personalkosten (Verkauf, Büro usw.) zählen können.
Die Höhe dieser Kosten hängt natürlich stark ab von der Ausstattung des Betriebes, wie z.B. Fuhrpark, kostenintensive Wärmedämmung (Doppelglas, Energieschirm), Maßnahmen zur Erhöhung der Kulturfläche (Roll- oder Mobiltische) und dergleichen mehr.
Ein Problem kann sich auch bei der Zuordnung solcher Kosten zu einer bestimmten Kultur ergeben, doch ist dieses zu lösen, wenn die im Betrieb entstehenden Gemeinkosten auf die Produktionsfläche (hier aber Grundfläche) umgelegt werden. Durch den Bezug der jährlich entstehenden Gemeinkosten auf die Gesamtproduktionsfläche ergeben sich die Gemeinkosten für die Nutzung von 1 Brutto m^2 Produktionsfläche und Jahr. Diese Kosten entstehen unabhängig davon, ob die Fläche belegt ist oder nicht. Die Umrechnung auf monatlich oder täglich entstehende Kosten je Brutto-m^2 Produktionsfläche ergibt sich leicht.
Die Beziehung auf eine bestimmte Kultur ist nur herzustellen über den während der Kultur entstehenden Platzbedarf, der ja für eine bestimmte Einheit produzierter Pflanzen (z.B. 1000 Stück) in Brutto-m^2 je Zeiteinheit (Tag, Tages-Brutto-m^2 = TBqm) angegeben werden kann. Die Gemeinkosten je Einheit produzierter Pflanzen steigen also mit zunehmender Kulturdauer und damit zunehmendem Platzbedarf.

Tabelle 30: Gemeinkosten (DM/1000 Pflanzen) in Abhängigkeit von der Kulturdauer (Platz-Zeitwert) und der Gemeinkostenbelastung/qm Produktionsfläche

Platzbedarf qm x Zeit (Mon.) = M qm	Gemeinkosten DM/Mqm 3.00	4.50	6.00	7.50
100	300,–	450,–	600,–	750,–
150	450,–	675,–	900,–	1125,–
200	600,–	900,–	1200,–	1500,–
250	750,–	1125,–	1500,–	1875,–
300	900,–	1350,–	1800,–	2250,–
400	1200,–	1800,–	2400,–	3000,–
600	1800,–	2700,–	3600,–	4500,–
800	2400,–	3600,–	4800,–	6000,–
1000	3000,–	4500,–	6000,–	7500,–

Wie Tabelle 30 zeigt, steigen die Gemeinkosten bei modernster technischer Ausstattung (ca. DM 0,25/Tagesbrutto-qm) je nach Platzbedarf der Kultur erheblich an und können die zurechenbaren Kosten weit in den Schatten stellen. Die in Tabelle 30 aufgeführten Produktionsverfahren wären mit ihrem Platzanspruch zwischen 189 und 240 MBqm je nach Betriebsausstattung und den davon abhängigen Gemeinkosten entsprechend einzuordnen.

Eine *Vriesea-splendens*-Kultur mit der kleinbleibenden Sorte 'Fire' könnte bei Jungplanzenzukauf und 13monatiger Kulturzeit auf etwa einen Gemeinkostenanteil entsprechend einem Platzzeitwert von 150 Mqm kommen. *Aechmea fasciata* oder Hybriden mit 18monatiger Kulturdauer und hohem Platzbedarf können durchaus einen Platzzeitwert von 800–1000 Mqm erreichen – eine Größenordnung, die selbst bei sparsamstem Einsatz von Arbeit und einer 40%igen Energieeinsparung durch die Investitionen, die die hohen Gemeinkosten von DM 6,– bis DM 7,50 je Pflanze (!) verursachen, eine solche Kultur unmöglich macht.

Für epiphytisch wachsende oder an Stehwänden aufgehängte kultivierte Bromelien (z.B. graue Tillandsien) ergeben sich derartige Flächennutzungskosten nur anteilmäßig, da solche Kulturen ja zusätzlich zur normalen Flächennutzung betrieben werden.

In die Überlegungen und Betrachtungen zur Wirtschaftlichkeit von Bromelienkulturen dürfen nicht nur die Betrachtungen zur Kostensituation eingehen, sondern es müssen natürlich auch die erzielbaren Erlöse mit einbezogen werden, da „Wirtschaftlichkeit" natürlich auch gegeben sein kann, wenn hohe Erzeugungs-(Stück-)Kosten durch entsprechende Erlöse kompensiert werden können.

Die erzielbaren Erlöse sind natürlich abhängig von der allgemeinen Nachfrage(-Markt)situation und dem auf örtlichem oder überregionalem Markt herrschenden Angebot-Nachfrage-Verhältnis.

Ein Betrieb mit Produktion für den Direktabsatz oder einen kleineren örtlichen Markt (mit den Nachteilen der Kleinserienproduktion und dem Zwang zur Sorten- und Artenvielfalt!) wird mit anderen (meist höheren!) Erlösen rechnen können als ein Betrieb, der in Großserien für überregionale Märkte (z.B. Versteigerungen) produziert. Abschätzungen der Wirtschaftlichkeit können daher nur unter Berücksichtigung der Absatzsituation (erzielbare Erlöse und Abhängigkeit von den angebotenen Mengen), des Mengengerüsts, der betriebsspezifischen Produktionsgegebenheiten (Möglichkeiten der Rationalisierung, Lohnstruktur, Heizsystem) durchgeführt werden.

5 Krankheiten und Schädlinge

Bromelien stellen eine Gruppe von Pflanzen dar, bei denen glücklicherweise bisher nur wenige Krankheitserreger gefunden wurden, die die Kulturen ernsthaft bedrohen. Es scheint tatsächlich so zu sein, daß unter günstigen Kulturbedingungen Krankheiten oder Schädlinge kaum einmal vorkommen können. Erst in neuerer Zeit werden häufiger Schäden bekannt, die vor allem bei *Aechmea fasciata* auftraten. Offenbar scheint sich mit der Zeit eine zunehmende Empfindlichkeit der Pflanzen oder eine zunehmende Virulenz des Pilzes eingestellt zu haben. Als wichtigste Pilzkrankheit gilt *Fusarium bulbigenum* f. *aechmeae*, die an *Aechmea fasciata*, aber auch an *Guzmania, Vriesea* und *Cryptanthus* vorkommen soll. Die Symptome bei *Aechmea* können wie folgt beschrieben werden:

An der Basis der äußeren Blattscheiden erscheinen bräunlich eingesunkene Flecke, die den Beginn der Fäule anzeigen. Da die Infektion vom Boden her erfolgt und der Pilz zunächst die Leitbündel besiedelt, zeigen diese im Schnitt Braunfärbung. Im fortgeschrittenen Zustand, der bei hoher Temperatur und Feuchtigkeit schneller erreicht wird, faulen die Pflanzen am Grunde, und die Blätter vertrocknen. Gelegentlich sind auf den abgestorbenen Blättern Sporenlager zu erkennen, die lachsfarben sind.

Die Bekämpfung ist schwierig und nur mit systemischen Fungiziden möglich. Eine gewisse Wirkung war mit 0,05%iger DuPont Benomyl-Brühe zu erreichen, die entweder im Gieß- oder auch im Spritzverfahren (STAHL & UMGELTER, 1976; HEDDERGOTT, 1982) ausgebracht wird. Dieses Mittel ist jedoch nicht mehr zugelassen, so daß andere Wege gesucht werden müssen. Der Wirkstoff Methyl-Thiophanat (Cercobin M) soll ebenfalls wirksam sein (STAHL & UMGELTER, 1976).

Befallene Pflanzen müssen sofort vernichtet werden, ohne daß durch Substrat oder Trichterwasser die Möglichkeit zur Verbreitung gegeben wird. Eine Kompostierung solcher Pflanzen soll in keinem Fall erfolgen. Vorbeugenden Maßnahmen muß besondere Beachtung geschenkt werden: Aussaat- und andere Gefäße, Substrate, Stellagen und Gewächshäuser sollten in hygienisch einwandfreiem Zustand sein, um Infektionen von vornherein auszuschließen.

Eine andere *Fusarium*-Art (*F. sacchari* var. *elongatum*) verursacht nach HEDDERGOTT (1982) kleine helle, später nekrotisch werdende Flecke auf *Aechmea*-Blättern. Gelegentlich soll an *Tillandsia* eine Stengelfäule auftreten, die zu Vergilbung und Welke führt und durch *Fusarium solanii* verursacht ist. Auch bei diesen *Fusarium*-Erkrankungen sind ähnliche Maßnahmen angebracht wie bei *F. bulbigenum*.

Bei *Guzmania* soll gelegentlich eine *Phytophthora*-Art eine Art Trichterfäule verursachen. Eine direkte Bekämpfung ist kaum möglich, da Spritzbrühe (z.B. Fonganil, 0,05 %) nicht in das Trichterwasser gelangen soll. Die Vermeidung jeglicher Infektion durch Verwendung sauberer Gefäße und Substrate und möglichst optimale Kulturführung beugen einem Befall vor.

Bei Tillandsien kann eine durch *Colletotrichum crassipes* verursachte Weichfäule auftreten, die besonders bei hohen Temperaturen und hoher Luftfeuchte rasch fortschreiten kann (STEPHAN, 1973). Blattscheiden werden glasig durchscheinend und verfärben sich braun. Die Pflanzen fallen dann in sich zusammen. Bei polsterartig wachsenden Tillandsien greift die Krankheit auf benachbarte Sprosse über. Captan- oder Zink-Präparate bzw. das nicht mehr zugelassene Benomyl sollen hilfreich sein, doch müssen auch hier befallene Pflanzen sofort entfernt und vernichtet werden.

An tierischen Schädlingen können vor allem Wurzelläuse (*Rhizecus cacticans*), andere Schildlausarten (Deckelschildlaus, *Disaspis bromeliae*) und Woll- oder Schmierläuse (*Pseudococcus*) auftreten. Wurzelläuse finden sich häufig dann ein, wenn die Substrate nicht genügend feucht gehalten werden. Ist der Befall gering, werden Auswirkungen der Saugtätigkeit oft nicht bemerkt. Bei stärkerem Befall jedoch bleiben die Pflanzen im Wuchs zurück. Die Bekämpfung der Wurzelläuse kann mit Zinophos (Nemafos Emulsion 0,1 %) durch mehrfaches Angießen erfolgen. Auch Diazinon (0,1 %) wird empfohlen. Da diese Mittel jedoch nicht bei allen Bromelien geprüft sind, wird unbedingt ein Verträglichkeitstest empfohlen!

Schildläuse, Woll- und Schmierläuse können eigentlich nur infolge ungünstiger Kulturbedingungen zur Plage werden: Bei zu hoher Wärme und gleichzeitiger Trockenheit kann sich allerdings ein stärkerer Befall entwickeln. Durch das Saugen entstehen gelbliche Flecken auf den Blättern, das Wachstum kann gehemmt werden. Gelegentlich können durch klebrige Ausscheidungen und darauffolgende Ansiedelung von Rußtaupilzen zusätzlich Beeinträchtigungen entstehen. Unter üblichen Kulturbedingungen dürfte es aber keinesfalls soweit kommen. Bei festgestelltem Befall kann mit Propoxur-Mitteln (Unden), Dichlorvos-Präparaten oder Malathion behandelt werden. Auch hier sind eventuell Testbehandlungen notwendig. Gelegentlich können Spinnmilben (Rote Spinne, *Tetranychus urticae*) Schäden verursachen. Die Bekämpfung kann mit Pentac erfolgen (angießen 0,1%ig). Auch die Präparate Fundal Forte 750 (0,075%ig) oder Galecron (0,1%ig) (Wirkstoffe Chlordimeform) sollen wirksam sein (STAHL & UMGELTER, 1976).

Aussaaten und sehr junge Sämlingsbestände können durch Trauermückenlarven, Thrips und Schnecken durch Fraß bzw. Saugen geschädigt werden. Trauermückenlarven können durch Diozinon-haltige Mittel bekämpft werden, Thrips durch Unden flüssig, Dedevap oder Vydate L und Schnecken durch Auslegen von Ködern.

Bromelien zeigen gewisse Empfindlichkeiten gegen bestimmte Pflanzenschutzmittel. So sollen besonders organische Phosphorverbindungen nur mit größter Vorsicht angewendet werden. Es sollen manche Arten Unverträglichkeit gegen Actellic 50 (Pirimiphos-Methyl), E 605 forte, Folimat, Kelthane MF, Metasystox R., PD 5, Tamaron und Temik 10 G sowie gegen die Fungizide Karathane, Maneb und Phytox 80 gezeigt haben (MELDER, 1981). Auf jeden Fall empfiehlt es sich, vor Anwendung von Insektiziden oder Fungiziden Testbehandlungen vorzunehmen und in jedem Fall so vorsichtig zu spritzen, daß sich das Zisternenwasser mit Spritzbrühe nicht anreichern kann.

6 Einführung und Züchtung

6.1 Geschichtliche Entwicklung

Die erste in Europa bekanntgewordene Bromelie ist die *Ananas*. Sie war nicht wegen ihres Wertes als Zierpflanze, sondern wegen der Frucht begehrt. Schon im Jahre 1493 berichtete Kolumbus über diese Pflanze. Er fand sie bei seiner zweiten Reise auf Guadeloupe (FRANKE, 1981). 1502 wurde sie von den Portugiesen nach Sankt Helena gebracht, in Spanien tauchte sie 1514 auf, 1550 in Indien und 1599 auf Java (LEINFELDER, 1981). RICHTER und RAUH (1978 und 1981) geben als Einführungsjahr in Europa 1690 an.

Bis 1900 waren Anbau und Treiberei der *Ananas* als Frucht wirtschaftlich lohnend. Mit den verbesserten Transportbedigungen von Amerika nach Europa wurde es jedoch sinnvoller, sie aus ihren Heimatgebieten einzuführen.

Die Einführung der Bromelien als Zierpflanzen begann im 19. Jahrhundert. 1789 werden in AITON's Hortus Kewensis Nr. 1, dem Pflanzenverzeichnis des berühmten englischen Gartens in Kew, schon 6 Arten genannt; 22 Jahre später in der 2. Auflage (1811) bereits 16. Darunter war *Tillandsia lingulata* aufgeführt, heute als *Guzmania lingulata* bezeichnet. Als Erscheinungsjahr ist 1776 angegeben, nach RAUH (1981) 1753. Damit ist sie wahrscheinlich die älteste reine Zierpflanzenart unter den Bromelien, die eingeführt wurde. Bis 1887 stieg die Zahl der kultivierten Arten im botanischen Garten Kew auf 252, insbesondere durch den Ankauf der Sammlung des Belgiers Edouard MORREN aus Lüttich, eines der bedeutendsten Bromelienkenner seiner Zeit (RICHTER, 1978).

Im 19. Jahrhundert wurden viele Sammelreisen nach Mittel- und Südamerika durchgeführt. Hier taten sich besonders die Belgier hervor. Genannt seien: Louis van HOUTTE, der schon erwähnte E. MORREN, Jean LINDEN, dessen Name noch heute in *Aechmea lindenii* und *Tillandsia lindenii* weiterlebt, Jacob MAKOY, Charles van EECKHOUTE, de JONGHE und Ambroise VERSCHAFFELT (VANLUCHENE, 1969).

1828 wurde *Aechmea fasciata* als *Billbergia fasciata* erstmalig beschrieben. Sie blühte 1846 bei van HOUTTE in Gent. 1850/51 wurde *Vriesea splendens* gültig beschrieben, nachdem die Pflanze als *Tillandsia splendens* 1845 auftauchte. 1867 entdeckte WALLIS *Guzmania musaica* und LINDEN *Tillandsia lindenii*. 1878 folgte *Vriesea hieroglyphica. V. psittacina* und *V. gigantea* sind schon 1843 gültig beschrieben worden.

Begünstigt wurde die Einführung der Bromelien durch die allmähliche Beherrschung des Gewächshausbaus und der Beheizung der Häuser. Es war trotzdem schwierig, ohne die heutigen Warmwasserheizungen die spezifischen Temperaturansprüche der Bromelien zu erfüllen. Im tropischen Regenwald herrschen meist Temperaturen um 25° C, bei uns verstand man unter Warmhaustemperaturen solche von 18–22° C.

Dies führte im Laufe der Jahre zu einer gewissen Auslese auf größere Anpassungsfähigkeit und Anspruchslosigkeit. Wirtschaftlichkeit spielte damals keine große Rolle. Außerdem wurden Bromelien hauptsächlich in Hofgärtnereien und botanischen Gärten gesammelt (Bot. Garten in Lüttich u.a.). Eine große Sammlung besaß auch der Franzose Leon DUVAL in Versailles. Er betätigte sich züchterisch besonders mit der Gattung *Vriesea*.

Beide Weltkriege brachten einen starken Rückschlag in der Verbreitung und Anzucht von Bro-

melien. Insbesondere als Folge des Kohlenmangels konnten die Gewächshäuser nicht ausreichend beheizt werden, und viele Pflanzen gingen verloren. Auch die Vernichtung ganzer Sammlungen durch Bomben (Betrieb Louis DUTRIES 1944) trug dazu bei, daß das Sortiment nach den Kriegen ganz neu aufgebaut werden mußte.
Nach dem 1. Weltkrieg taten sich wiederum die Belgier bei der Arbeit mit Bromelien hervor: BROEKAERT (Melle), CALIENS (Balgerhoeke), CNOCKAERT (St. Amandsberg), de COSTER (Melle), de MEYERE (Heisden), de ROOSE (Evergem), MOROBE R. (Melle), MOROBE O. (Merelbeke), SPAE (Melle), VANHECKE u. WIJTTELS (St. Amandsberg) und VOLCKAERT (Merelbeke).
In den USA wurden bis 1912 alle Bromelien aus Europa eingeführt. Dann trat ein Gesetz in Kraft, welches bestimmte, daß eingeführte Pflanzen gegen Schädlinge begast werden mußten. Dies vertrugen die Bromelien nicht. Da eigene Anzuchten fehlten, wurden Bromelien erst 1950 wieder stark beachtet, als sie neu gesammelt und eingeführt wurden. Sie gelangten schnell zu großer Beliebtheit, da sie z.B. in Florida und Kalifornien auch im Freien gehalten werden können.
Einer der Sammler war Mulford B. FOSTER, der auch am 17. September 1950 in Glendale/Kalifornien die amerikanische Bromeliengesellschaft gründete (Anonym, 1951). Er brachte von seinen Reisen nach Süd- und Mittelamerika verschiedene neue Arten mit, und sein Name lebt in den von L. B. SMITH beschriebenen *Aechmea fosteriana, Dyckia fosteriana* und *Cryptanthus fosterianus* fort. Viele Hybriden sind auf seine züchterische Tätigkeit zurückzuführen.
Deutschland beteiligte sich kaum an den Sammelreisen in die „Neue Welt“, hatte aber hervorragende Kenner der Bromeliaceen. Einer der bekanntesten war Prof. Dr. Carl MEZ, Königsberg, später Breslau, der 1934 eine Monographie der Familie der Bromeliaceen herausbrachte. Sie wurde aufgenommen in ENGLERS „Das Pflanzenreich“. Nach seinem Tod trat L. B. SMITH (Department of Botany, U.S. National Museum, Washington) seine wissenschaftliche Nachfolge an. Er gilt als einer der besten Bromelienkenner.
Nach dem 2. Weltkrieg, der wiederum einen enormen Rückschlag für die Bromelienkultur bedeutete, trat vor allem W. RICHTER in Crimmitschau als Kenner und Züchter der Bromelien hervor. Seine Bücher „Anzucht und Kultur der Bromeliaceen“, 1950, und „Bromelien – Zimmerpflanzen von heute und morgen“, 1962, waren die ersten zusammenfassenden Werke über Bromeliaceen auf dem deutschen Markt. W. RAUH, Professor und Emeritus am Institut für Systematische Botanik in Heidelberg, ist als Bromeliensammler und Autor eines umfassenden Werkes als einer der besten Kenner der Bromelien zu bezeichnen. Seiner Ansicht nach sind von den bis heute bekannten etwa 2000 Arten über 500 kulturwürdig (RAUH, 1981). RAUH wurde 1976 in Anerkennung seiner Arbeit auf dem Gebiet der Bromelienforschung zum Vorsitzenden der 1970 nach amerikanischem Vorbild gegründeten Bromeliengesellschaft gewählt.
Während bis etwa 1979 die Bromeliaceen ständig an Bedeutung zunahmen, ist in den letzten Jahren wohl aufgrund der Energiekosten der Absatz in Deutschland rückläufig. Viele Gärtner geben die Kultur auf oder schränken sie stark ein, weil der zu erzielende Erlös den Anbau unwirtschaftlich machen soll. Das Anfang der 70er Jahre noch große Sortiment vieler Gärtnereien ist heute stark zusammengeschmolzen. Der Spezialbetrieb von Hans GÜLZ, Bad Vilbel, der nach RÜCKER (1972) 1972 noch über 200 Arten führte, wurde 1982 aufgelöst.
H. PINKERT, der seine Erfahrungen bei RICHTER

in Crimmitschau und Gülz in Bad Vilbel sammelte, hielt schon 1972 sein Sortiment klein, um sich nicht zu „verzetteln". Er beurteilt auch heute noch den Markt als gut, wenn über höhere Erlöse die steigenden Kosten aufgefangen werden können.

6.2 Züchterische Bearbeitung der Bromeliaceae

Züchtungsarbeit im strengen Sinne, nämlich bewußte Kombination verschiedener Eigenschaften, wird – wenn überhaupt – erst in neuester Zeit betrieben. Die ersten Bemühungen waren meist darauf gerichtet, Art- oder Gattungsbastarde herzustellen, um wie bei Orchideen immer neue Typen zu schaffen. Viele der im vorigen Kapitel aufgeführten Sammler machten sich auch durch solche züchterische Arbeit einen Namen, und auch hier waren die Belgier, deren Land Hauptimportland für Bromelien war, führend.
Der schon genannte E. Morren kann als erster Bromelienzüchter bezeichnet werden (Richter, 1978). Seine Kreuzung von *Vriesea psittacina* x *V. carinata* wurde von ihm *V. psittacina* var. *morreniana* genannt und blühte 1876 zum erstenmal. In der Hybridenliste der Monographie von Mez 1881 wird diese Kreuzung als erste Hybride, ohne Züchterangabe, unter dem Namen *V. kienastii* dargestellt (Richter, 1950).
Ende des 18. Jahrhunderts wurden hauptsächlich *Vriesea* und *Billbergia* züchterisch bearbeitet. Der erste *Billbergia*-Bastard entstand 1897 aus *B. aemona* x *B. leopoldii* bei Dazanvilliere in Rennes (Frankreich). Besonders der Franzose Leon Duval/Versailles beschäftigte sich mit der Gattung *Vriesea*. In dem Werk von Prof. Carl Mez sind allein 54 Hybriden von ihm aufgeführt. Noch heute sind von ihm *V.* x *poelmanii (V.* x *gloriosa* x *V. van geertii*) 1897 und *V.* x *vigeri* (*V. rodigasiana* x *V.* x *rex*) 1898 bekannt (Van-Luchene, 1969). *V.* x *gloriosa* und *V.* x *rex* sind nach Rauh (1970) Arthybriden aus *V. barilletii* x *V. incurvata* bzw. eine Vierfachhybride aus *V. barilletii* x *V. morreniana* x (*V. carinata* x *V. carinata* var. *rubrobracteata*).
Außerdem führte Duval auch *Vriesea splendens* 'Major' (1895) ein und stellte wohl als erster bestimmte Gesetzmäßigkeiten in der Vererbung fest: Er machte die von Richter später bestätigte Erfahrung, daß zur Erzeugung kleinerer Nachkommen als Pollenlieferant eine kleine Pflanze zu wählen sei.
Während die Züchtungsarbeit bei *Vriesea* weiterging, blieb sie bei *Billbergia* ohne Bedeutung. Die Blütenstände sind nicht lange genug haltbar. Die meisten Hybriden von damals sind heute verschwunden.
1888 wurde der erste Gattungsbastard in Gent ausgestellt. Dies war *Vriesea* x *magnifica* aus *Vriesea splendens* x *Guzmania zahnii* von de la Devansaye. Heute wird diese Kreuzung angezweifelt, weil der Bastard nicht mehr existiert und die Kreuzung nicht nachvollzogen werden konnte (Richter, 1950).

Es folgten die ersten *Cryptanthus-* und *Nidularium*-Hybriden. Um die Jahrhundertwende ging das Interesse an Bromelien verloren, und die Züchtung lebte erst wieder nach dem 2. Weltkrieg auf. Sie entwickelte sich auf der Basis der Pflanzen, die den Krieg überdauert hatten. Eine besondere Tradition hat die Bromelienkultur in Belgien. So ist es nicht verwunderlich, daß dort besonders intensiv an Bromelien gearbeitet wird. Es gelangen die ersten Gattungshybriden. Louis DUTRIE aus Gent kreuzte

Aechmea x *Neoregelia* (damals *Aregelia*)
Aechmea x *Nidularium*
Neoregelia x *Nidularium*

(VANLUCHENE, 1969).

Es wird viel mit der Gattung *Guzmania* gearbeitet, weil deren Hybriden die Ansprüche an geringe Größe und Kompaktheit erfüllen. Viele dieser Sorten wurden von dem Belgier de ROOSE entwickelt, z.B.:

G. 'Fantasia' *(G. donnelsmithii* x *G. zahnii)*
G. 'Eliane' *(G. berteroniana* x *G. peacockii)*
G. 'Fabiola' (*G.* x *magnifica* x *G. zahnii)*

(Jahre der Entstehung: 1967 und 1969).

Auch die Gebrüder VOLCKAERT taten sich durch die Züchtung von *G.* 'Marlebeca' (*G. donnelsmithii* x *G. zahnii*), 1968, und *G.* 'Volckaerts Rood' (*G. minor* x *G. minor* 'Orange'), 1967, hervor. De MEYER von der Fa. de MEYER/de ROUCK aus Heusden/Belgien brachte 1959 *G.* 'Exodus' (*G. peacockii* x *G. zahnii*) und 1967 *G.* 'Meyer's Favorit', eine Selektion aus *G. minor*, auf den Markt. Die letzten fünf genannten Sorten bestreiten einen Hauptteil des heutigen Sortiments mit.

In der Werkgroup voor de Sierplantenteelt in Melle/Belgien wird daran gearbeitet, Wildbromelien aus Höhenlagen mit kalten Nächten in das Sortiment einzukreuzen, um Sorten mit geringen Temperaturansprüchen zu erhalten. Mögliche Arten sind *Tillandsia cacticola, T. imperialis, T. lampropoda, T. lucida, T. yunckeri* und *Vriesea cereicola, V. heliconioides* und *V. heterandra*.

Außerdem wurden folgende Gattungskreuzungen vorgenommen:

Billbergia x *Aechmea*
Billbergia x *Nidularium*
Nidularium x *Neoregelia*
Vriesea x *Tillandsia.*

Als besonders wertvoll werden die Kreuzungen *Aechmea chantinii* x *A. fulgens* 'Discolor' und *Vriesea* x *poelmannii* x *V. fenestralis* eingestuft (VANLUCHENE, 1969). Weiterhin werden Versuche mit neuen und alten Bromelienarten und -hybriden durchgeführt. Um auch Pflanzen kreuzen zu können, die nicht zur gleichen Zeit blühen, wurde die Lagerfähigkeit des Pollens erforscht. Mittlerweile ist eine Lagerung von über 3 Jahren möglich.

Es werden Gattungs-, Art- und Hybridenkreuzungen vorgenommen.

Erfolgreich verliefen:

Billbergia x *Aechmea*
Vriesea x *Guzmania*
Vriesea x *Tillandsia*
Guzmania x *Tillandsia.*

Die Samen werden in vitro zum Keimen gebracht, weil die Keimung schneller verläuft, die Pflänzchen leichter überleben und ein besseres Wachstum zeigen. Um Zeit zu sparen, werden dort auch nach etwa einem Drittel bis etwa der Hälfte der üblichen Reifezeit unreife Samen geerntet und mit in-vitro-Kultur-Methoden zur Entwicklung gebracht (MEKERS, 1983).

Bei der Prüfung der Kulturwürdigkeit der entstandenen Pflanzen berücksichtigen die Versuchsansteller die

Wüchsigkeit
Größe der Pflanzen
Kälteresistenz
Blüteninduktion
Haltbarkeit der Infloreszenz
Empfindlichkeit gegenüber Krankheiten

und den Schmuckwert der Blätter und Infloreszenzen.

Es laufen Versuche, die Kältetoleranz vieler Tillandsien in interessante *Vriesea*-Hybriden einzukreuzen.

In den Jahren 1977–1981 blühten erstmals:

Aechmea araneosa x *Aechmea fulgens* 'Discolor'
Aechmea bambusoides x *Aechmea victoriana* 'Discolor'
Aechmea dichlamydea x *Aechmea fasciata*
Aechmea dichlamydea x *Aechmea fulgens* 'Discolor'
Aechmea 'Royal Wine' x *Aechmea kertesziae*
Vriesea heliconioides var. *polysticha* x *Vriesea malzinei*
Vriesea malzinei x *Vriesea* x *vigeri*
Vriesea poelmannii x *Guzmania dissitiflora*
Vriesea x *vigeri* x *Vriesea* 'Coral'
Vriesea x *vigeri* x *Vriesea ensiformis*
Vriesea x *vigeri* x *Vriesea* 'Mariae'
Vriesea x *vigeri* x *Tillandsia flabellata*.

Vielversprechende Hybriden sind:

Aechmea dichlamydea x *Aechmea fendleri*
Aechmea fendleri x *Aechmea* 'Perumazon'
Aechmea 'Perumazon' x *Aechmea victoriana* 'Discolor'
Aechmea ramosa x *Aechmea* 'Perumazon'
Billbergia nutans x *Aechmea fasciata* (Billmea 'Melle')
Vriesea 'Natasha' x *Vriesea ensiformis*
Vriesea x *poelmannii* x *Vriesea fenestralis*

Für den Markt bereits zu erwerben sind die auf den Genter Floralien ausgestellten:

Aechmea 'Colibri' (*A.* 'Foster's Favorit' x *A. chantinii*)
Aechmea 'Romero' (*A. fendleri* x *A.* 'Perumazon')
Aechmea 'Tenstar' (*A. dichlamydea* x *A. fendleri*)
Billmea 'Melle' (*B. nutans* x *A. fasciata*)
Vriesea 'Mira' (*V. malzinei* x *V. heliconioides* var. *polysticha*)

Neben den Kreuzungsversuchen wird erforscht, wie sich die rotbraune Farbe der *Aechmea fulgens* 'Discolor' und der *A. victoriana* 'Discolor' vererbt. Es zeigte sich, daß bei einer Kreuzung mit grünblättrigen Arten die rotbraune Farbe dominiert. Auch die Vererbung der verzweigten Blütenstände bei *Vriesea* wird untersucht.

Ein weiteres Forschungsobjekt ist die Eignung der Bromelien als Schnittblumen, da die Blütenstände vieler Arten lange haltbar sind.

Die *Vriesea*-Hybriden 'Coral' und x *vigeri* stellten sich als geeignet heraus. 50 Infloreszenzen pro Jahr und m^2 konnten geerntet werden. Der 2. Schnitt aus den Seitentrieben war von geringerer Qualität. Nach zweimaligem Schnitt sollten neue Pflanzen genommen werden (Forschungsberichte des „Centre des Recherches Agronomiques de l'Etat Gand" 1977–1981).

In den Niederlanden ist es die Firma BAK/Assendelft, deren Einführungen von Hybriden oft unter Nummern laufen. Von der rotblühenden *Guzmania minor* wird ein kleiner Typ unter der Nr. 147 und ein größerer mit der Nr. 168 im Sortiment angeboten. Ganz neu sind *G.* 'Grand Prix' und *G.* 'Amaranth', die sehr schnell wachsen und vom Topfen der Jungpflanzen bis zur blühenden Pflanze nur 12–15 Monate im Betrieb stehen (bei Jungpflanzenzukauf). Sie sind Kreuzungen

von *G. minor* mit *G. wittmackii* (BAK, 1983 Katalog; STIRNBERG, 1982).
In Deutschland war es vor allem Walter RICHTER in Crimmitschau/Sachsen, der in den Dreißiger Jahren begann, sich mit Kreuzungen von *Aechmea, Billbergia, Cryptanthus* und *Vriesea* zu beschäftigen. Von ihm stammen die Hybriden *Vriesea* 'Flammendes Schwert' (1940, *V. splendens* var. *longibracteata* x *V. splendens* 'Major'); *Guzmania* x *intermedia* (*G. cardinalis* x *G. lingulata* var. *splendens*, 1945/46); *G. magnifica* (*G. cardinalis* x *G. minor*) und einige weitere Sorten von *V. splendens* ('Gigant', 'Rubra', 'Flamme', 'Illustris'). Auf RICHTER gehen Hybriden von *Vriesea psittacina* und Nachkommen aus Kreuzungen von *V. corcovadensis* mit *V.* x *vigeri* oder *V.* x *poelmannii* (z.B. 'Gnom', 'Komet') zurück, ebenso z.B. Artbastarde von *Aechmea fulgens* var. *discolor, A. nudicaulis* und *A. miniata* var. *discolor*. Weiterhin hat H. GÜLZ/Bad Vilbel das Sortiment der Bromelien bereichert, vor allem durch die Einführung von *Guzmania minor* 'Orange' und anderen Sorten von *Guzmania* ('Mignon', 'Symphonie'), aber auch *Tillandsia lindenii* 'Typ Gülz' und *Cryptanthus*-Sorten. In neuester Zeit wurde PINKERT als Züchter der kleinwüchsigen *Vriesea splendens* 'Fire' bekannt. Er führt außerdem Kreuzungen mit *Vriesea* x *poelmannii, V. carinata, V. corcovadensis* und anderen durch.
Seine Sorte 'Fire' erhielt 1981 als erste Bromelie überhaupt den Sortenschutz vom Bundessortenamt Hannover. Dafür mußte erstmals ein Schema zur Beschreibung von *Vriesea splendens*, eine Merkmalstabelle, aufgestellt werden, um die Sorten vergleichbar zu machen. Dabei werden Größe der Pflanze (Breite und Höhe), Kindelbildung, Häufigkeit der Blüte, Blütenstand und -schaft, Blüte, Zeichnung und Form der Blätter u.a. ermittelt. 1986 hat eine Aechmea-Hybride 'Friederike' von W. PIEPER, Dehmke, Sortenschutz erhalten, deren Blätter keine Randstacheln aufweisen. In den USA benutzte der schon genannte Sammler M. B. FOSTER seine Neueinführungen als Zuchtmaterial. Es entstanden *Aechmea hybrida* 'Bert' (*A. orlandiana* x *A. fosteriana*) und *A.* 'Foster's Favorite' (*A. victoriana* x *A. racinae*) sowie Züchtungen aus *Cryptanthus, Billbergia, Vriesea* und *Tillandsia*. Er führte ebenfalls Gattungskreuzungen durch. Heute sind Züchtungsziele kleiner, kompakter Wuchs, niedrige Temperaturoptima und große, lange haltbare Blütenstände.

6.3 Aspekte zur Auswahl kulturwürdiger Bromelien

Bromelien haben offenbar etwas an Anziehungskraft beim Kunden verloren. Es gibt verschiedene Möglichkeiten, hier neues Interesse zu wekken, z.B. durch Einführung neuer attraktiver Arten und Sorten. Außerdem kann versucht werden, die Pflanzen preisgünstiger anzubieten. Der Käufer wird oft durch die Größe der Bromelien von der Anschaffung dieser Pflanzen abgeschreckt, kleinere Sorten hätten mehr Chancen auf dem Markt.

Für den Konsumenten ist auch wichtig, daß der Blütenstand haltbar und schön ausgefärbt ist. Gezeichnete Blätter erhöhen den Wert einer Bromelie, da die Pflanzen noch nach der Blüte einen Zierwert besitzen. Bei Vrieseen ist ein besonders großes und breites, verzweigtes Schwert erwünscht, das nicht vergrünt und leuchtende Farben aufweist (CORR, 1970, RICHTER, 1950). Pflanzen mit Blütenständen von ausgeprägter Größe und mit intensiven Farben sind natürlich auch bei den anderen Gattungen bevorzugt.

Auch der Anbauer stellt bestimmte Forderungen an eine Bromelie, damit sie für ihn kulturwürdig ist. In dem Wunsch nach kleinem, kompaktem Wuchs stimmt er mit dem Käufer überein. Hinzu kommen die Eigenschaften „anpassungsfähiges Blattwerk", „niedrige Temperaturoptima" und „kurze Kulturdauer".

Je mehr Pflanzen je Flächeneinheit kultiviert werden können, um so weniger Heizkosten fallen je Pflanze an und um so höher ist die Produktivität. Die Heizkosten sind von relativ großer Bedeutung, da es sich bei den Bromelien um Warmhauspflanzen handelt. Der geringere Heizkostenanteil pro Pflanze kann an den Kunden in Form geringerer Preise weitergegeben werden. Voraussetzung für eine gute Flächenproduktivität ist Kleinwüchsigkeit und Kompaktheit. Auch ein anpassungsfähiges Blattwerk erlaubt einen engeren Stand und schützt zusätzlich die Pflanze vor Schäden bei Verpackung und Transport. Bei dichtstehenden Kulturen muß darauf geachtet werden, daß Sorten mit guter Reaktion auf die Blühbehandlung Verwendung finden.

Trotz steigender Energiepreise hält PINKERT (persönl. Auskunft, 1983) bei seinen Vrieseen eine Temperatur von 20–26° C, da nach seiner Meinung ein Absenken unter 20° C Ausfälle in der Blüte und ein geringeres Wachstum mit sich bringt.

Hieraus läßt sich das Selektionsziel „niedrigere Temperaturoptima" bzw. „hohe Temperaturtoleranz" ableiten. Die Heizkosten können gesenkt werden, ohne daß die oben aufgeführten Nachteile aufträten. Ein weiteres Ausleseziel ist die Wüchsigkeit. Manche Bromelienarten, vor allem solche, die in ihrer Heimat unter harten Bedingungen leben (Trockenheit, starke Sonneneinstrahlung), wachsen nur sehr langsam in der Sämlingsphase. Hybriden zeigen oft verstärkte Wüchsigkeit, damit könnte die Kulturzeit verkürzt werden. Trotz des schnelleren Wachstums dürfen die Pflanzen nicht zu groß werden, was bei Hybriden leicht der Fall sein kann (RICHTER, 1950). Ein gut ausgeprägtes Wurzelwerk – dies ist bei Epiphyten ja nicht selbstverständlich – fördert ebenfalls die Entwicklungsgeschwindigkeit.

Farbtafeln

Tafel I

1 (ol) *Guzmania lingulata*
2 (om) *Guzmania 'Cardinalis'*
3 (or) *Guzmania 'Amaranth'*
4 (ml) *Guzmania minor*
5 (mr) *Guzmania zahnii*
6 (ul) *Guzmania 'Grandprix'*
7 (um) *Guzmania monostachia*
8 (ur) *Guzmania musaica*

Tafel II

1 (ol) *Guzmania 'Claudine'*
2 (om) *Guzmania 'Empire'*
3 (or) *Guzmania 'Marlebeca'*
4 (ml) *Guzmania donelsmithii*
5 (mm) *Guzmania disitiflora*
6 (mr) *Guzmania lindenii*
7 (ul) *Guzmania 'Remembrance'*
8 (ur) *Guzmania 'Mini Exodus'*

Tafel III

1 (ol) *Tillandsia lindenii*
2 (or) *Tillandsia stricta*
3 (ml) *Tillandsia xiphioides*
4 (mm) *Tillandsia aeranthos*
5 (mr) *Tillandsia brachycaulos*
6 (ul) *Tillandsia tenuifolia*
7 (um) *Tillandsia leiboldiana*
8 (ur) *Tillandsia cacticola*

Tafel IV

1 (ol) *Tillandsia caput-medusae*
2 (or) *Vriesea hieroglyphica*
3 (ml) *Tillandsia pruinosa*
4 (mm) *Tillandsia usneoides*
5 (mr) *Vriesea carinata-Hybriden*
6 (ul) *Vriesea saundersii*
7 (um) *Vriesea guttata*
8 (ur) *Vriesea splendens Typ Gülz*

Tafel V

1 (ol) *Vriesea zamorensis*
2 (om) *Vriesea 'Deutsche Zwerg Hybride'*
3 (ol) *Vriesea grünblätterige Hybride*
4 (ml) *Vriesea 'Vulkana'*
5 (mm) *Aechmea chantinii*
6 (mr) *Aechmea fasciata*
7 (ul) *Aechmea fasciata 'Variegata'*
8 (ur) *Aechmea fulgens 'Discolor', Aechmea miniata*

Tafel VI

1 (ol) *Aechmea racinae Blütenstand*
2 (or) *Aechmea caudata 'Variegata'*
3 (ml) *Aechmea nudicaulis*
4 (mm) *Aechmea orlandiana*
5 (mr) *Aechmea racinae*
6 (ul) *Aechmea distichantha 'Glaziovii'*
7 (um) *Aechmea-Hybride 'Beye's Gigant'*
8 (ur) *Aechmea comata 'Makoyana'*

Tafel VII

1 (ol) *Cryptanthus acaulis*
2 (or) *Ananas bracteatus*
3 (ml) *Ananas comosus Blütenstand*
4 (mm) *Billbergia nutans*
5 (mr) *Cryptanthus beuckeri*
6 (ul) *Ananas comosus 'Variegatus'*
7 (um) *Cryptanthus fosterianus*
8 (ur) *Billbergia pyramidalis*

Tafel VIII

1 (ol) *Nidularium billbergioides 'Orange'*
2 (om) *Nidularium billbergioides*
3 (or) *Neoregelia carolinae 'Tricolor'*
4 (ml) *Hohenbergia stellata*
5 (mm) *Nidularium innocentii*
6 (mr) *Neoregelia carolinae*
7 (ul) *Cryptanthus Hybride 'Feuerzauber'*
8 (ur) *Cryptanthus zonatus*

7 Kurze Beschreibung wichtiger Arten und Hybriden

7.1 Pitcairnioideae

7.1.1 Hechtia

Diese Gattung, die im Handel in Deutschland selten anzutreffen ist, wurde nach dem Pflanzensammler J.G.H. HECHT benannt. Sie umfaßt ca. 45 schwer bestimmbare Arten, die wohl ausschließlich erdbewohnende Xerophyten sind. Ihr Verbreitungsgebiet ist Mexiko, Zentralamerika, der südliche Teil Nordamerikas, Guatemala und Honduras. Sie wachsen oft vergesellschaftet mit Kakteen oder Agaven, denen sie auch ähneln, oder bedecken quadratkilometerweit trockene, steinige Halbwüsten. Gleich den Agaven und im Gegensatz zu den anderen Bromelien benötigen sie eine kies- und lehmdurchsetzte, durchlässige, eher schwere als leichte Land- und Komposterde-Mischung (HAHN, 1976b).
Hechtia stellt entsprechend ihren Lebensbedingungen außerordentlich harte, stark bewehrte, aber langsamwachsende Pflanzen, was sie für den Handel nur eingeschränkt verwendbar macht, sie aber als Begleitpflanzen für Kakteen geeignet erscheinen läßt. Die Pflanzen bilden einen Stamm, der an der Basis dicke Ausläufer treibt und eine Rosette trägt. Lange, starre und sehr dicke Blätter sind zu einer stechenden Spitze ausgezogen und am Rand dornig gezähnt. Der aufrechte, endständige Blütenstand trägt einfache oder verzweigte Rispen. Die Blüten sind gestielt oder fast sitzend von grünlicher, grüngelber, weißer oder rötlicher Farbe. Sie sind eingeschlechtig und zweihäusig. Die Frucht ist eine schmale, eiförmige, dreifurchige Kapsel, die lange, schmale, einseitig geflügelte Samen enthält. Nach der Blüte sterben die Pflanzen nicht sofort ab, sondern die Tochterrosetten wachsen weiter und blühen später wieder.

Entsprechend ihrer Herkunft brauchen sie viel Licht zur Ausprägung ihres typischen Habitus und ihrer Färbung. Das beste Beispiel dafür ist *H. argentea*, die im Schatten graugrün, in voller Sonne intensiv silbergrau und im Sommer im Freien rötlich gefärbt ist. Die Blüten sind für den Schmuckwert der Pflanzen ohne Bedeutung. GOLD (1976a) bezeichnete *Hechtia* als „Faulenzerpflanze", weil sie anspruchslos ist, kaum Wasser braucht, selten verpflanzt, nie schattiert oder gelüftet werden muß und trotzdem wächst.
Hechtia wird bei 8–12° C überwintert und auch sonst kühl kultiviert (RAUH, 1981; RICHTER, 1962, 1978; STIRNBERG, 1982; HAHN, 1976b).
Hechtia argentea BAKER (1881) neigt durch die kurzen Ausläufer zur Klumpenbildung. Sie hat 30 cm lange, 2–3 cm breite Blätter, die mit bis

Abb. 49: *Hechtia argentea*

zu 7 mm langen Stacheln bewehrt sind. Besonders unterseits ist sie dicht weißwollig behaart. Gleiches gilt für den kräftigen Blütenschaft. Der Blütenstand ist locker verzweigt und ca. 20 cm lang. Die Blüten sitzen in dichten zylindrischen, ca. 5 cm langen Ähren und sind grünlich weiß gefärbt (HAHN, 1976b; RAUH, 1976; RICHTER, 1962, 1978).

Hechtia ghiesbreghtii Lem. wurde 1863 erstmals beschrieben. Ihre Blätter sind 15–25 cm lang, dicht silbergrau beschuppt und besitzen 5 mm lange Randstacheln. In voller Sonne nehmen sie eine braunrote Farbe an. Die grünlich weißen Blüten sitzen in dichten, ca. 30 cm großen Blütenständen (HAHN, 1976b; RICHTER, 1978).

Hechtia glomerata Zucc., 1840. Der Name dieser Art (*glomerata(us)* = geknäult) wurde wegen der geknäulten Teilblütenstände ausgewählt. Die Blätter werden bis 60 cm lang, sind am Rand lang bestachelt und laufen in eine scharfe Stachelspitze aus. Unterseits fallen die silbrigen Schuppen auf. Am verlängerten Blütenstand sitzen die schon genannten, unterbrochen knäulig angeordneten

Abb. 50: *Hechtia ghiesbreghtii*

Abb. 51: *Hechtia glomerata*

Teilblütenstände. Die Blüten selbst sind sehr klein, besitzen unterseits braunbeschuppte Kelch- und weiße Blütenblätter. Im ausgewachsenen Zustand wird die Pflanze zu groß, sie ist deshalb allenfalls als Jungpflanze absetzbar, ebenso wie *Hechtia stenopetala* Klotzsch (1835), die erstmals 1881 beschrieben wurde. Im Mittelmeergebiet wird unter diesem Artnamen *H. stenopetala* kultiviert (HAHN, 1976b; RAUH, 1981; RICHTER, 1978). Sie stammt aus Mexiko, hat zurückgebogene, bis 60 cm lange, peitschenförmige Blätter, die bei starker Besonnung eine leuchtend rote Bänderung auf grünbraunem Grund zeigen (RICHTER, 1978). Die Blätter sind leicht ausgehöhlt und ledrig hart und besitzen feine Stacheln am Rand. Zur Blütezeit treibt die Art bis 1,5 cm hohe, stark verzweigte Blütenstände. Die elfenbeinfarbenen Blüten sind zahlreich und in schmalen Ähren zusammengefaßt (HAHN, 1976b).

Für die gärtnerische Kultur eignen sich die Pflanzen wegen der geringen Wärme- und Pflegeansprüche. *H. stenopetala* treibt für ihre Kindel 60–80 cm lange Ausläufer (GOLD, 1976a).

7.1.2 Dyckia

Die Gattung *Dyckia*, nach Fürst Salm-Reifferscheid-Dyck (1771–1861) benannt, ist bisher im Handelssortiment sehr selten vertreten. In botanischen Sammlungen wird sie dagegen öfter mit anderen Sukkulenten zusammen gehalten. Es sollen trotzdem einige kleinbleibende Arten beschrieben werden, die einen Marktwert erhalten könnten. *Dyckia* sind für die Zimmerkultur nämlich sehr geeignet, da sie sehr anspruchslos sind und Trockenheit sowie volle Sonne und außerdem niedrige Temperaturen vertragen, was für den Kultivateur wichtig ist.

Die Gattung umfaßt 80 Arten. Hauptverbreitungsgebiet ist Brasilien, wenige Arten besiedeln die Trockenwälder Paraguays, Uruguays, Argentiniens und Boliviens. Sie sind erdbewohnende Xerophyten und wachsen auf Felsen, Geröllhalden und in Steppen. Ihr Wasserverbrauch ist entsprechend gering. Kennzeichnend für die Pflanzen ist die flache harte, stark bewehrte Rosette mit meist kriechendem, fast knolligem Rhizom und tiefgehenden Wurzeln. Der lange Blütenschaft trägt eine Traube oder Rispe mit kleinen orangen, gelben oder scharlachroten, rasch verblühenden Blüten. *Dyckia* sind leicht durch Samen vermehrbar (RAUH, 1981; RICHTER, 1963 und 1978).

Dyckia altissima Ldl. wird von STIRNBERG (1982) als kulturwürdig empfohlen. Bis zu 100 Blätter von 25–30 cm Länge und 2,5 cm Breite bilden die Rosette. Ihre Ränder sind mit 5 mm langen braunen Stacheln bewehrt. Unterseits ist der verzweigte Blütenstand mehlig bestäubt.

Abb. 52: *Dyckia altissima*

Die vielen Blüten sind leuchtend gelb (RICHTER, 1978).

Dyckia fosteriana L. B. SMITH, 1943, von STIRNBERG (1982) empfohlen, wächst am heimatlichen Standort in polsterförmigen Gruppen und wird blühend bis 60 cm hoch. Die Rosette ist nur klein, 20 cm im Durchmesser. Die Blätter sind beidseitig dicht grau beschuppt und am Rand mit 3–4 mm langen gekrümmten Stacheln besetzt. Bei starker Sonne bekommen sie einen bronzenen Überzug. Der 30 cm lange Blütenschaft ist im oberen Teil bräunlich grün und weiß gefärbt. Sowohl die Hoch- als auch die Deckblätter erscheinen grau. Kelch- und Blütenblätter sind orangefarben und sitzen in einem

Abb. 53: *Dyckia fosteriana*

lockeren, einfach traubigen Blütenstand, dessen Achse schwach kantig und dicht braunfilzig beschuppt ist (Rauh, 1981; Richter, 1978; Wilson, 1977).

Dyckia remotiflora Otto et Dietr., 1833 (Syn. *D. rariflora*) erreicht einen Durchmesser von 30–40 cm. Die Blattscheiden bilden eine zwiebelartige Verdickung. Stumpfgrüne, grau beschuppte, unterseits stark genervte und nach unten gebogene Blätter mit 1–3 mm langen Stacheln vermitteln einen sukkulenten Eindruck. Der einfachährige aufrechte Blütenstand, der Blütenschaft sowie Hoch- und Deckblätter sind weißwollig beschuppt. Die Deck- und Kelchblätter sind gelblich. 3 cm lange Blütenblätter besitzen eine ausgebreitete orangerote Platte.

Diese schöne kleinbleibende Art stammt aus Brasilien, Argentinien und Uruguay, wo sie auf trokkenen Felsen wächst. Sie ist auch in der Kutlur häufiger anzutreffen als die anderen *Dyckia*-Arten (Rauh, 1981; Richter, 1978).

Weitere kleinbleibende, von Rauh (1981) emp-

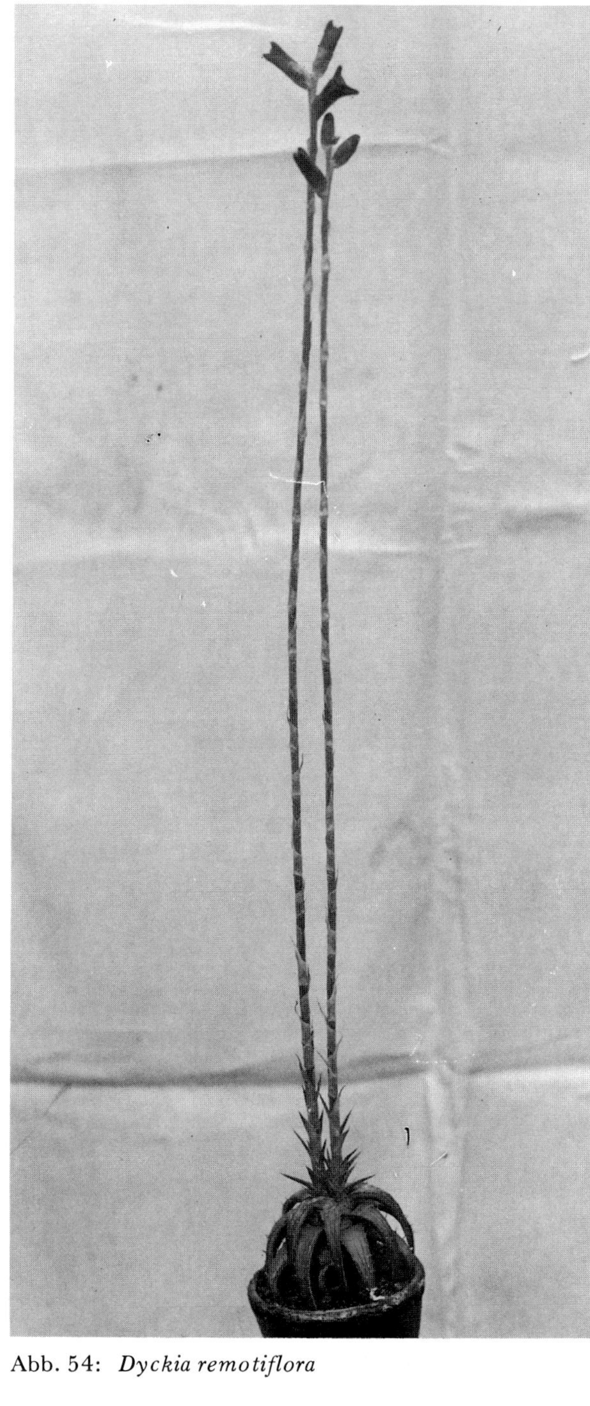

Abb. 54: *Dyckia remotiflora*

fohlene Arten sind *D. cinerea* Mez (1894) mit silbergrauen Blättern, *D. choristaminea* Mez (1919), *D. hebdingii* L.B. SMITH (1977) mit 20 cm breiter Rosette und weißbeschuppten Blättern mit Randstacheln und die recht interessante *D. marnier-lapostollei,* L.B. SMITH (1933), die mit relativ kurzen, an der Basis breiten Blättern Rosetten von 10–20 cm Durchmesser bildet.

7.2 Tillandsioideae

7.2.1 Guzmania

Die Gattung *Guzmania* umfaßt ca. 100 Arten, die epiphytisch, seltener terrestrisch, in den tropischen Regenwäldern des nordwestlichen Südamerikas und Westindiens vorkommen. Die Pflanzen haben, ihrem Standort entsprechend, etwas höhere Ansprüche an Wärme, Luftfeuchte und Schattierung und besitzen meist ein grüneres Blatt durch die weniger dichte Beschuppung als Gattungen, die unter härteren Bedingungen wachsen. Aufgestellt wurde die Gattung im Jahre 1802 durch RUIZ und PAVON. Sie benannten sie nach dem spanischen Apotheker und Naturforscher Anastasio GUZMAN (18. Jahrhundert) (PIZZETTI, 1976). Die Gattungen *Caraguata* und *Schlumbergera* gehören seit einiger Zeit auch zu den Guzmanien (RICHTER, 1978). Die stets ganzrandigen Blätter der Guzmanien treten zu wasserspeichernden Trichterrosetten zusammen. Der Blütenstand ist eine allseits wendige, zylindrische oder zapfenähnliche bis fast kugelige Ähre. Er kann auch einfach, verkürzt und körbchenförmig mit einem Kranz gefärbter Hochblätter sein. Die Blüten stehen einzeln in den Achseln der Tragblätter und haben weiße oder gelbe Petalen. Die aus dem oberständigen Fruchtknoten sich entwickelnde Kapsel enthält zahlreiche dünne stiel- oder spindelförmige Samen, die einen Schopf rötlichbrauner oder rostfarbener Flughaare tragen (RAUH, 1981; RICHTER, 1963 und 1978).

Die Züchtung und Verbreitung der Guzmanien erfolgte besonders nach dem 2. Weltkrieg (GÜLZ, 1977). Heute werden Hybriden und kleinbleibende Arten als Massenware in den Betrieben herangezogen (RAUH, 1981). Hauptzüchter und Jungpflanzenlieferanten sind MOROBE, DUTRIE und de MEYER/de ROUCK aus Belgien, C. BAK en Zon aus den Niederlanden, sowie der bekannte W. RICHTER aus Crimmitschau (LEINFELDER, 1981). Der Anbau hat einen gewaltigen Zuwachs erhalten, als die Samenvermehrung und Kreuzung besser beherrscht wurden.

Der Vorteil mancher Guzmanien liegt in ihrer Kleinwüchsigkeit. Sie brauchen wenig Kulturfläche (z.B. 64 St./m^2 bei *G. minor*) und verursachen damit anteilmäßig geringe Heizkosten. Außerdem dauert es nur 1,5–2 Jahre bis zur Blühreife.

Guzmanien werden bei 22–25° C ausgesät. Sämlinge und Jungpflanzen werden bei den gleichen Temperaturen gezogen. Von der Blühbehandlung bis zum Sichtbarwerden der Blütenstände sollten 22–25° C nicht unterschritten werden. Das Saatgut ist bei 3–5° C bis zu 3 Monaten haltbar.

Die größte Marktbedeutung haben zur Zeit *G. minor* rot, Typ Nr. 147 und 168 der Firma BAK, *G. minor compacta* 'DW' und *G.* 'Meyer's Favorit' sowie verschiedene Hybriden, die sich durch relativ geringe Blattmasse und große Blütenstände mit leuchtenden Farben auszeichnen. Genannt seien *G.* 'Grand Prix', *G.* 'Amaranth', *G.* 'Claudine', *G.* 'Mini Exodus', *G.* 'Marlebeca', *G.* Remembrance' und *G.* 'Orangeade' (STIRNBERG, 1982).

7.2.1.1 Relativ kleinbleibende Arten und Hybriden

Guzmania berteroniana (Roem. et Schult.) Mez, 1896. Die Art wurde nach dem italienischen Botaniker C.G. BERTERO (1789–1831) benannt. Sie ist in Puerto Rico beheimatet und würde von GÜLZ (1977) als kulturwürdig empfohlen. Sie erreicht eine Höhe von 40 cm und einen Durchmesser von 60 cm. Einschließlich der Blattscheide sind die Blätter 40–40 cm lang. Die Grundfarbe ist grün mit leicht rotbrauner Tönung auf der Unterseite. Ein kurzer Blütenschaft, der die Blätter kaum überragt, trägt einen einfachen zylindrischen Blütenstand mit 25 cm langen Ähren. Zur Spitze hin treten keine Blüten mehr auf. In der Kultur wird die angegebene Ährenlänge nur selten erreicht. Ein farbiger Eindruck entsteht durch die leuchtend zinnoberroten Deckblätter und die gelben im oberen Teil ausgebreiteten Blütenblätter (RAUH, 1981; RICHTER, 1978).

Abb. 55: *Guzmania berteroniana*

Guzmania erythrolepis Brongn., 1856. Die Rosette wird 35–50 cm hoch. Sie besteht aus ca. 40 cm langen Blättern mit braungrüner Blattscheide (RAUH, 1981). Nach GÜLZ (1977) hat die Pflanze rotblättriges Laub. Ein 10 cm langer Blütenschaft trägt graugrüne Hochblätter. Der einfache, dick zapfenförmige Blütenstand besteht aus roten Deckblättern, weißen Kelchblättern mit rosa Spitze und weißen Petalen (RAUH, 1981). GÜLZ beschrieb den Blütenstand als auffällig orangerot mit leuchtend gelben Einzelblüten.

Guzmania lingulata (L.) Mez, 1896. Diese Art wurde erstmals 1753 als *Tillandsia lingulata* beschrieben. Sie ist in Mittel- und Südamerika weit verbreitet. Die Rosette wird nach RAUH (1981) bis 30 cm hoch. RICHTER (1978) gibt 60 cm an. Breit wird sie bis 80 cm (GOLD, 1976b). Die Blattscheiden haben an der Basis eine braune Tönung. Manchmal ist sie von dünnen roten Längsstreifen durchzogen. Im Gegensatz zur grünen Blattspreite liegt eine leichte braune Beschuppung vor. Die Angaben zur Länge der Blattspreiten schwanken von Autor zu Autor erheblich. RAUH (1981) gibt 25–35 cm an, RICHTER (1978) über 50 cm und LEINFELDER (1981) bis 45 cm (Tafel I,1). Die scharlachroten Hochblätter bilden eine Art

Hüllkelch für die Blüten. Der kopfförmige Blütenstand wird 7 cm breit, nach RAUH ist er 10–50blütig, RICHTER spricht von wenigblütig. Weiße bis gelbliche Blüten besitzen kappenförmig zusammengeneigte Petalen. Nach PIZZETTI beträgt die winterliche Mindesttemperatur 15° C.
Es liegt eine relativ lange Kulturzeit von 2,5 Jahren vor. Bei Vermehrung durch Kindel verkürzt sie sich auf 1,5 bis 2 Jahre.
Von *G. lingulata* gibt es eine Reihe von Sorten, die als kulturwürdig beschrieben werden. Ebenso ist *G. lingulata* häufiger für Artkreuzungen benutzt worden. Einige seien hier aufgeführt.
'Broadview' von FOSTER besitzt schwarzgrüne Blätter in dichter Rosette mit mattroter Basis. Seerosenähnliche leuchtend rote Blütenrosetten mit gelben Spitzen werden von 5 cm breiten, runden, scharlachroten Hochblättern betont. Der Blütenstand hält 2–3 Monate, die Einzelblüten nur wenige Tage (VOGEL, 1967).
'Cardinalis'. Ihr Blattschopf ist hellgrün. Nach GOLD (1976b) besitzen ihre Hochblätter einen helleren Rotton als die der Art *G. lingulata*. HAHN (1959) beschreibt die Farbe der Hochblätter als brennend kardinalrot und nach orange wechselnd. Die Blüten sind klein und weiß und nur wenige Tage haltbar. Die Herzblätter sollen zur Zeit der Blüte rötlich werden (GOLD, 1964). Es ist nicht klar, ob damit die Hochblätter oder die jüngsten Blätter gemeint sind (Tafel I,2).
'Splendens'. Die rötlich grünen Blätter dieser Sorte sind stärker mit rotbraunen Linien durchzogen, und die Hochblätter weisen hellere Rottöne auf als die der Art (GOLD, 1976b).
'Fleur d'Anjou' (*G. lingulata* x *G. daniellii*). Die starkwachsenden Rosetten erreichen einen Durchmesser von über 60 cm und eine ebenso große Höhe. Ein kräftiger, aufrechter Blütenstand ist hellrot gefärbt und trägt 20 gelbe Einzelblüten, die im Laufe einiger Wochen aufblühen. Die Kindelbildung ist nur gering (SHARP, 1981).
Guzmania x *intermedia* (*G. lingulata* 'Splendens' x *G. lingulata* 'Cardinalis'). Diese Hybride von RICHTER bildet eine sehr große und vielblättrige Rosette aus. Die Blätter werden aus breiter Basis linealisch-zungenförmig. Sie sind zurückgebogen, glatt, von grüner Grundfarbe und besitzen rötliche Längsstreifen. Der aufrechte oder leicht seitlich geneigte Schaft mit orangeroten Hochblättern trägt einen kopfförmigen Stand mit wenigen gelbweißen Blüten. Die natürliche Blütezeit ist nicht auf eine Jahreszeit beschränkt (RICHTER, 1963 und 1978).
Guzmania x *magnifica* (*G. lingulata* 'Cardinalis' x *G. minor*). 1946 wurde diese Hybride von RICHTER entwickelt. Die Rosetten sind mittelgroß und vielblättrig. Die Blätter sind 3 cm breit, linealisch mit zurückgebogener Spitze und besitzen eine breite Basis. Ihre Spreiten sind hellgrün und bisweilen gelblich oder rötlich getönt. Der kopfförmige Blütenstand sitzt über zahlreichen, intensiv roten Hochblättern mit weißen Spitzen. Seine Blüten sind weiß. Die natürliche Blütezeit liegt im Frühjahr und im Sommer (RICHTER, 1978). Bei PINKERT wurde ein Typ gezüchtet, der besonders kräftig rot gefärbte Hochblätter hat (RÜCKER, 1983). Nach PINKERT bedurfte es nur zweier Kreuzungen, um die ursprünglich braunrote Farbe zu eliminieren.
Guzmania minor Mez, 1896. *G. minor* kann als sehr nahe verwandt mit *G. lingulata* gelten und wird von L.B. SMITH auch noch als Varietät zu dieser Art gerechnet. In ihrer Heimat im nördlichen Südamerika lebt sie epiphytisch auf Bäumen. Hinsichtlich Wuchs, Größe und Färbung ist sie sehr variabel. Mit Blütenstand wird die kleine vielblättrige Rosette 20–25 cm hoch. Die Blätter erreichen eine Länge von 20 cm und können bei intensiver Belichtung eine rote Tönung aufweisen. Die unteren grünen bis roten und die

oberen leuchtend rotorangen Hochblätter bilden einen Hüllkelch für die Blüten. Den Hochblättern ähnliche, aber schmalere Deckblätter bewirken das sternförmige Aussehen des Blütenstandes. Er trägt gelbe Blüten mit weißer Spitze (GOLD, 1976b; RAUH, 1981; RICHTER, 1978). Ursprünglich hatte man bei der roten Urform Probleme mit der Saatgutgewinnung. Heute gibt es schon selbstfertile Pflanzen (BOSSE et al., 1975). Durch das frühe Erscheinen der Hochblätter ist die Pflanze schon nach 12–15 Monaten zu verkaufen. Aufgrund der weichen Blätter und der Kleinwüchsigkeit sind *G. minor* besonders für kleinere Schalen und Glasvitrinen geeignet (HAHN, 1976a). Das Saatgut von *G. minor* ist bei Temperaturen von 3–5° C bis zu 3 Monaten lagerfähig. Bei 22–25° C werden Sämlinge und Jungpflanzen kultiviert. Danach reichen 18–20° C (STIRNBERG, 1982). 18° C sollten tagsüber nicht unterschritten werden, 16° C reichen nachts aus. Werden kurz vor dem Aufblühen stehende Pflanzen nicht gleich verkauft, hält man sie bei 14–16° C. Später blühen sie dann allerdings schneller auf (STIRNBERG, 1982). Vermutlich könnte man aber – auf diesen Ergebnissen basierend – auch noch niedrigere Nachttemperaturen (12 oder 10° C) für die „Aufbewahrung" anwenden (Tafel I,4).

Von *G. minor* gibt es eine ganze Reihe Auslesen, Typen oder Sorten, außerdem ist die Art häufiger zu Kreuzungen benutzt worden. Folgende Sorten spielen heute eine Rolle:

'Meyer's Favorit'. Diese Selektion aus *G. minor* von de MEYER, 1961, fällt durch ihre kräftig leuchtend rote Blüte und die Gleichmäßigkeit des blühenden Bestandes auf. Im Endstand stehen 40 Pflanzen pro m² (STIRNBERG, 1982).

'Volckaerts Rote'. Aus *G. minor* x *G. minor* 'Orange' entstand diese Hybride 1967 durch die Gebrüder VOLCKAERT. Der Blütenstand ist kardinalrot mit zimtfarbenen Spitzen (HAHN, 1976a; LEINFELDER, 1981).

'Bak Nr. 147'. Diese Sorte ist ein kleiner Typ von *G. minor* rot, der sich vornehmlich zur Schalenbepflanzung eignet. Im Endstand stehen 55–60 Pflanzen/m². Die Bliiteninduktion ist nach 12 Monaten möglich. Im Frühjahr und Sommer ist der Anteil mit Selbstinduktion groß (STIRNBERG, 1982).

'Compacta DW'. Diese Sorte von BAK weist sehr breites dunkelgrünes Blattwerk auf. Ihr Wuchs ist kräftig, und die Pflanzen erscheinen kompakt. Die Blüte ist leuchtend orangerot. Im Bereich der Nährstoffversorgung bereitet die Sorte wegen ihrer Empfindlichkeit Schwierigkeiten. Im Endstand stehen ca. 30 Pflanzen/m². Die Zeit von der Behandlung bis zur Blüte ist ca. 2 Wochen länger als bei anderen Guzmanien (STIRNBERG, 1982).

'Orange'. *G. minor* 'Orange' wurde 1954 von Hans GÜLZ aus Brasilien mitgebracht (GÜLZ, 1964). Wegen ihres guten Samenansatzes wurden solche Mengen auf den Markt gebracht, daß sich die Preise rückläufig entwickelten. Der Blütenstand dieser Sorte ist orangefarben. Sie hat 2 cm breite und 20 cm lange, hellgrüne Blätter (VOGEL, 1967).

Bei der Kultur mit Bodenheizung werden ohne Kulturnachteile folgende Minimumtemperaturen vertragen: Boden 22° C, Luft nachts 13–15° C, tags 16–19° C. Ohne Bodenheizung ist die Minimumnachttemperatur 16° C, die Tagtemperatur 19° C. Die Ethrelbehandlung findet bei 20° C statt. Niedrigere Nachttemperaturen von 11° C können längerfristig (bis zu 6 Wochen) im Jungpflanzenstadium ertragen werden, jedoch verlangsamt sich das Wachstum erheblich. Längerfristig einwirkende noch niedrigere Nachttemperaturen stoppen das Wachstum. Kurzfristig (2–3 Wo) werden allerdings nächtliche Abküh-

lungen auf 5° C oder gar 2° C ertragen, ohne daß es zum Wachstumsstillstand kommt (ZIMMER, 1983, vergl. auch Abschn. 2.2.).
'Bak Nr. 166'. Bei dieser Sorte herrscht zwischen den mattroten Hochblättern und dem orangefarbenen Blütenstand ein starker Kontrast. Die Sorte stammt von *G. minor* ab (HAHN, 1976a).
'Citrina'. Diese von *G. minor* abstammende Sorte hat einen zitronengelben Blütenstand.
'Mignon' (*G. minor* x *G. lingulata*). RAUH (1976) empfiehlt diese Hybride als kulturwürdig. Sie stammt von GÜLZ/Bad Vilbel. Ihr Wuchs ist etwas stärker als der von *G. minor* 'Orange' (HAHN, 1970). Die Blätter sind doppelt so breit, aber ebenso weich. Ihre grünlich gelben, kupfrig getönten Hochblätter färben sich zum Rand hin rot.
'Amaranth' (*G. minor* x *G. wittmackii* lila). Zur Blütezeit wird diese Sorte nicht höher als 45 cm (SHARP, 1981). Der Blütenstand ist in Größe und Form dem von *G.* 'Orangeade' ähnlich, die Farbe ist aber lilarot. Die Einzelblüten sind weiß. In der Kultur bereitet sie keine Schwierigkeiten (STIRNBERG, 1982) (Tafel I,3).
'Grand Prix' (*G. minor* x *G. wittmackii* rosa). Die Pflanzen zeichnen sich durch grüne, schmale Blätter aus und besitzen einen relativ langen und schweren orangeroten Blütenstand mit weißen Einzelblüten. Der Schaft neigt zur Krümmung (STIRNBERG, 1982) (Tafel I,6).
Unklar scheint die Entstehung der beiden folgenden Hybriden zu sein.
'Carine F_1'. HAHN (1976a) gibt als Eltern *G. lingulata* 'Splendens' und *G. minor* 'Rubra' an, MEKERS und THOMAS (1976) *G. lingulata* var. *minor* (bzw. *G. minor*) und *G. lingulata* 'Cardinalis'. 'Carina F_1' ist eine Sorte von de MEYER/de ROUCK. Die Blütenstände halten 10–12 Wochen. Die Blätter sind sehr weich, hellgrün und werden bis 40 cm lang. Den Schmuckwert bilden die leuchtend roten Blüten. Von der Behandlung mit Ethrel bis zur Blüte vergehen 6–8 Wochen.
'Christine'. Sie stammt ebenfalls von de MEYER/de ROUCK. MEKERS und THOMAS (1976) geben als Eltern *G. lingulata* 'Splendens' und *G.* 'Meyer's Favorit' an, HAHN (1976a) nennt als 2. Eltern *G. minor* 'Rubra'. Die Blätter sind weich, grün und bronzengetönt. Die kardinalrot gefärbten Blütenstände erscheinen 6–8 Wochen nach der Behandlung und halten dann 6–8 Wochen.
Guzmania monostachia (L.) Rusby, 1896). Diese Art wird teilweise noch unter dem Namen *G. tricolor* geführt. Sie ist von Mittel- bis Südamerika weit verbreitet und wächst auch noch in Höhenlagen von 2000 m. Hellgrüne Blätter von 30 cm (RAUH, 1981) bis 45 cm Länge (RICHTER, 1978) bilden eine dichte Rosette, die blühend 30–60 cm hoch werden kann (Tafel I,7).
Auch die Hochblätter sind blaßgrün. Sie sind am Blütenschaft dicht dachziegelig angeordnet. Der einfach zylindrische oder fackelförmige (WILSON, 1977) Blütenstand trägt im oberen Teil keine Blüten und wird mit dem Verblühen lockerer. Das Besondere dieser Art sind die enganliegenden Deckblätter. Sie sind je nach ihrem Platz auf dem Blütenstand anders gestaltet und gefärbt. Die basalen Deckblätter sind bis 3 cm lang mit langer Spitze, die mittleren fertilen sind weißlich und braun oder rötlich längsgenervt mit kurzer Spitze; die oberen sterilen Deckblätter sind leuchtend rot (RAUH, 1981; RICHTER, 1978). Die weißen Blüten halten 1–2 Wochen (WILSON, 1977). Die Kultur von *G. monostachia* ist einfach. Sie setzt leicht durch Selbstbestäubung Samen an (RICHTER, 1978). Die Angaben über die Entwicklungszeit von einer Ethrelbehandlung bis zur Blüte schwanken. Bei optimaler Temperatur sind es nur 30–45 Tage; GOLD (1976b) gibt 8–10 Wochen an, eine Verzögerung, die bei niedrigen Temperaturen eintreten kann. Ein Nachteil von

G. monostachia ist die geringe Haltbarkeit des Blütenstandes von nur knapp 4 Wochen. Gelegentlich treten auch variegate Formen mit auffällig grün-weiß gestreiftem Laub auf.

Guzmania musaica (Linden et André) Mez, 1896. *G. musaica* wurde erstmals 1873 beschrieben. In ihrer Heimat lebt sie epiphytisch in Regenwäldern und Mangrovensümpfen bis in 500 m Höhe (RAUH, 1981). GOLD (1976b) gibt an, daß sie vorwiegend terrestrisch lebt (Tafel I,8).

Die Art wird 30—50 cm hoch. Über die Ausmaße der Blätter liegen wieder verschiedene Angaben vor: LEINFELDER gibt bis 50 cm, RAUH bis 60 cm Länge und 6—8 cm Breite und RICHTER bis 30 cm Breite an. Die Spreite ist rinnenförmig mit zurückgebogener Spitze. Die Grundfarbe ist blaßgrün und wird von dunkelgrünen bis rotbraunen unregelmäßigen welligen Querlinien durchbrochen. Unterseits herrscht violett vor. Rötliche Schuppen können punktartig auftreten. Unter dem einfachährigen, kopfförmigen Blütenstand sitzen rosa Hochblätter. Der Blütenstand trägt orangegelbe oder rosa-orange Deckblätter, stumpfgelbe Kelchblätter mit weißer Spitze und gelblich weiße aufrechte Petalen.

Diese Art ist auch im nichtblühenden Zustand wegen der Zeichnung der Blätter dekorativ. In diesem Zustand kann sie leicht mit *G. lindenii* verwechselt werden. Nach GOLD (1976b) können schon verhältnismäßig junge Pflanzen durch Bromblüte zum Blühen gebracht werden. *G. musaica* weist ein günstiges Verhältnis vom Blütenstand zur Laubmasse auf (RAUH, 1981; RICHTER, 1978).

Guzmania sanguinea (ANDRÉ) André, 1896. Diese Art wird von GÜLZ (1977) und RAUH (1976) als kulturwürdig vorgeschlagen. In ihrer Heimat Costa Rica, Trinidad und Ecuador lebt sie epiphytisch bis in 1000 m Höhe. Sie kann einen kurzen Stamm bilden und wird bis 20 cm hoch (RAUH, 1981). RICHTER (1978) gibt 30 cm an. Die breit ausladende Rosette besitzt einen Durchmesser von 30—50 cm. Ihren Namen *sanguinea* erhielt die Pflanze durch die Färbung der inneren Rosettenblätter zur Blütezeit. Sie sind zum Zentrum hin verkleinert und werden leuchtend rot oder rotgelb mit grünen Flecken (RAUH, 1981). Ähnlich wie bei Nidularien oder Neoregelien ist der einfache Blütenstand in die Rosettenmitte eingesenkt. Die 7—12 Blüten sind gelb. *G. sanguinea* ist leicht zu kultivieren und gut durch Samen vermehrbar (RAUH, 1976).

G. sanguinea var. *brevipedicellata* A. Gilmartin, 1968, von GÜLZ (1977) und RAUH (1976) empfohlen, ist in allen Teilen kleiner als der Typus und hat meist einheitlich rot gefärbte „Herzblätter“. Die rote Farbe geht nach der Blüte verloren (RAUH, 1976 und 1981).

Abb. 56: *Guzmania wittmackii*

Guzmania wittmackii. Sie ist die zierlichste Art der von RAUH (1976) als kulturwürdig vorgeschlagenen Guzmanien. Auch GÜLZ (1977) empfiehlt sie. Blühend erreicht sie eine Höhe von 60–80 cm. Der Blütenschaft ist locker mit Hochblättern besetzt. Ihre leuchtend rote Spreite steht waagerecht ab, die grüne Blattscheide umschließt die wenigblütigen, häufig nur einblütigen Ähren. Die Blüten sind sehr groß und weiß. Es gibt aber auch *G. wittmackii*-Hybriden oder Selektionen mit lila, orangen oder roten Blüten, da diese bei Kreuzungen verwendet werden (RAUH, 1976). Ihre Hochblätter sind länger und breiter als diejenigen von *G.* 'Grand Prix' und *G.* 'Amaranth', die Farben leuchtender. Ihnen wird eine große Zukunft versprochen (STIRNBERG, 1982).

Guzmania zahnii (Hook f.) Mez, 1896. *G. zahnii* wurde 1873 von HOOK erstmals beschrieben. Ein hauptsächlich in Zentralamerika tätiger Pflanzensammler namens Zahn wurde später zum Namenspender. Die in Costa Rica beheimatete Art bildet eine lockere Rosette, welche mit Blütenstand 40–60 cm hoch werden kann (RAUH, 1981, RICHTER, 1978; SHARP, 1981). Die Blattscheide ist blaßgrün und rötlich längsgestreift, die 50–60 cm lange Blattspreite oberseits dunkel, unterseits bräunlich grün. Nach RICHTER sind die Blätter gelblich grün mit karmesinroten Längsstreifen und hellroter Basis. In hellem Licht erhält das Blatt eine kupferfarbene Tönung oder läuft rot an (WILSON, 1977; GOLD, 1976b; SHARP, 1981). Der an der Basis lockere Blütenstand ist aus 10–15 knäulig angeordneten Ähren zusammengesetzt, die eine Länge von 10–15 cm haben. Rote Hoch- und Deckblätter, gelbe Tragblätter mit roter Spitze, gelbgrüne bespitzte Kelchblätter und gelbe, 3 cm lange Blütenblätter geben einen farbigen Eindruck (RAUH, 1981, RICHTER, 1978). *G. zahnii* kommt im Sommer mit weniger Schatten aus als andere *Guzmania*-Arten. Zu starker Schatten läßt die Zeichnung blasser und die Blätter länger werden (SHARP, 1981). Vielleicht erklärt dieser Sachverhalt die unterschiedlichen Größen- und Farbbeschreibungen der Autoren (Tafel I,5).

Eine Sorte 'Variegata' wird bei guter Kultur 60 cm hoch. In Abhängigkeit von der Lichtintensität kann die Pflanze die Streifen der Blätter von blaßgrün-creme bis zu tiefem rosa verändern. Die Trichter sind jedoch fäulnisanfällig (WILSON, 1977).

Andere Sorten sind z.B. 'Symphonie' (*G. zahnii* x *G. peacockii*), die von GÜLZ in Genua 1966 erstmals vorgeführt wurde. Die Blätter sind 60 cm lang, 4 cm breit und rot gefärbt. Zitronen- bis maisgelbe Blütenrispen sitzen auf hochroten Stielen (GÜLZ, 1977; VOGEL, 1967). Nach WILSON (1977) ist der 2. Kreuzungspartner *G. lingulata*. Durch die roten Blätter ist die Hybride auch ohne Blüte ansprechend.

Von MOROBE/Belgien wurde 1968 'Omer Morobe' auf den Markt gebracht. In Gent zeichnete man sie bei den 'Floralien' 1975 mit einer Goldmedaille aus. Nach LEINFELDER (1981) besitzt sie auf grünem Blattgrund weiße bis rote Längsstreifen. HAHN (1976 und 1978) spricht von strohgelben, grün umrandeten Blättern und lachsroten Hüll- oder Hochblättern unter den maisgelben, quirlartig angeordneten Blütenständen.

Die Hybride 'Cherry' von de MEYER/de ROUCK stammt von *G. zahnii* ab. Zur Blütezeit wird sie bis 85 cm hoch. Die starkwüchsige Pflanze hat dunkelgrüne Blätter von 60 cm Länge und 4 cm Breite. Der hellrote Blütenschaft ist bis 60 cm lang. Gelbe Blüten sitzen in dem 25x25 cm großen Brakteenkopf (SHARP, 1981).

Guzmania 'Claudine' ist eine Sorte von BAK aus *G. donnelsmithii* x *G. minor* rot (STIRNBERG, 1982). Nach anderen Angaben soll sie bei de MEY-

ER im Jahre 1967 aus *G. donnelsmithii* x *G. zahnii* entstanden sein. Ihre Blätter sind dunkelgrün und an der Basis rötlich. Der große lachsrote Blütenstand enthält gelbe Einzelblüten (HAHN, 1978). Nach STIRNBERG ist die Generative Vermehrung problematisch, da dabei nur 20% 'Claudine' entstehen. Heute ist die Vermehrung über Gewebekultur üblich (Tafel II,1).

Guzmania 'Décosse' wächst gedrungen (HAHN, 1976a) und weist einen leuchtendroten Blütenstand mit grünen Spitzen auf (LEINFELDER, 1981).

Guzmania 'Empire' ist eine ganz neue Sorte von BAK, die enger zu kultivieren ist als andere Hybriden, ohne daß die Blätter zu lang werden. Trotz des dichten Standes sprechen die Pflanzen gut auf die Behandlung zur Blüteninduktion an, was sehr selten ist (Tafel II,2).

Guzmania 'Exodus' (*G. peacockii* x *G.* 'Victrix'). Wurde 1959 von de MEYER gezüchtet. Sie besitzt eine vielblättrige Rosette mit schwarzgrünem Laub. Die Blätter sind 50 cm lang und 8 cm breit. Ihr Wuchs ist kräftiger als der von 'Claudine', auch ist der Blütenstand breiter. Die Farbe des Blütenstandes ist cadmiumgelb und wird durch hochrote Hochblätter betont. Er enthält weiße Einzelblüten. Ein Nachteil dieser Sorte ist, daß der starke Blattanteil den Eindruck des Blütenstandes abschwächt (HAHN, 1978; VOGEL, 1967).

Guzmania 'Mini Exodus' ist eine Sorte von BAK. Sie hat oberseits dunkelgrüne, unterseits dunkelrotbraune Blätter. Der Blütenstand ist breit, dunkelrot und besitzt weiße Einzelblüten. Die Deckblätter haben violette Spitzen. 'Mini Exodus' neigt frühzeitig zur Kindelbildung und weist viel Blattmasse auf (STIRNBERG, 1982) (Tafel II,8).

Guzmania 'Fantasia' wurde 1967 von de ROOSE/ Belgien gezüchtet. THOMAS (1983) gibt als Kreuzungspartner *G. donnelsmithii* und *G. zahnii* an. MEKERS und THOMAS (1976) dagegen nennen *G.* 'Magnifica' und *G. donnelsmithii.* Sie hat schmale, lang zugespitzte dunkelgrüne Blätter und einen verzweigten fackelförmigen orangefarbenen Blütenstand. Die Hochblätter sind den Laubblättern ähnlich, aber unterseits orangerot gefärbt.

Guzmania 'Marlebeca' (*G. donnelsmithii* x *G. zahnii*). Diese Hybride wurde von den Gebrüdern VOLCKAERT 1968 eingeführt und bereits 1976 von MEKERS und THOMAS als kulturwürdig empfohlen. Die Blätter sind dunkelgrün, relativ lang. Zur Blattmitte hin wird die unterseits rötliche Farbe stärker. Knosprig hat der Blütenstand die Form eines Kolbens, aufgeblüht ist er stark verzweigt. Er ist orangerot mit gelben Spitzen und gelben Einzelblüten. Bei zu niedrigen pH-Werten neigen die Blätter zu braunen Spitzen (STIRNBERG, 1982). Nach PRINSLER werden die Pflanzen aber zu groß und zu wuchtig, um stärkere Bedeutung zu erlangen (Tafel II,3).

Guzmania 'Orangeade'. *G.* 'Orangeade' hat mittelgrünes Laub. Die Blätter sind relativ breit und haben eine kurze Spitze. Der Blütenstand ist gelborange mit orangerot bespitzten Hüllblättern. Die Einzelblüten sind gelb. Die Sorte wird von LEINFELDER (1981) empfohlen. Ein Vorteil dieser Hybride ist die lange Haltbarkeit des großen Blütenstandes, ein Nachteil ist die Pflanzengröße, die nur einen Endstand von 25–30 Stück/m^2 zuläßt.

Guzmania 'Remembrance'. Die Sorte besitzt hellgrüne Blätter ohne jegliche Rotfärbung. Der Blütenstand ist dem von *G.* 'Mini Exodus' ähnlich, er ist jedoch dunkelrot und gelb gefärbt und trägt gelbe Einzelblüten. Da diese Hybride durch Samen schwer vermehrbar ist, erfolgt die Reproduktion über Gewebekultur. Die daraus entstehenden Pflanzen weisen gegenüber den herkömmlichen eine weniger intensive Farbe der Blüten auf (STIRNBERG, 1982) (Tafel II,7).

7.2.1.2 Großwerdende Arten

Guzmania conifera (André) Mez. Diese relativ große Art, von RAUH (1976) empfohlen, stammt aus Peru und Equador. Sie erreicht blühend eine Höhe von ca. 1 m. Ihre Blätter sind spitz lanzettlich, werden 60–75 cm lang und bilden eine dichte Rosette. Der kegel- bis kopfförmige Blütenstand ähnelt einem großen Koniferenzapfen, daher der Artname *conifera*. Scharlachrote Hochblätter und rot und gelb bespitzte florale Brakteen untermalen die großen gelben Blüten. Wegen des Blütenstands und seiner Haltbarkeit ist diese Art als Kreuzungspartner zu empfehlen (RAUH, 1976; RICHTER, 1978).

Guzmania dissitiflora (André) L.B. SMITH, 1934. *G. dissitiflora* ist eine sehr schöne Art. Sie lebt in ihrer Heimat Costa Rica, Panama und Kolumbien bis in einer Höhe von 1000 m epiphytisch. Blühend wird sie 40–90 cm hoch. Während die Blattspreite einfach grün ist, zeichnet sich die Scheide durch eine dunkelbraune Basis und rötliche Längsstreifen auf blaßgrünem Grund aus. Die Länge der Blätter ist recht variabel. Sie schwankt von 30–90 cm. Leuchtend rote Hochblätter sitzen unter dem lockeren einfachährigen Blütenstand. Die Deckblätter sind von gleicher Farbe wie die Hochblätter. Einzeln stehende Blüten mit gelben Kelch- und weißen Blütenblättern vervollständigen das Bild. Leider ist der Blütenstand nicht so lange haltbar und trägt für den Markt zu kleine Blüten (RAUH, 1981) (Tafel II,5).

Guzmania donnelsmithii, Mez, 1903. Diese aus Costa Rica stammende Art, die eine 30–50 cm hohe Rosette bildet, spielt für die Züchtung ebenso wie *G. lingulata, G. minor* und *G. zahnii* eine bedeutende Rolle. Die Art wird nur mit ihren 40 cm langen, aber nur recht schmalen Blättern, die noch auf einer breiten bis 12 cm langen Scheide sitzen, für die rationelle Kultur häufig als zu groß angesehen. Die Blätter sind grün, unterseits grau beschuppt. Die dreieckigen Tragblätter im Blütenstand sind 3–4 cm breit und leuchtend rot mit grüner Spitze, die Blüten gelb.

Guzmania gloriosa (André) Mez. Diese von RAUH (1976) empfohlene Art ist ähnlich farbig in der Blütezeit wie *Guzmania sanguinea*, nur leider viel größer. Die Trichterrosette wird bis 60 cm hoch. Beim Eintritt in die Blühphase färben sich die inneren Rosettenblätter leuchtend rot und gelb. Rote, gelbe und grüne Hochblätter verteilen sich locker über den Blütenschaft. In ihren Achseln stehen die Teilinfloreszenzen mit 4–5 großen gelben Blüten. Blütenschaft und -stand erreichen eine Höhe von 1 m. Etwas Ähnlichkeit hat die mit größeren Hochblättern versehene *G. squarosa*, die ebenfalls von RAUH (1976) empfohlen wurde.

Guzmania lindenii (André) Mez, 1896. *G. lindenii* wurde von MEKERS und THOMAS (1976) und GÜLZ (1977) als kulturwürdig vorgeschlagen. Sie lebt in Nord- und Zentralperu bis in Höhen von 2500 m. Mit Blütenstand wird die Pflanze 2 m hoch. Die Blätter werden bis 70 cm lang. Oberseits sind sie mit welligen Linien von dunkelgrüner bis braungrüner Farbe gekennzeichnet. Sie werden daher oft mit *G. musaica* verwechselt. Die Unterseite ist rötlich. Grüne Hochblätter mit Strichelzeichnung besetzen den kräftigen, über 1 m hohen Blütenschaft. 7 cm lang ist der Blütenstand mit zapfenartigen, eiförmigen, dichtblütigen Ähren (GÜLZ, 1977; RAUH, 1981, RICHTER, 1978). Wegen ihrer Größe ist die Pflanze nur im nichtblühenden Zustand als Blattpflanze verwendbar (Tafel II,6).

Guzmania variegata L.B. SMITH, 1960. Die in Ekuador und Nordperu beheimatete Pflanze lebt epiphytisch auf Bäumen und auch terrestrisch. Die Art erhielt ihren Namen *variegatus* = bunt nach den großen, leuchtend roten Tragblättern, die die Ähren schalenförmig umfassen. Blühend erreicht die Pflanze eine Höhe von 50–80 cm. Leuchtend rot oder grün gefärbte Hochblätter besetzen den 20–30 cm langen, kahlen Blütenschaft, der meist etwas kürzer ist als die Blätter. Der 30–60 cm lange Blütenstand ist locker aus 8–12 teilweise waagerecht abstehenden Ähren zusammengesetzt. Die Ähren tragen ca. 10,4 cm lange weiße Blüten und sitzen auf einem an der Basis scheibenförmig verdickten Stiel auf. Besonders zur Blütezeit ist diese von RAUH (1976) empfohlene Art attraktiv (RAUH, 1976, 1981), dürfte aber wegen der Größe der Pflanze kaum in größeren Mengen wirtschaftlich absetzbar sein.

7.2.2 *Tillandsia*

Die Tillandsien bilden die artenreichste Gattung der Familie der *Bromeliaceae*. Es dürften etwa 400–500 Arten bekannt sein (RAUH, 1981). 1753 wurde die Gattung von LINNE aufgestellt und nach Elias TILLANDS (1640–1693), Professor in Abo/Finnland, benannt (RICHTER, 1978).

Folgende charakteristische Merkmale sind für Tillandsien typisch: Sie haben niemals gezähnte oder bestachelte Blätter; die Blätter stehen in grundständiger Rosette oder büschelig oder am Stengel allseitswendig oder zweizeilig angeordnet, sie verschmälern sich zur Spitze hin, sind flach oder rund eingefaltet.

Der Blütenschaft ist meist farbig und mit Hochblättern besetzt, selten kurz oder fehlend. Der Blütenstand ist einfach zweizeilig oder eine allseitswendige Ähre oder Rispe aus Zweigen mit zweizeilig angeordneten Blüten. Die Blütenfarben sind blau, violett, weiß, gelb, seltener rötlich oder grünlich bis gelbgrün. Die Größe ist sehr unterschiedlich. Die Blütenblätter sind nicht miteinander verwachsen, stets frei und an ihrer Basis ohne Schüppchen (RAUH, 1981; RICHTER, 1978). Die Blühfähigkeit erreichen die Tillandsien nach 4–6 Jahren (HAHN, 1970). Der Fruchtknoten ist oberständig, die Frucht ist eine prismatische graue oder braune Kapsel. Die Samen haben zur besseren Verbreitung mit dem Wind an ihrer Basis einen Schopf seidiger, glänzender, weißlicher Pappushaare, die in der Kapsel nicht gefaltet sind.

Eine Auswahl aus der großen Zahl der Tillandsien zu treffen ist fast unmöglich. Sie kann – da sie zwangsläufig subjektiv erfolgt und natürlich durch vorhandene Beschreibungen (z.B. RAUH, 1981) beeinflußt ist – keinen Anspruch auf Vollständigkeit erheben und auch nicht darüber hinwegtäuschen, daß für viele dieser Arten Erfahrungen zur wirtschaftlichsten Kultur fehlen. Die Auswahl kann daher nur als Anregung gelten. In der Gruppierung folgen wir hier den Begriffen „grüne Tillandsien“ und „graue Tillandsien“.

7.2.2.1 Grüne Tillandsien

In diese Gruppe gehören die überwiegend grün- und auch mehr oder weniger weichblättrigen Arten aus mehr humiden oder semihumiden Gebieten, zu denen Regenwald, Gebirgsregenwälder und Nebelwälder gehören. Häufig weisen diese Arten Trichterbildung oder Ansätze dazu auf und wachsen noch relativ schnell. Sie sind meist halbschattig und feucht zu kultivieren und – obwohl epiphytisch wachsend – durchaus als Topfpflanzen in Torfsubstraten kultivierbar.

Die Temperaturansprüche richten sich in etwa nach der Herkunft und dem Verbreitungsgebiet. Arten aus Höhenlagen (über 2000 m) dürften gemäßigte Temperaturen (12–16° C) in halbschattiger Lage recht gut vertragen und wohl auch noch Temperaturen um 10° C längere Zeit überstehen.

In diese Gruppe können folgende Arten eingeordnet werden:

Tillandsia anceps Lodd., 1823, aus Zentralamerika, Trinidad und dem nördlichen Südamerika wird blühend bis 30 cm hoch. Ca. 50 Blätter mit rotgestreifter Blattscheide und grüner, weicher, an der Basis rotbraun gestreifter Spreite bilden eine lockere bis kompakte Rosette. Der aufrechte Blütenstand ist einfach, schwertförmig, stark abgeflacht und 10–15 cm lang sowie 5 cm breit. Länger als die Kelchblätter sind die gekielten Deckblätter, deren Farbpalette von grün, grünlich-gelb bis blaßrosa mit grünlichen Rändern reicht. 10–20 Blüten sind bläulich bis malvenfarben, selten weiß. Sie sind wesentlich kleiner als die Blüten von *T. cyanea* oder *T. lindenii*. Diese Art kann in nichtblühendem Zustand leicht mit *T. lindenii* und *T. cyanea* verwechselt werden (Rauh, 1981; Richter, 1978).

Tillandsia biflora (Ruiz et Pav., 1802) ist in Costa Rica und von Kolumbien über Peru bis Bolivien beheimatet. Sie wächst dort zwar epiphytisch in Höhenlagen von 1000–3000 m, kann aber im Topf kultiviert werden.

Zahlreiche Blätter mit deutlich abgesetzter Blattscheide und 10–15 cm langen, rötlich gepunkteten Blattspreiten bilden eine Trichterrosette mit einem bis etwa 20 cm langen Blütenstand. Dieser trägt 8–12 meist zweiblütige Ähren. Die Tragblätter sind rötlich braun bis violett, die Deckblätter violett gefärbt.

Tillandsia brachycaulos Schlechtend., 1844, ist im südlichen Mexico und in Zentralamerika verbreitet. Sie lebt epiphytisch in Wäldern zwischen 900 und 2000 m Höhe. Aus bis 26 cm langen, spärlich beschuppten, grünen, rinnigen und übergebogenen Blättern formt sich eine dichte Rosette. Bei starker Einstrahlung und zur Blütezeit verfärbt sie sich rot. Gleiches gilt für die Hochblätter. Der Blütenstand ist kopfig zusammengesetzt. Er erscheint einfach, da die kleinen Ähren nur 1–2 blaue oder lila Blüten tragen. Zudem verbergen die Tragblätter die Ähren. Die gelben, aus der röhrigen 5–7 cm großen Blüte ragenden Staubblätter geben einen weiteren Farbeffekt. In bezug auf die Größenverhältnisse ist *T. brachycaulos* sehr variabel. Kultiviert werden auch einige Varietäten mit anderer Blattfärbung (Gugenhan, 1982; Rauh, 1981; Richter, 1963 und 1978) (Tafel III,5).

Tillandsia cyanea Linden, 1864, wird 30 cm hoch und bildet eine 40 cm breite, dichtblättrige Rosette. Die Blätter besitzen rinnig aufgebogene Ränder, sind grün und haben rote Streifen in der Nähe der Basis. Auf einem 15 cm langen Blütenschaft mit grünen Hochblättern sitzt der einfachährige, schwertförmige Blütenstand. Er kann 16 cm hoch und 7 cm breit werden. Rosa oder rote Deckblätter besetzen zweizeilig den Stand. Bis zu 20 große, einfarbig dunkelblaue Blüten treten auf. Ihnen fehlt im Gegensatz zu der ähnlichen *T. lindenii* das weiße Auge im Schlund (Mekers und Thomas, 1976; Rauh, 1981, Richter, 1963, 1978) (Tafel III,1).

Tillandsia dyeriana André, 1888, stammt aus Ekuador. Die Blätter sind grün, zungenförmig, an der Basis einheitlich violett oder nur violett gefleckt. Sie formen eine schlanke Rosette von 25 cm Höhe und 30 cm Durchmesser. Der aufrechte Infloreszenzschaft mit 1–2 erst aufrechten, später hängenden, 15 cm langen und 6 cm breiten Ähren trägt Brakteen, die sich in der Sonne zinnoberrot färben und waagerecht von der Achse abstehen. Die Kelchblätter sind rot und haben eine zitronengelbe Basis. Die weißen Blütenblätter trocknen schwarz ab.

Abb. 57: *Tillandsia flabellata*

Tillandsia flabellata Baker, 1887, ist verbreitet in Mexico, Guatemala und El Salvador bis in die unteren Nebelwaldregionen. Diese Art erreicht eine Höhe von 20–50 cm und einen Durchmesser von 30 cm. Die Blätter stehen aufrecht bis ausgebreitet, sind 30–50 cm lang, über der Blattscheide 4 cm breit, rinnig gefurcht und hellgrün oder rot. Sie sind sehr weich. Die fächer- oder fingerförmig angeordneten Ähren des 35 cm langen Blütenstandes geben der Art den Namen *flabellata(us)* = fächerartig. Angedrückt beschuppte Tragblätter sind besonders im unteren Teil des Blütenstandes sehr groß und rot oder grün gefärbt. Ähren und Deckblätter sind lebhaft rot. Aus den blauen, 4 cm langen Blüten ragen gelbe Staubblätter. Der Blütenstand hält monatelang. Die Kultur von *T. flabellata* ist sehr einfach. Hinsichtlich der Färbung und Länge des Blütenschaftes und der Ähren ist sie sehr variabel. Bis zur Blühfähigkeit vergehen 2 Jahre (HAHN, 1965; RAUH, 1981; RICHTER, 1963 und 1978). Bei PINKERT wurde eine Hybride aus *T. flabellata* x *T. fasciculata* mit intermediären Eigenschaften erzielt. Sie ist weder so klein mit zu kurzem Blütenstand und so lappigem Laub wie *T. flabellata*, noch ist sie so groß wie *T. fasciculata* (RÜCKER, 1983). Leider ist der stark verzweigte Blütenstand nicht so intensiv rot wie bei *T. flabellata.*

Tillandsia hamaleana Morren, 1869, wird mit Blütenstand 30–40 cm hoch und 30–35 cm breit. Ihre Blätter sind weich, grün, grau beschuppt, 20–30 cm lang und 5,5 cm breit. Sie haben eine zurückgebogene Spitze. Ein grüner, leicht rötlicher Blütenschaft trägt deutlich längsgerippte, zerstreut grau beschuppte, rotbraune Hochblätter.

Der Blütenstand ist aus 3 6–8blütigen, spreizenden Ähren zusammengesetzt. Sehr schön sind die dunkelblauen, stark duftenden Blüten mit weißem Schlund. Nach der Blüte wechseln sie die Farbe zu hellblau. Deck- und Kelchblätter haben grüne und rotbraune Farbtöne (MEKERS und THOMAS, 1976; RAUH, 1981).

Tillandsia kalmbacheri Matuda ist erst 1974 beschrieben worden. Sie stammt aus Mexico und kommt dort in Kiefern- und Eichenwäldern in Höhenlagen von 800–1800 m vor.

Die Rosette besteht aus grün bis rötlichen, auf langer Blattscheide stehenden lang zugespitzten Blättern, die 5–6 cm breit werden. Die am Infloreszenzschaft befindlichen Hochblätter sind grünlich bis kräftig rosa rot gefärbt und den Laubblättern ähnlich, ebenso die Tragblätter. Die dachziegelartig übereinanderliegenden stumpf grünen Deckblätter bilden in zweiteiliger Anordnung breit ovale, „aufgeblasen" erscheinende bis 11 cm lange Ähren. Die Blüten sind gelb.

Tillandsia lampropoda L.B. Smith, 1938, wächst in Guatemala, Honduras und im südlichen Mexico auf Kiefern und Eichen. Blühend erreicht sie eine Höhe von 60 cm. Ihre 25–30 cm langen Blätter besitzen eine lila Blattscheide und sind dicht angedrückt beschuppt. Über der Blatt-

scheide hat das Blatt eine Breite von 3,5 cm.
Die Hochblätter des 20–25 cm langen Blütenschaftes haben eine fädige, bräunliche Spreite. Der schwertförmige Blütenstand kann 20 cm lang und 7 cm breit werden. Gelbe oder grünlich rote Deckblätter sind zweizeilig dicht-dachziegelig angeordnet und scharf gekielt. Aus den 5–6 cm langen, gelben Blüten ragen die Staubblätter weit hervor. Es gibt auch Formen mit grünen, wenig beschuppten Blättern, mit hängenden Ähren und cremefarbenen Blüten (MEKERS und THOMAS, 1976; RAUH, 1981).

Abb. 58: *Tillandsia leiboldiana*

Tillandsia leiboldiana Schlechtend., 1844. Ihr Verbreitungsgebiet reicht von Südmexico bis Costa Rica. Bis in 1300 m Höhe ist sie epiphytisch zu finden. Blühend erreicht sie eine Höhe von 30–60 cm. Die aufrechte Rosette wird von 13 cm langen, bandförmigen, 3–4 cm breiten weichen Blättern gebildet. Der Blütenstand auf einem kurzen Schaft ist 10–30 cm lang, lachsrot und trägt schalenförmige, an der Basis eingerollte Tragblätter, die die Ähren umfassen. Sie sind rot oder violett mit zurückgebogener grüner Spreite, die oberen sind meist ganz rot oder violett. 8 blaue (RAUH, 1981) oder dunkelviolette (HAHN, 1977), 3 cm lange Blüten sitzen in den Ähren (Tafel III,7).
Die Kultur sollte feucht und halbschattig erfolgen. *T. leiboldiana* können im Topf und epiphytisch gehalten werden. Dieser sehr variablen Art wurden von HAHN (1977) große Zukunftschancen eingeräumt (HAHN, 1977; LEINFELDER, 1981; MEKERS und THOMAS, 1976, RAUH, 1981).
Tillandsia lindenii Regel, 1868, wird blühend bis 40 cm hoch. Die zahlreichen Blätter bilden eine dichte Rosette von 40–60 cm Durchmesser. Nordperu und Südekuador ist die Heimat dieser Art. Die 25–35 cm langen Blattspreiten sind grün gefärbt und haben rote Längsstreifen. Beide Seiten sind wenig angedrückt beschuppt. Viel länger als bei *T. cyanea* ist der schlanke, aufrechte Blütenschaft. Er trägt grüne, rot gestreifte Hochblätter. Der Blütenstand ist ährenförmig und zweizeilig mit rosa oder grünen, kahlen Deck-, grünen und rosa überhauchten Kelch- und tief dunkelblauen, 7 cm langen Blütenblättern mit weißem Schlund (RAUH, 1981; RICHTER, 1978). Durch überhöhte Düngergabe ist ein verzweigter Blütenstand zu erzielen. Bei zu starker Düngung verkrüppeln allerdings die Blüten (RÜCKER, 1972, Ergebnisse des Betriebs Seidel).

Die Kultur sollte feucht und halbschattig durchgeführt werden. Im Endstand stehen 30–40 Pflanzen je m². Da die Samengewinnung Schwierigkeiten bereitete, wurde oft durch Kindel vermehrt (LEINFELDER, 1981). Im Betrieb GÜLZ gelang es erstmals, durch Einsatz einer kleinen Stahlfeder die Pflanzen zu bestäuben. Die Keimung des gewonnenen Samens erfolgte fast 100%ig (HAHN, 1958). Die Blühreife erlangen die Pflanzen nach 3–4 Jahren. Nach einer Ethrelbehandlung von 375 cm³ auf 10 l Wasser für 50 m² Pflanzen dauerte es 90–120 Tage bis zur Blüte. Seit 1958 werden in Deutschland 2 Typen gehandelt. Als belgischer Typ wird die oben beschriebene Art bezeichnet. Verbreiteter ist aber der Typ GÜLZ mit nur halb so hohem Blütenschaft, breiterer Infloreszenz und geringerem Platzbedarf (RÜCKER, 1972; HAHN, 1958). *T. lindenii* wird leicht mit *T. anceps* und *T. cyanea* verwechselt, wenn sie nicht blüht.

Tillandsia multicaulis Stand., 1841, ist von Zentralmexico bis nach Panama hin verbreitet und steigt bis in die Nebelwälder in Höhen von 2000 m auf. Die 20 cm langen, grünen Blätter bilden eine Trichterrosette von bis 40 cm Durchmesser. Die Besonderheit dieser Art liegt in den breit schwertförmigen, bis 15 cm langen Infloreszenzen mit dachziegelartig angeordneten, leuchtend roten Deckblättern. Eine Pflanze kann mehrere, in den Blattachseln entstehende Infloreszenzen entwickeln. Die Kultur erfolgt feucht und halbschattig epiphytisch oder auch im Topf.

Tillandsia wagneriana L.B. Smith, 1963, wurde in Peru gefunden. Sie bildet mit ihren frischgrünen, oft rötlichen Blättern eine 30–40 cm breite Rosette. Der Blütenstand besteht aus mehreren 2 cm breiten, bis 10 cm langen, 8–15blütigen Ähren, deren zweizeilig dachziegelartig angeordnete Deckblätter rosa-lila gefärbt sind. Die Art gehört nach RAUH (1981) in den engeren Verwandtschaftskreis von *T. hamaleana* und *T. dyeriana*.

7.2.2.2 Graue oder weiße Tillandsien

Sie gelten als „Liebhaberpflanzen" und werden gelegentlich auch als atmosphärische Tillandsien bezeichnet. Die Pflanzen dieser Gruppe wurden selten in größerem Umfange kultiviert, haben aber mindestens teilweise in letzter Zeit an Bedeutung gewonnen. Da die meisten Tillandsien zu dieser Gruppe gehören, erscheint dies auch verständlich. Die grauen und weißen Tillandsien bewohnen die Trockengebiete vom südlichen Nordamerika bis nach Südamerika. Oft liegen sie dem Boden nur locker auf und werden vom Wind weggetragen (*T. werdermannii* in den Nebelwüsten Nordchiles). Andere haben drahtige Wurzeln, die nur der Befestigung dienen. *T. usneoides,* das Louisianamoos, kommt beispielsweise ganz ohne Wurzeln aus, nur als Keimling bildet die Pflanze für kurze Zeit Wurzelfragmente.

Voraussetzung für diese Lebensweise ist eine

Abb. 59: An Korkstücken epiphytisch wachsende Tillandsien

Abb. 60: Rebhölzer für Epiphytenstämme

hohe Luftfeuchtigkeit (meist nachts). Die Schuppenhaare saugen kapillar das Wasser von Tau, Nebel oder Regen an und führen es dem Blattgewebe zu, wo überschüssiges Wasser häufig in einem besonderen Gewebe gespeichert wird.

Manche Tillandsien besitzen extrem exzentrisch gebaute Haare, sogenannte Tauzungen, die sich hauptsächlich an den Blatträndern befinden und ebenfalls Wasser aus der Luft aufnehmen (z.B. *T. plumosa, T. tectorum*; RAUH, 1981).

Viele dieser grauen Tillandsien vertragen viel Licht und oft auch recht erhebliche Temperaturunterschiede. Die Kultur muß daher meist sehr hell, über Winter in vollem Licht, häufig im Sommer mit höchstens ganz geringem Schatten erfolgen. Viele Arten können über Sommer auch im Freiland kultiviert werden. Die aus Höhenlagen stammenden Arten vertragen nachts auch relativ niedrige Temperaturen (10–12° C), wachsen aber dann auch nur langsam.

Graue Tillandsien werden häufig aus ihrer Heimat importiert und nicht hier durch Samen gezogen, obwohl dies heute keine Schwierigkeit bereitet. Der Import ist jedoch fragwürdig und wahrscheinlich auf Dauer begrenzt, da auch in den Ursprungsländern der Umweltschutz an Bedeutung gewinnt (RAUH, 1976). Die Transportverpackung muß luftdurchlässig sein, da die Pflanzen sonst ersticken.

In Europa werden die Pflanzen mit Draht oder Streifen von Nylongewebe auf Brettchen, Rebenholz und Epiphytenstämmen befestigt (Abb. 59, 60) und neuerdings auch auf Steine geklebt. Dazu wird ein pflanzenunschädlicher Klebstoff verwendet (bei PRINSLER und WERNER Pattex compact). Stark beschuppte Arten oder solche mit lebhaft gefärbten Blättern werden bevorzugt.

Nach dem Wuchstyp können zwei Gruppen unterschieden werden: stammlos oder kurze Stämmchen bildende Arten mit rosettig angeordneten Blättern und solche, die Zwiebeln oder Scheinzwiebeln bilden.

a) Stammlose und stammbildende Arten

Tillandsia aeranthos (Loisel.) L.B. Smith, 1943. Diese 1821 erstmals beschriebene recht variable Art bildet einen kurzen Stamm, an dem die sehr stark aufrechten Blätter spiralig sitzen. Die Deckblätter sind purpurrot, die Kelchblätter weiß und die Petalen blau oder blaugrau (bei der var. *griseus*). Es besteht eine nahe Verwandtschaft zu *T. tenuifolia. T. aeranthos* sind sehr blühwillig und blühen natürlicherweise im Frühjahr. Sie zeigen eine gute Wüchsigkeit (HOFFMANN, 1965; RAUH, 1981; RICHTER, 1978) (Tafel III,4).

Tillandsia andrieuxii (Mez.) L.B. Smith, 1937. Mit Blütenstand erreicht die Pflanze eine Höhe von 10–15 cm. Die Rosette ist locker und oft einseitswendig. Sie besitzt schmale, abstehende, silbergrau beschuppte, bis 15 cm lange Blätter. Ihr Blütenschaft ist 6–7 cm lang und hängt meist. An ihm sitzen Hochblätter mit grüner Blattscheide und rosa Spreite. Der Blütenstand ist einfach und hängt ebenfalls. Rote Deckblätter mit runder Spitze, Kelchblätter mit rosa Spitzen und blaue bis violette, 5 cm lange Blüten machen die Pflanzen attraktiv (RAUH, 1981). Die in Horsten wachsende Pflanze kommt in Höhenlagen zwischen 2500 und 3000 m (in Kiefern- und Eichenwäldern Mexicos) vor, und zwar häufig gemeinsam mit *T. macdougallii*. Im vegetativen Zustand sind sie zu verwechseln. Alle drei Arten können sonnig kultiviert werden und vertragen im Winter auch Temperaturen um 10° C oder sogar 5–10° C (RICHTER, 1978).

Tillandsia argentina C.H. Wright, 1907. Diese ein kurzes Stämmchen bildende Art wird mit Blütenstand nur 10 cm hoch. Fast aufrechte, rinnige, bis 7 cm lange sukkulente und dicht grau beschuppte Blätter sitzen spiralig und dicht am Stamm. Der Blütenschaft ist meist durch die Blätter verdeckt. Darauf steht der einfachährige, 3–4 cm lange und 1–6blütige Stand. Er enthält leuchtend karminrote, bis etwa 3 cm lange Blüten mit zurückgebogenen Blütenblättern. Diese Art ist eine harte Klein-*Tillandsia* (RAUH, 1981), die, auf Steinen wachsend, trocken und sonnig kultiviert werden kann.

Abb. 61: *Tillandsia aeranthos*

Tillandsia barthlottii Rauh, 1974, ist eine graublättrige, stammlose Art, die etwa 30 cm hoch wird. Ihr Durchmesser erreicht 20 cm. Sie wächst meist zu mehreren in Klumpen. Ein kurzer, später gebogener Infloreszenzschaft trägt 5–7 fingerförmig angeordnete, herabhängende Ähren. Sie sind dicht besetzt mit orangegelben Tragblättern, in deren Achseln cremefarbene Blüten stehen. Je sonniger der Standort ist, desto intensiver wird die Ausfärbung der Brakteen. Trotz ihres Wuchses am heimatlichen Standort in 1300–1500 m Höhe braucht sie mehr Wärme als *T. dyeriana* (RAUH, 1976, 1981).

Tillandsia cacticola L.B. Smith, 1954, wächst epiphytisch in Höhenlagen von 1800–2000 m in Nordperu und kann im blühenden Zustand bis 60 cm hoch werden. Die stammlose Rosette besteht aus bis 25 cm langen, an der Blattscheide schwach bulbosen, später 2–3 cm breiten, ausgebreitet wachsenden, lang zugespitzten Blättern mit silbergrauer Beschuppung. Der Blütenstand kann auf sehr langem Infloreszenzschaft stehen und besteht aus mehreren flachen, bis 5 cm langen Ähren. Tragblätter und die dachziegelartig angeordneten Deckblätter sind fliederfarben und lange haltbar und können als Schnittblumen dienen. Die Kultur erfolgt hell und trocken bei Temperaturen über etwa 15° C (Tafel III,8).

Tillandsia funckiana Baker, 1889, aus Kolumbien bildet an verlängertem Stämmchen zahlreiche bis 5 cm lange, aufwärts gebogene Blätter, die grün bis rötlichbraun gefärbt und dicht beschuppt sind. Die Pflänzchen bilden meist nur eine bis 4,5 cm lange, leuchtend rote Blüte, deren Blütenblätter zurückgebogen sind. Ähnlich ist *T. andreana* E. Morren ex Andre, 1888, mit rosettig angeordneten Blättern von etwa 6 cm Länge und ebenfalls in der Regel einer roten bis 5 cm langen Blüte.

Tillandsia gardneri Lindl., 1842, wurde nach dem Pflanzensammler GARDNER benannt und 1842 erstmals beschrieben. RAUH (1981) gibt die Höhe mit 15–25 cm an, RICHTER (1978) mit 10–12 cm. Die 25 cm langen Blätter bilden eine einseitswendige, fast weiße Rosette. Meist hängt der grau beschuppte Blütenschaft. Der aus 4–12 Ähren zusammengesetzte, elliptische oder kegelförmige Blütenstand trägt grüne bis rosa Trag- und Deckblätter sowie ca. 2 cm lange röhrige, rosa Blüten mit ausgebreiteten Spitzen (HAHN, 1970; RAUH, 1981; RICHTER, 1978). Die aus Trinidad, Venezuela, Kolumbien und Brasilien in Höhenlagen von 700–1300 m bekannte Art kann hell kultiviert werden. Im vegetativen Zustand können Verwechselungen mit der allerdings weiter südlich verbreiteten *T. geminiflora* var. *incana* vorkommen. Der Typus dieser Art bildet ebenfalls kleine Rosetten aus lang zugespitzten, grünen und weichen, grau beschuppten Blättern.

Tillandsia streptocarpa, Baker 1887, ist eine in Brasilien, Paraguay, Bolivien und Südperu beheimatete, bis in Höhenlagen von etwa 1400 m vorkommende, sehr variable Art, die manchmal kurze Stämmchen bildet und bis 25 cm lange, schmale, oft eingerollte und dicht silbrig beschuppte Blätter trägt. Die blauen Blüten stehen in bogig aufsteigenden, 5–10blütigen Ähren.

Abb. 62: *Tillandsia stricta*

Tillandsia stricta Soland., 1813 ist in Südamerika weit verbreitet. Sie lebt epiphytisch, bildet einen kurzen fleischigen Wurzelstock und kann einen kurzen Stamm besitzen. Meist wächst sie in dichten Klumpen und erreicht eine Höhe von 20 cm. Die sehr starren oder auch weichen, 8 cm langen Blätter können ausgebreitet sein und einseitswendig wachsen. Durch das dichte Schuppenkleid wirken sie silbergrau. Der Blütenschaft ist schlank und hängt über. Grüne, dicht grau beschuppte Hochblätter verkleiden ihn. Der Blütenstand ist ebenfalls gebogen, einfach und lokker gebaut. Nach RAUH (1981) sind die Deckblätter leuchtend karminrot. Gelegentlich wer-

den die Brakteen als erst weißlich und später violett werdend beschrieben (Tafel III,2).
Die 2 cm großen, blauvioletten Blüten mit etwas ausgebreiteten Spitzen sitzen spiralig auf dem Blütenstand. Hinsichtlich Länge, Form und Konsistenz der Blätter (weich, hart; grün, weiß beschuppt) ist die Art recht variabel. In der Kultur gibt sie sich blühwillig. Sie braucht mäßige Feuchte und Halbschatten. 17° C sind ausreichend. Verwechselungsmöglichkeiten bestehen im nichtblühenden Zustand mit *T. tenuifolia* (HAHN, 1970; RAUH, 1981; RICHTER, 1978).
Tillandsia tectorum Morren, 1877. Diese außerordentlich variable Art wurde erstmals 1865 beschrieben. Die bildet einen bis 50 cm langen Stamm. Es gibt aber auch wohl fast stammlose Formen, die bis in 1800 m Höhe aufsteigen (RAUH, 1981). Die Blätter sind fädig, laufen spitz aus, sind starr, rund, bis 20 cm lang und fedrig

Abb. 63: *Tillandsia tectorum*

Abb. 64: *Tillandsia tenuifolia*

silberweiß beschuppt.
5–10blütige Ähren bilden einen langen Blütenstand. Die rötlichen Hochblätter sind wie die Blätter stark beschuppt. Lichtgrüne Deckblätter können rot getönt sein und haben eine rosafarbene Basis. Dazu passen gut die weißen Blütenblätter mit blaugefärbter Mitte. Sie sind 5–6 cm lang. Die Kultur sollte hell und sonnig erfolgen (HAHN, 1970; RAUH, 1981; RICHTER, 1978) und kann ohne Substrat zusammen mit Kakteen durchgeführt werden.
Tillandsia tenuifolia L., 1753. *T. tenuifolia* ist eine sehr variable, oft rasig wachsende Art, die 25 cm lange Stämmchen bildet. Die spiralig gedrehten, sehr harten Blätter stehen fast aufrecht. Ist der Wuchs hängend, richten sie sich einseitig aus. Sie sind 4–13 cm lang, haben aufgebogene Ränder und sind dicht grau beschuppt. Hoch- und Deckblätter sind grün oder rosa bis rot. Der einfachährige Blütenstand trägt spiralig angeordnete, 2 cm lange, zierliche Blüten von lauer oder weißer Farbe (HAHN, 1970; RAUH, 1981; RICHTER, 1978). Diese recht harte Art kann sonnig bei mäßiger Feuchte auf Steinen oder Stämmen kultiviert werden (Tafel III,6).

Tillandsia xiphioides Kerr., 1816 bildet auf ganz kurzen Stämmchen eine aufrechte Rosette aus starren Blättern. Interessant ist die in Argentinien, Paraguay und Bolivien beheimatete Pflanze durch die 7–8 cm langen, duftenden weißen Blüten, die in einer aufrechten, einfachen Ähre stehen (Tafel III,3).

Weitere erwähnenswerte Arten sind

T. brachyphylla aus Brasilien, die mit nur bis 10 cm langen Blättern kleine Rosetten bildet.

T. calocephala erscheint interessant wegen der an kurzen Stämmchen stehenden, 2,5 cm breiten spitz zulaufenden braun beschuppten Blätter und der vermutlich hohen Temperaturtoleranz, da sie in Peru und Bolivien bis in Höhen von 3500 m vorkommen kann.

T. carlsoniae bildet in der Mitte einer dichten, allerdings aus 30 cm langen, dicht grau beschuppten Blättern gebildeten Rosette einen aus 5–6 10 cm langen Ähren zusammengesetzten Blütenstand von rosa Farbe. Da die Pflanzen epiphytisch in Mexico in Höhenlagen von 2500–3000 m vorkommen, dürften sie eine hohe Temperaturtoleranz aufweisen.

T. edithae, 1974 von Rauh beschrieben und an felsigen Hängen bis 2700 m Höhe vorkommend, bildet Stämmchen bis 35 cm Höhe, die mit 5–6 cm langen, 2,5 cm breiten, dreieckigen grauen Blättern besetzt sind. Der kopfige Blütenstand auf kurzer Achse trägt bis zu 12 3 cm lange zinnoberrote Blüten.

b) Arten mit Zwiebeln oder Scheinzwiebeln

Tillandsia argentea Griseb., 1866, kommt in Mexico und einigen westindischen Inseln (Kuba, Jamaica) in Höhenlagen von 1300–1800 m vor. Blühend erreicht die variable Art eine Höhe von 25 cm. Mit ihren zahlreichen fädigen Blättern, deren Scheiden verdickt sind, bildet sie eine echte Zwiebel. Die Beschuppung ist dicht und weiß. Grüne oder rote Blütenschäfte tragen bis 7 cm lange Infloreszenzen. Diese sind einfachährig, bis 7-blütig, besitzen rote oder grüne Deck- und blaue oder rote Blütenblätter. Die Staubblätter ragen aus der Blüte heraus (Gugenhan, 1982; Rauh, 1981, Richter, 1978).

Abb. 65: *Tillandsia atroviridipetala*

Tillandsia atroviridipetala Matuda, 1957, ist eine in Mexico in Höhen von 2400 m vorkommende, offenbar recht variable Art, die kleine, einzeln oder in Gruppen hängend wachsende Pflanzen bildet. Die verdickten Blattscheiden bilden eine Zwiebel, die Blattspreiten sind nur 3 mm breit und 4,5 cm lang. Die Blätter scheinen – nach einer Abbildung bei Rauh (1981) – eine rötlich braune Gundfarbe zu haben und sind graufedrig beschuppt. Die Blüten sind grün und erscheinen aus Deck- und Kelchblättern, deren Spitzen rot gefärbt sind. Die Kultur soll hängend in sonniger Lage erfolgen.

Abb. 66: *Tillandsia bulbosa*

Sehr ähnlich scheint *T. plumosa* Baker, 1888, deren Blätter mit federartigen Schuppenhaaren besetzt sind: Sie wächst bis in Höhen von 3000 m in Mexico (Oaxaca). Diese Art ist nicht so variabel.

Tillandsia bulbosa Hook, 1826. Der Artname *bulbosa* nimmt auf die zwiebelige Verdickung der Blattscheide Bezug. Es handelt sich hier aber um eine Scheinzwiebel, die hohl, bis 2,5 cm lang und schmal rot gerandet ist. Die Pflanzen werden 7–30 cm groß. Ihre Blätter sind rinnig gefaltet, gedreht und haben an den Rändern rote Längsstreifen.

Der Blütenschaft ist aufrecht oder hängend und wie die Deckblätter rötlich orange gefärbt. Eine oder wenige Ähren von rot-grüner Farbe tragen 2–8 Blüten pro Ähre. Zwischen den blau-violetten Blüten und den gelben, herausragenden Staubblättern besteht ein attraktiver Kontrast (GUGENHAN, 1982; RAUH, 1981; RICHTER, 1963 und 1978).

Tillandsia butzii Mez, 1935. Diese variable Pflanze wächst in Höhen von 1300–2300 m in Zentralamerika in den Berg- und Nebelwäldern. Wenige stielrund gedrehte Blätter werden bis 50 cm lang und besitzen verdickte, löffelförmige Blattscheiden, die eine Scheinzwiebel bilden. Die Blattscheide ist unten rotbraun gefleckt und auf der Oberseite rotbraun beschuppt. Der verzweigte Blütenstand trägt grün-rote, braungrau beschuppte Deckblätter und blaue bis violette Blüten (GUGENHAN, 1982; RAUH, 1981; RICH-

Abb. 67: *Tillandsia caput-medusae*

TER, 1963 und 1978). Die Kultur sollte im mäßigen Schatten bei hoher Feuchte erfolgen.

Tillandsia caput-medusae Morren, 1880, in Mittelamerika bis in Höhen von 2500 m aufsteigend, wächst in dichten Horsten. Der Name „Medusenhaupt" nimmt auf die abstehenden, gedrehten Blätter Bezug. Sie wird 15–40 cm hoch und bildet mit ihrer löffelförmigen Blattscheide eine 2–5 cm große Scheinzwiebel, die in ihrer Heimat von Ameisen bewohnt wird. Die Blattspreite ist rinnig, lang zugespitzt, gedreht und eingerollt und erreicht eine Länge von 40 cm. Sehr dekorativ sind die rosaroten, 6–12-blütigen Ähren mit braunen, röhrigen, aufrechten Blüten, aus denen gelbe Staubblätter herausragen. Die Blüten sind 3–4 cm lang (GUGENHAN, 1982; HAHN, 1970; RAUH, 1981; RICHTER, 1978) (Abb. 67 und Tafel IV,1).

Tillandsia disticha H.B.K., 1816, ist eine äußerst variable Art. Je nach Standort in ihrer Heimat kann sie braun oder grün sein. Ihre Höhe schwankt zwischen 16 und 60 cm. Sie bildet eine kugelige bis eiförmige Scheinzwiebel von 2–4 cm Durchmesser. Die grau beschuppten Blätter sind 3 mm breit und haben aufgebogene Ränder. Der Blütenstand besteht aus wenigen, fast sitzenden, kurz gestielten Ähren. Sie sind 4–6 cm lang und 8 mm breit. Im Gegensatz zu den bisher aufgeführten *Tillandsia*-Arten, die alle blaue oder violette Blüten haben, sind die von *T. disticha* klein und gelb. Die Petalen sind 1,5 cm lang und haben ausgebreitete Spitzen.

Die Kultur bereitet keine Probleme, der Feuchtigkeitsbedarf ist etwas höher (RAUH, 1981).

Tillandsia ionantha Planchon, 1855, ist eine in Mittelamerika beheimatete, sehr formenreiche Art. Viele Blätter stehen in dichter zwiebelartiger Rosette. Sie sind 5–7 cm lang, ca. 5 mm breit, zurückgebogen und stark silbergrau beschuppt. Die inneren Rosettenblätter färben sich

Abb. 68: *Tillandsia ionantha*

zur Blütezeit leuchtend rot. In dem einfachährigen Blütenstand sitzen weiße, wenig beschuppte Deckblätter und 4,5 cm lange, zu einer Röhre zusammengeneigte, an der Basis weiße und an der Spitze veilchenblaue Blüten (daher der Name ionantha = veilchenblumig (-blütig). Die Art ist sehr formenreich hinsichtlich Größe, Wuchs und Ausbildung des Blütenstandes (GUGENHAN, 1982, RAUH, 1981).

Die var. *scaposa* ist eine größere Form, die var. *vanhyningii* ein kleinerer Typ. Die Kultur scheint einfach: sonnig, hell und mäßig feucht, im Sommer auch im Freiland erfolgend.

Tillandsia magnusiana Wittm., 1901, wächst in Mittelamerika in Höhen zwischen 1100 und 2000 m. Die rasenartig wachsenden und Scheinzwiebeln bildenden Pflanzen werden 15 cm hoch. Ihre Blattspreiten, die von silbergrauen, groben Schuppen bedeckt sind, breiten sich strahlig nach allen Seiten aus. Der einfache, zweizeilige Blütenstand ragt nicht weit aus der Rosette heraus, weil der Schaft kurz und in der Rosette versteckt ist. Die Deckblätter der wenigblütigen Infloreszenz sind grün und im oberen Teil grau beschuppt. Die Blüten sind violett und röhrenförmig. Wegen der starken Beschuppung gehört diese Art zu den schönsten Kleintillandsien (GUGENHAN, 1982; RAUH, 1981; RICHTER, 1978). Sie kann sonnig kultiviert werden.

Tillandsia pruinosa S.W., 1797, ist eine kleinbleibende, mit ihren löffelförmigen, ovalen Blattscheiden eine hohle Scheinzwiebel bildende Art. Sie wird nur bis zu 20 cm hoch, und die bis 15 cm lange, mit eingerollten Blatträndern versehenen, rötlichgrünen Blattspreiten sind stark gedreht. Die ganze Pflanze ist mit silbrigen groben Schuppen besetzt. Der Blütenstand ist eine einfache oder zusammengesetzte Ähre, deren rosa Deckblätter beschuppt sind. Die blauen, bis 3 cm langen Einzelblüten zeigen herausragende Staubgefäße. Die anspruchslose Pflanze ist vom Süden der USA bis Brasilien bis in Höhen von etwa 1000 m verbreitet (Tafel IV,3).

Tillandsia seleriana Mez, 1903, ist in Mexico bis in Höhen von 2400 m verbreitet. Die in Gruppen wachsende, stammlose Pflanze bildet wenige Blätter, deren bis zu 7 cm breite Blattscheiden eine hohle Scheinzwiebel bilden. Die rinnigen Blattspreiten sind bis zu 20 cm lang und besitzen aufgebogene Ränder. Der Blütenstand ist zusammengesetzt aus mehreren kleinen zweizeiligen Ähren, deren Deckblätter dachziegelartig dicht liegen und grün bis rot gefärbt sind. Die ganze Pflanze ist silbrig beschuppt. Wie bei anderen Tillandsien kann die Kultur recht hell bei mäßigen Wassergaben erfolgen.

Tillandsia streptophylla Scheidw., 1836. Der Name rührt von den spiralig gedrehten, bandförmigen, 5 cm breiten und 40 cm langen Blattspreiten her. In der Kultur treten die spiraligen Blätter weniger stark auf als bei wildwachsenden Pflanzen. Blühend erreicht die Art eine Höhe von 45 cm. Sie bildet eine Scheinzwiebel. Die zurückgeschlagenen Hochblätter besitzen bei starker Besonnung eine rote Spreite. Der Blütenstand besteht aus 8–14 zweizeiligen Ähren von ca. 20 cm Länge und 15 cm Breite. Grüne oder rote, beschuppte Trag- oder Deckblätter sowie blaue (RAUH, 1981) oder hell-lila (RICHTER, 1978) Blüten von 4 cm Länge machen die Pflanzen dekorativ (GUGENHAN, 1982; RAUH, 1981; RICHTER, 1978).

Als letzte Art sei *Tillandsia usneoides* (L.) L., 1762, genannt. Das Louisianamoos, welches

Abb. 69: *Tillandsia streptophylla*

durch seinen eigenwilligen Wuchs bekannt ist, erinnert an die Bartflechte Usnea, nach der sie ihren Namen bekommen hat. Sie hängt in ihrer Heimat an Bäumen und Telegraphenmasten, Kakteen und Felswänden. Es sind wurzellose Stränge von bis zu 8 m Länge. Sie bestehen aus 1 mm dicken verlängerten Stämmchen mit 5 cm langen, dünnen silbergrauen Blättern. Sowohl Blütenschaft als auch Hochblätter fehlen. Es bildet sich nur eine gelbgrüne, 9–11 mm lange Blüte mit ausgebreiteten Spitzen. Diese sehr formenreiche Art kann in ihrer Heimat zur Plage werden. Sie wird sogar getrocknet als Polstermaterial verwendet (ESEBECK, 1980; RAUH, 1981, RICHTER, 1978) (Tafel V,4).

7.2.3 *Vriesea*

Die Gattung *Vriesea* wurde von J. LINDLEY 1843 nach dem holländischen Professor der Botanik W.H. de VRIES (1807–1862) benannt und irrtümlicherweise auf *Tillandsia psittacina* bezogen.
Bis etwa 1935 waren etwa 100 Arten bekannt. Wieviel es heute sind, kann nicht genau festgestellt werden, da auf Sammelreisen noch neue Arten gefunden werden und außerdem durch die große Ähnlichkeit zu der Gattung *Tillandsia* ständig Umbenennungen stattfinden. Die beiden Gattungen unterscheiden sich nur durch ein kleines Schüppchen, die Ligula, am Grunde der Petalen. Dieses ist nur bei frischen Blüten zu entdecken. Im getrockneten Zustand ist die Unterscheidung so gut wie unmöglich. Viele Arten sind auch im vegetativen Zustand gefunden und beschrieben worden, so daß dann beim Auftreten der Blüte oft ganz plötzlich entdeckt wurde, daß die Zuordnung falsch erfolgt war (RAUH, 1981). Es wird geschätzt, daß heute ca. 200 Arten bekannt sind (LEINFELDER, 1981). Vrieseen wachsen in ihrer Heimat hauptsächlich epiphytisch auf Bäumen und Felsen. Hauptverbreitungsgebiet ist Brasilien, auch in Zentralamerika wachsen noch mehrere Arten, sonst sind sie nicht sehr verbreitet. In Mexico gibt es z.B. nur *Vriesea malzinei. Vrisea splendens*, die am meisten kultivierte Art, stammt aus Surinam und Venezuela.
Die grünen Vrieseen werden wie Guzmanien und grüne Tillandsien kultiviert. Die Wurzeln sind allgemein schwach entwickelt und dienen als Haftorgane, nehmen aber, entgegen früherer Ansichten, auch Wasser und Nährstoffe auf. Trotzdem sollte das Gießen hauptsächlich über den Trichter erfolgen.
Die grau beschuppten, den grauen Tillandsien ähnlichen Vrieseen haben höhere Lichtansprüche und einen geringeren Wasserbedarf.
Vrieseen sind stengellose Kräuter mit zahlreichen Blättern in dichter Trichterrosette. Die Blätter sind ganzrandig, grün oder grau beschuppt. Sie weisen Flecken, Bänder oder eine gitterartige Zeichnung auf. Der Blütenschaft ist meist deutlich ausgeprägt. Die Blüten sitzen meist ungestielt in einfach zweizeiligen, selten allseitswendigen Ähren oder Doppelähren. Betont werden die Blüten von roten oder gelben Tragblättern. An der Basis der freien oder kurz verwachsenen Blütenblätter sitzt die Ligula.
Die Farben der Petalen können gelb, rotgelb oder grünlich, selten weiß oder grünlich rot, fast nie blau oder violett (wie viele Tillandsien) sein. Leider halten sie nicht lange. Der Fruchtknoten ist oberständig, die Frucht eine Kapsel. Sie ist fast immer bis zum Grunde scheinwandspaltig und glänzt innen braunschwarz. Die Samen sind zahlreich, dünn und leicht. Ihre Form gleicht einer Spindel mit verdickter Spitze. Am Grunde

tragen sie einen langen, großen Haarschopf, der in der Kapsel gerade und nicht gefaltet ist (RAUH, 1981; RICHTER, 1978).
Vrieseen werden bei 25° C Boden- und Lufttemperatur ausgesät. Anschließend erfolgt die Kultur der Sämlinge und Jungpflanzen bei 22° C. Im Sommer werden tagsüber bis zur Blütenbildung und -entwicklung 20–22° C gegeben. Nachts und im Winter reichen 18–20° C aus. Niedriger sollte die Temperatur aber nicht sinken, da sonst Störungen in der Entwicklung des Blütenstandes und Wachstumsverzögerungen auftreten können.
Entsprechend ihrer Beliebtheit wurde viel züchterische Arbeit in die Gattung gesteckt. Als Züchter taten sich die Franzosen DUVAL, CHANTRIER und DUTRIE, der Belgier de SMET und der Deutsche RICHTER hervor (siehe auch Kapitel 6). Zuchtziele sind bei *Vriesea* kurze, breite Blätter mit intensiver Zeichnung und ein leuchtend roter, nicht vergrünender Blütenstand (CORR, 1970; RICHTER, 1978). Der Blütenstand hält bei *Vriesea* sehr lange, die Blüten selbst halten nur wenige Tage. Sie öffnen sich nur während der Dunkelheit. In den Ursprungsländern werden sie von Nachtinsekten bestäubt.
Von den vielen Arten sind leider nur wenige in Kultur, davon hat *Vriesea splendens* mit ihren zahlreichen Sorten die größte Verbreitung gefunden. Sie wird seit 1842 angebaut. Graue, den Tillandsien ähnliche Arten aus niederschlagsarmen Gebieten werden kaum angeboten.
Zur Kultur empfohlen werden eine Reihe von Arten. Auch hier bestimmen jedoch Pflanzengröße und damit der Platzbedarf die Wirtschaftlichkeit und den Anbauumfang.

7.2.3.1 Relativ kleinbleibende Arten

Vriesea carinata Wawra, 1862. Der Name *carinata(us)* = kahnförmig spielt auf die stark gekielten Deckblätter an. Diese von RAUH (1976) als kulturwürdig empfohlene Art aus Brasilien wird schon lange Zeit intensiv zu Züchtungszwecken verwendet (*V.* 'Rex', *V.* 'Versaillensis', versch. Hybriden von PINKERT). Sie wird auch nicht zu groß und hat damit schon eine Voraussetzung erfüllt, welche der Markt als Bedingung stellt. Die Art ist allerdings wohl kaum im Handel. Mit Blütenstand erreicht sie eine Höhe von 30 cm. 15–20 Blätter bilden eine kleine Rosette von 15–20 cm Durchmesser. Die zungenförmige frischgrüne Blattspreite trägt einen Endstachel und ist 18–20 cm lang und über der Blattscheide 2–3 cm breit. Den aufrechten, schlanken Blütenschaft von 10–15 cm Länge schmücken grüne oder rote enganliegende Hochblätter. Der einfache schwertförmige Blütenstand ist fast so breit wie lang. Die gekielten Deckblätter sind rot oder purpurfarben mit grünlich gelber Spitze. 5 cm lange, gelbe Blüten runden das Gesamtbild ab. *V. carinata* wird leicht mit *V. psittacina* verwechselt (RAUH, 1976 und 1981; RICHTER, 1963, 1978) (Tafel IV,5).
Vriesea espinosa (L.B. Smith) L.B. Smith, 1968. Diese *Vriesea* ist grau beschuppt wie viele Tillandsien und leicht mit dieser Gattung zu verwechseln. In ihrer Heimat Südekuador und Nordperu wächst sie epiphytisch in Trockenwäldern zwischen 500 und 800 m Höhe und hüllt in dikken Klumpen die Äste ein. Sie ist sehr klein und schon deshalb gut für die Kultur geeignet. Ihre Höhe beträgt zur Blütezeit nur 15–18 cm. Die Blätter der flach ausgebreiteten Rosette sind starr, lang zugepitzt und dicht grau beschuppt. Der kahle Schaft ist aufrecht, schlank und mit roten, angedrückt beschuppten Hochblättern besetzt. Eine einfache, seitlich abgeflachte, 7 cm lange Ähre mit 6 aufrechten blauen Blüten und leuchtend roten Deckblättern bildet den Blütenstand. Die Kultur ist einfach. Die

Pflanzen sollten hell und sonnig stehen, aber nicht zu hohen Temperaturen ausgesetzt sein (Rauh, 1981).

Vriesea guttata Linden et André, 1875. Diese Art erreicht blühend nur eine Höhe von 30 cm. Die Rosette aus 10–15 Blättern hat einen Durchmesser von 15 cm. Aufrechte Blätter besitzen auf grünem Grund unregelmäßige lila bis dunkelrote Flecken und Punkte. Der aufrechte bis bogige Blütenschaft ist mit grünen bis lila, bemehlten Hochblättern besetzt. Ein ebenfalls hängender, einfacher Blütenstand trägt auf 20 cm Länge ca. 20 gelbe Blüten. Kelch- und Deckblätter sind grün und bemehlt. Es gibt verschiedene Varietäten, da die Art sehr variabel erscheint (Leinfelder, 1981; Rauh, 1981; Richter, 1963 und 1978) (Tafel IV,7).

Vriesea patula (Mez) L.B. Smith. Von Rauh (1976) wird diese grau beschuppte *Vriesea* empfohlen. Die 30 cm großen, einzeln oder in Gruppen wachsenden Rosetten sind an der Basis schwach bulbos. Schmale, dreieckige Blätter weisen eine dunkelkastanienbraune, löffelförmige Blattscheide auf. Der einfache oder zusammengesetzte Blütenstand besteht aus 2–6 fingerförmig angeordneten, hängenden, schwertförmigen Ähren von 30 cm Länge und 5 cm Breite. Die floralen Brakteen stehen dicht und sind lebhaft ziegelrot. In ihren Achseln sitzen die leuchtend grünen Blüten. Das Verbreitungsgebiet dieser Art reicht von Südekuador bis Zentralperu. Sie wächst in 2700–3000 m Höhe an Felswänden oder Erdabrissen, ist also sehr anspruchslos (Rauh, 1976) und dürfte recht niedrige Nachttemperaturen vertragen.

Vriesea psittacina (Hook.), Lind., 1843. Diese Art wird von Rauh als geeignet für das Handelssortiment empfohlen. Sie ist wie *V. carinata* schon länger in Kultur und wird für Kreuzungen benutzt. Da sie schnell zur Blüte kommt, ist sie auch als Schnittblume geeignet (Anonym, 1971). Nach Mekers und Thomas (1976) ist *V. psittacina* nur selten in botanischen Sammlungen anzutreffen. Es soll sich bei der unter diesem Namen im Handel befindlichen Pflanze tatsächlich um *V.* 'Lucille' handeln und nicht um *V. psittacina*. Pinkert (persönl. Mitteilung, 1983) gibt an, daß der Kulturwert der Pflanzen oft durch helle Flecken auf dem Blatt gemindert wird, die dem Schaden nach Blattlausbefall gleichen. Nach Gülz (1964) sind die Flecken eine Folge von bis abends nicht abgetrockneten Blättern. Blühend erreicht die Art eine Höhe von 50 cm und einen Durchmesser von 50–60 cm. Die frischgrüne, glänzende Blattspreite ist zurückgebogen, bis 40 cm lang und 2,5 cm breit (Rauh, 1981). Richter (1978) gibt eine Länge von 20 cm an. Der aufrechte Blütenschaft ist 35 cm lang und trägt rote Hochblätter mit grünlicher Spitze.

Psittacina(us) = papageienfarbig nimmt auf die rotgelben oder einheitlich roten oder grünen Deckblätter und auf die 6 cm langen, gelben, oben grün gesprenkelten Blüten Bezug. Die Deckblätter sind im Gegensatz zu denen von *V. carinata* nicht gekielt.

Vriesea racinae L.B. Smith, 1941, stammt aus Brasilien und ist eine sehr schöne, kleinbleibende Art. Nach Richter (1963) wird sie 10 cm hoch, Rauh (1981) gibt 15 cm an. Der Durchmesser beträgt 10–13 cm. Die 5–6 cm langen Blattspreiten sind grün und unregelmäßig rotbraun gefleckt. Gleiches gilt für die Hochblätter des 12 cm langen, aufrechten Schaftes und für die Deckblätter. Die wenigen weißen, 4 cm langen Blüten sitzen in einer einfachen, lockeren Infloreszenz.

Vriesea saundersii (Carr.) Morren, 1894. *V. saundersii* erreicht blühend eine Höhe von 60–70 cm. Ihre dichte Rosette hat einen Durchmesser von 40 cm. Aus breiter Basis werden die 30 cm langen Blätter schmaler. Sie sind kurz stachelspitzig, leicht zurückgebogen und von bläulich grüner Farbe mit hellgrauen Schuppen. Die Unterseite ist unregelmäßig rotbraun punktiert. Der 30–35 cm lange Blütenschaft ist glänzend gelblich weiß und mit grau beschuppten, rotbraun punktierten Hochblättern bestanden. Kurz gestielte, 10–15 cm lange Ähren bilden den 20–30 cm langen verzweigten Blütenstand. Pro Ähre entwickeln sich 5–8 schwefelgelbe, spreizende Blüten mit grünlich gelben Deckblättern (RAUH, 1981; RICHTER, 1963 und 1978) (Tafel IV,6).

Vriesea splendens (Brongn.) Lem., 1850–1851. *Vriesea splendens* ('Flammendes Schwert') kann blühend bis zu 1 m hoch werden. Die 10–15 Blätter der dichten Rosetten haben eine Länge von 30–60 cm und sind 4–6 cm breit. Auf der grünen Grundfarbe zeichnen sich beiderseits rotbraune bis dunkelviolette Querbänder ab.

Abb. 70: *Vriesea racinae*

Der 30–35 cm lange Blütenschaft steht aufrecht. Seine Hochblätter sind wie die Blätter gebändert und liegen dicht an. Der einfache, schwertförmige Blütenstand ist zweizeilig und bis 55 cm lang und 6 cm breit. Dichte, dachziegelig angeordnete Deckblätter von leuchtend roter Farbe sind lang zugespitzt und gekielt. Gelbe oder weiße Kelchblätter mit roter Spitze umschließen die bandartigen, 8 cm langen gelben Blütenblätter (RAUH, 1981; RICHTER, 1963 und 1978). Meist wird in den Betrieben nicht mehr die reine Art kultiviert, sondern Auslesetypen, die durch ständige Selektion der Mutterpflanzen entstanden sind. Jeder Betrieb, der selbst vermehrt, kann dadurch seinen eigenen Typ entwickeln. Bei SEIDEL in Niddatal-Kaichen ist es zum Beispiel eine Herkunft, die sich durch schnellen Wuchs, starke Wurzelbildung, eine gute Reaktion auf die Begasung und eine gute Ausfärbung des Schwertes auszeichnet. Dies trifft für 2 Typen zu, wobei einer durch das dunkelrote Schwert und der andere durch eine sehr intensive Blattzeichnung auffällt (TURBAN, 1976; RÜCKER, 1972) (Tafel IV,8).

Bei PRINSLER und WERNER/Hennef-Hanf wird ein besonders gedrungen wachsender, niedriger und sicher blühender Typ mit 35 cm langem Blütenstand kultiviert (HAHN, 1978). Heinz PINKERT (Harreshausen) hat eine *Vriesea-splendens*-Sorte 'Fire' in den Handel gegeben.

Die 1967 entstandene Sorte hieß ursprünglich 'Splendini', was aber nicht zulässig war, weil für Sortennamen keine latinisierten Begriffe verwendet werden dürfen. PINKERT beantragte 1979 mit 'Fire' beim Bundessortenamt Hannover Sortenschutz, welcher auch im Februar 1981 gewährt wurde. Damit ist diese Bromelie die erste überhaupt, die Sortenschutz erhalten hat.

Vriesea splendens 'Fire' ist eine relativ kleine, kompakte *Vriesea*, die blühend gerade 30 cm hoch wird. Der Blatttrichter erreicht 15 cm Höhe, sein Durchmesser beträgt 20–25 cm. Im Endstand passen bis zu 65 Pflanzen auf den m^2. Der Blütenstand ist mittelgroß mit kurzem Schaft und im Gegensatz zu dem der Art aufrecht und nicht geneigt. Das Schwert ist breit, schön rot gefärbt und behält die Farbe auch nach dem Verblühen. Für den Anbau von Bedeutung ist die Vermehrbarkeit durch Samen. Es findet keine Aufspaltung statt.

Während die Größe der Pflanze dem neuen Trend zu kleineren Sorten entspricht, liegt die Temperatur für das optimale Wachstum höher als bei *Vriesea splendens* bei 22° C, was nicht so erwünscht ist bei den heutigen Heizkosten. Die Mindestkulturtemperatur ist 20° C mit einer Woche 21° C vor der Behandlung mit Ethrel oder Bromblüte. *V. splendens* 'Fire' reagiert auf die Behandlung im Alter von 2 Jahren (Rücker, 1983).

Eine wichtige Rolle spielt *V. splendens* 'Meyer's Favorit'. Diese Auslese von *V. splendens* hat in den letzten Jahren einen großen Marktanteil gewonnen. Sie wurde 1969 von de Meyer entwikkelt.

Sie ist gekennzeichnet durch eine intensive Blattzeichnung mit abwechselnd dunklen und hellgrünen Querbändern und ein leuchtend orangerotes Schwert, welches nicht so schnell vergrünt. Sie kann schon relativ klein zur Blüte gebracht werden, ohne daß die Qualität darunter leidet (Stirnberg, 1982). Sie hat dann allerdings weniger Blätter. Es ist möglich, sie aus Samen zu einheitlichen Beständen heranzuziehen (Leinfelder, 1981).

Inwieweit die von Duval 1895 vorgestellte *V. splendens* 'Major' oder die von Richter entwikkelten Sorten heute noch bestehen, muß zweifelhaft bleiben, da die Kreuzungen wohl bis heute kaum wiederholt wurden. So führte Richter 1937 eine Kreuzung zwischen einer vom Botanischen Garten Dresden ausgestellten *V. splendens* var. *longibracteata* und *V. splendens* 'Major' durch, deren Nachkömmlingen er den Namen 'Flammendes Schwert' gab. Aus einer Kreuzung dieser Sorte mit *V. splendens* erhielt er Pflanzen, die er *V.* x *illustris* nannte (Richter, 1962). Da seit diesen Kreuzungen mehr oder weniger ständig selektiert und wiederum mit anderen Pflanzen aus der Gruppe *V. splendens* gekreuzt wurde, dürften die ursprünglichen Richterschen Sorten heute nicht mehr vorhanden sein.

Vriesea zamorensis. Die Größe dieser erst in letzter Zeit im Handel aufgetauchten *Vriesea* stimmt ungefähr mit der von *Guzmania minor* überein. Das Laub ist allerdings nicht so dicht. Der leicht hängende, verzweigte pyramidenförmige, 25 cm lange Blütenstand mit roten Deck- und Kelchblättern und gelben Einzelblüten ist lange haltbar (Tafel V,1).

Vriesea-Hybriden

Die ersten Hybriden entstanden bei Kittel in Eckersdorf, Schlesien, später bei Leon Duval, Versailles, und bei Richter, Crimmitschau. Diese Anfänge müssen hier erwähnt werden, weil die damals gegebenen Namen (*V.* x *rex, V.* x *poelmannii, V.* x *vigeri, V.* x *brachystachys* usw.) z.T. heute noch als Gruppenbezeichnungen oder gar Sortennamen vorhanden sind. Die um 1890–1905 entstandenen Kreuzungen sind später von Richter erneut „bearbeitet" worden und haben dann Namen wie 'Flamme', 'Gigant', 'Gnom' oder 'Komet' erhalten.

An der Entstehung dieser Hybriden sind meist beteiligt *V. barilletii, V. carinata, V. corcovadensis, V. incurvata, V. psittacina, V. rodigasiana* und *V. saundersii*. Diese Arten haben überwiegend grüne Blätter, nur *V. rodigasiana* zeigt dunklere Flecken und *V. saundersii* auf blaugrüner

Oberseite unterseits rotbraune Punkte bis purpurfarbene Fläche. Beide letztere Arten zeigen auch verzweigte Blütenstände, aber lockere, wenig-blütige Ähren, während die anderen Arten meist sehr lockere, zweizeilige Ähren bilden. Hier ist die Ausnahme durch *V. incurvata* gegeben, die als Beispiel für imbricate Blütenstände gelten kann (dachziegelartige Deckblätter).

Zu den sogenannten grünblättrigen *Vriesea*-Hybriden gehören praktisch alle aus diesem Formenkreis stammenden Pflanzen. Je nach Zuchtziel besitzen sie relativ kleine Rosetten und kompakten Wuchs, unverzeigte oder mehr oder weniger verzweigte Blütenstände mit dachziegelartiger Anordnung der Deckblätter (Verzweigung wohl von *V. rodigasiana* und *V. saundersii* stammend, imbricate Anordnung von *V. incurvata*?). Auch fast runde, zylinderförmige Blütenstände kommen vor. Die Farbe der Deckblätter kann von zitronengelb über alle roten Töne bis zum dunkelsten Rot reichen.

Die Variabilität dieser Hybriden kann außerordentlich groß sein, Sortennamen sollten daher für Kreuzungsnachkommenschaften dieser Gruppe von Hybriden nur dann gegeben werden, wenn Einheitlichkeit und vor allem Konstanz gegeben ist.

In die Gruppe der „grünblättrigen *Vriesea*-Hybriden" fallen außer den schon genannten Kreuzungen und RICHTERschen Sorten auch Kreuzungen wie *V.* x *perfecta* und daraus entstandene Hybriden von PINKERT – *V.* 'Platystachys', *V.* 'Macrostachys', *V.* x *versaillensis* (DUVAL), *V.* 'Deutscher Zwerg' (GÜLZ) (Tafel V,2–4).

Neben diesen grünblättrigen Hybriden gibt es einige Hybriden mit gefleckten oder gebänderten Blättern. Hierzu gehört *V.* x *kitteliana.*

Vriesea x *kitteliana* (*V. barilletii* x *V. saundersii*) ist eine Züchtung von Ignaz und Georg KITTEL, die 1890 erstmals blühte. Sie ist eine der wenigen älteren Züchtungen, die heute noch existieren (RICHTER, 1978). Das grasgrüne, bogenförmige Blatt mit breit gerundeter Spitze ist besonders auf der Unterseite braun gesprenkelt. Die Infloreszenz ist locker traubig, gelb und sitzt auf einem Schaft mit roten anliegenden Hochblättern, die nach oben hin mehr gelbgrün werden. Häufiges Sprühen mit Wasser und ein schattiger Standort dienen dem Erfolg der Kultur (WILSON, 1977).

Hierher gehören wohl auch Hybriden, die unter dem Namen 'Chantrieri' im Handel sein sollen.

Eine wichtige Sorte ist *Vriesea* 'Splendide' (*V. splendens* x *V. glutinosa*). Sie soll eine F_1-Hybride sein. Sie bildet einen 90 cm hohen, verzweigten Blütenstand von guter Haltbarkeit. Die Pflanze wächst schnell. Die Rosette erreicht einen Durchmesser von 90 cm und besitzt Blätter von 60 cm Länge, 5–7 cm Breite, die gebändert sind wie die der Eltern. Nach der Blüte bilden sich bis zu 3 Kindel, 2 aus dem Zentrum, 1 aus der Basis. Sie verträgt, wie alle grünblättrigen Vrieseen, kein direktes Sonnenlicht (SORENSEN, 1982; SHARP, 1981). THOMAS gibt als Eltern *V. splendens* und *V. schwackeana* an. 1964 soll sie von de MEYER entwickelt worden sein.

Die Sorte 'Saturn' (*V.* x *poelmannii* x *V.* 'Splendide') hat raketenähnliche, verzweigte, armdicke Blütenstände von starker Leuchtkraft. Die Pflanzen erreichen 1 m Durchmesser (ESEBECK, 1975).

Eine Sorte mit dem Namen 'Viminalis Rex' bildet sehr große Pflanzen und Blütenstände aus, die leider nicht richtig ausfärben. Ein Elter ist nach PINKERT (pers. Auskunft 1983) *V. platynema.* Nach ESEBECK fiel die Sorte auf einer Bromelienausstellung 1980 auf.

Aus einer Kreuzung dieses Typs mit *V. psittacina* ist 'Lucille' entstanden. Nach MEKERS und THOMAS (1976) wird 'Lucille' oft als *V. psittacina* bezeichnet. Sie besitzt ein sehr anpassungsfähiges Blattwerk und erreicht voll entwickelt einen Durchmesser von 25–30 cm und eine Höhe von 35 cm. Der dicht über dem Laub stehende Blütenstand ist 15 cm lang und 12 cm breit und hält etwa 8 Wochen. Die Vermehrung erfolgt durch Kindel. Es bilden sich ca. 4 Stück pro Pflanze. Die Sorte verträgt 2 Ernten. Der 2. Satz ist etwas kleiner. Die Abnahme der Kindel geschieht von Mitte Januar bis Mitte März. Sie werden in einen 10er Topf gesetzt und nach 3 Monaten zur Blütenbildung induziert. Die Zeit variiert etwas in Abhängigkeit von der Lichteinstrahlung in dieser Periode. Nach weiteren 10 Wochen erscheint bei 95 % der Pflanzen der Blütenstand. Kleinere Kindel werden für den Herbstverkauf durchkultiviert. 10–13 Wochen vor dem Verkauf erfolgt bei ihnen die Begasung. Mit einem Stand von 30 Pflanzen pro m^2 ist die Flächenausnutzung gut (MEKERS und THOMAS, 1976; TURBAN, 1976; ESEBECK, 1975). Sie wurde von de ROOSE 1967 entwickelt.

Vriesa 'Mira' ist nach MEKERS und THOMAS (schriftl. Mitteilung) eine Hybride mit Zukunft. Sie entstand aus einer Kreuzung von *V. malzinei* x *V. heliconioides* var. *polysticha*. 1975 erfolgte die erste Kreuzung mit *V. malzinei* Morren (gelbe Brakteen) als Samenspender. Unreife Samen wurden „in vitro" wegen der Zeitersparnis zum Keimen gebracht. Nach einem Jahr unter sterilen Bedingungen wurden sie ins Gewächshaus gebracht. Im Januar 1979 wurden die Pflanzen mit Etephon induziert. Unter Winterbedingungen dauerte es 125 Tage bis zur Blüte. Im Frühjahr konnte die Zeit auf 90 Tage reduziert werden.

Die Blüte hält 1 Monat, und die Farbe der Brakteen läßt die Pflanzen 3 Monate attraktiv erscheinen. Nach der Blüte bleiben die Blätter besser erhalten als bei den Elternarten. Die Kindelbildung bereitet keine Schwierigkeiten.

Wie die Tabelle 31 zeigt, ist die Hybride in vieler Hinsicht intermediär ausgeprägt. Nur die Größe stimmt mehr mit dem Samenspender *V. malzinei* überein.

Die Blüte erfolgt nach dem Kurztag und einer Periode geringerer Lichtintensität bevorzugt. Mit Langtag kann die Blüte verzögert werden, um größere Pflanzen mit mehr Blüten zu gewinnen. Einige ausgesuchte Exemplare sollen durch Gewebekultur weiter vermehrt werden, obwohl die erste Sämlingspopulation ziemlich einheitlich war.

Tabelle 31: Vergleich der Merkmale von *V.* 'Mira', *V. malzinei*, und *V. heliconioides* var. *polysticha* (Mekers und Thomas, schriftl. Auskunft)

	V. malzinei	*V.* 'Mira' Mittel v. 10 Pflanzen	*V. heliconioides* var. *polysticha*
Zahl ausgewachsener Blätter	bis 22	13 – 17	max. 12
Größte Blattlänge	46 cm	39 cm	34 cm
Blattbreite	4,5 cm	3,5 – 4,5 cm	3 cm
Infloreszenz			
max. Höhe	55 cm	34 – 55 cm	31 cm
Blütenstand	20 cm	20 – 31 cm	22 cm
Schaftlänge	35 cm	14 – 24 cm	9 cm
Länge der Deckblätter (D)	2,6 cm	3,2 cm	4 cm
Breite der D	2,6 cm	3,5 cm	5 cm
Farbe der D (R.H.S.C.C.)*	basale gelb 15 A	basale rot 45 C	basale rot 45 A
	obere grün 144 A	obere grün gelb 144	obere grün-gelb 144
Blüten			
Petalenlänge	7 cm	7 cm	6,2 cm
Sepalenlänge	3 cm	3,5 cm	3 cm
Anzahl	10 – 24	10 – 24	6 – 18
Farbe	grün-gelb 1 D	grün-gelb 1 D	grün-gelb 4 D

*R.H.S.C.C.: Royal Horticultural Society Colour Chart

Nach Meinung der Autoren ist der Schmuck- und Handelswert der neuen Hybride größer als der der Eltern.

7.2.3.2 Großwerdende Arten

Vriesea capituligera (Grieseb.) Smith et Pittendrigh wird sowohl von RAUH (1976) als auch von HAHN (1978) als kulturwürdig empfohlen. Leider sind ihre Beschreibungen nicht identisch. Wegen ihrer Größe ist sie nur als Schaupflanze für Dekorationszwecke geeignet (HAHN, 1978). Beheimatet ist die Art von Kolumbien bis Südekuador in 1500–3150 m Höhe.
Die 80 cm langen und 8 cm breiten dunkelgrünen, weichen Blätter (HAHN) bilden eine 30–60 cm hohe Rosette (RAUH). Nach RAUH sind Blütenschaft und Blütenstand je 50 cm hoch, HAHN gibt 30 und 40 cm an. Die Blütenrispen werden von roten Hochblättern betont (HAHN). Der dicke walzenförmige Blütenstand besteht aus 30 kurz-walzenförmigen, 10–15blütigen Ähren, die in den Achseln der Hochblätter stehen (RAUH). Nach HAHN besteht der Blütenstand aus kurzen, stumpfen, zapfenähnlichen Blütentrauben, die sich wendeltreppenartig um die roten Stiele gruppieren. Nach RAUH sind die Blüten weiß, nach HAHN orangefarben. Die Art ist leicht mit *Guzmania variegata* zu verwechseln. Nur die Schüppchen an der Petalenbasis lassen die Zugehörigkeit zur Gattung *Vriesea* erkennen (RAUH, 1976).
Vriesea fenestralis Linden et André, 1875. Die Art ist in Brasilien verbreitet. Ihre große Trichterrosette wird blühend bis 1 m hoch. Die weichen, 50 cm langen Blätter sind stachelspitzig und meist zurückgebogen. Während die Blattscheide an der Basis braun gefärbt ist, zeichnet sich die Spreite durch eine blaßgrüne Grundfarbe mit durchscheinenden dunklen Netzen und Adern aus, die der Pflanze ihren Namen gaben. Auf

Abb. 71: *Vriesea capituligera*

Abb. 72: *Vriesea fenestralis*

der Blattunterseite befinden sich verschieden große, ungleich verteilte rote Punkte. Auf dem 50 cm langen Schaft sitzt der 45 cm lange und 9 cm breite, einfache, locker zweizeilige Blütenstand. Die Deckblätter sind grün mit braunen Flecken und rundlich gekielt. Die 20–30 gelblich braunen Blüten duften und blühen nachts. Diese Art ist bei Temperaturschwankungen weniger empfindlich als *V. splendens* (RAUH, 1981; RICHTER, 1963 und 1978). Als nichtblühende Jungpflanze könnte sie gewisse Bedeutung erlangen.

Vriesea fosteriana L.B. Smith, 1943. Diese aus Brasilien stammende und an *V. hieroglyphica* und *Guzmania musaica* erinnernde Art wird sehr groß und ist deshalb als Blütenpflanze kaum geeignet. Die Rosetten erreichen einen Durchmesser von etwa 1 m. Die bis zu 10 cm breiten Blätter weisen jedoch auf der Unterseite eine rotbraune unregelmäßige Strichelung auf, die zu Querbändern zusammentreten kann. Die Blattzeichnung macht die Pflanze als Blattpflanze geeignet. Besser scheinen einige Sorten geeignet zu sein.

V. 'Nova' wurde 1970 auf der ersten Bromelienausstellung im Palmengarten/Frankfurt von GÜLZ/Bad Vilbel vorgestellt. Die gebänderte Zeichnung und die silbergraue Beschuppung auf dunkelgrünem Grund erinnern an *Guzmania musaica*. Im Gegensatz zur Art geht der Wuchs der Sorte mehr in die Breite. Die Infloreszenz besitzt grüngelbe Hochblätter und blaßgelbe Blüten (HAHN, 1970).

Die Sorte 'Red Chestnut' ist eine breitblättrige *Vriesea* von mittelgrüner Grundfarbe, die von weißen bis gelben, fleckigen Querbändern durchbrochen wird. Je höher die Lichteinstrahlung ist, desto mehr wird das Grün zu Kastanienbraun. Dies Farbspiel macht die Pflanze auch außerhalb der Blütezeit sehr dekorativ. Besonders nachts sollte die Luftfeuchtigkeit hoch sein (SORENSEN, 1982; WILSON, 1977).

'Rubra'. Diese Sorte bleibt klein. Der Blütenstand ist intensiv dunkelrot. Natürlicherweise blüht sie im Winter (RICHTER, 1948/49).

Vriesea gigantea Gaudich, 1843 (Syn. *V. tesselata*), ist eine sehr große Art, die auf dem Markt

Abb. 73: *Vriesea fosteriana*

Abb. 74: *Vriesea gigantea*

schon deshalb eine geringere Bedeutung hat. Sie wird wie *V. fenestralis* und *V. fosteriana* auch hauptsächlich wegen der Blattzeichnung und nicht wegen des Blütenstandes kultiviert. Die Trichterrosette kann einen Durchmesser von 1 m erreichen. Blühend erreicht sie eine Höhe von 2 m. Verkauft wird sie jedoch nichtblühend als kleinere Pflanze. Die Blattspreite ist durch ein gelbgrünes Linienmuster schachbrettartig gezeichnet (*tesselatus* = gewürfelt) und ist ledrig, starr und rinnig.
Der bis 1,5 m hohe Blütenstand besteht aus ca. 20 bogig aufsteigenden, bis 30 cm langen, vielblütigen Ähren. Er ist wenig attraktiv. Deck- und Kelchblätter sind grün, die Blüten gelb mit ausgebreiteten und zurückgerollten Petalenspitzen. Die Blüten duften nachts und öffnen sich in der Dämmerung. Da die Pflanzen 10° C gut vertragen, können sie im Sommer im Freien gehalten werden (ALLEN, 1979; RAUH, 1981; RICHTER, 1978).
Vriesea hieroglyphica (Carr.) Morren, 1884. Sie wird von LEINFELDER (1981) und RAUH (1976) als kulturwürdig empfohlen. Dekorativ ist sie hauptsächlich wegen der unregelmäßigen dunklen Querbänderung auf grünem Grund (Tafel V,2). Die Zeichnung ähnelt Hieroglyphen – daher der Artname. Ihre Höhe ist zur Blütezeit über 1 m, der Durchmesser erreicht 80–100 cm. Die Blätter sind 50–80 cm lang und über der Spreite 8–10 cm breit. Der Blütenstand wird bis 60 cm lang und trägt grüne Deckblätter und gelbe, 6 cm lange Blüten in ca. 20 aufrechten bis spreizenden Ähren (RAUH, 1981; RICHTER, 1963 und 1978).
Vriesea platynema Gaudich, 1843. Dies ist eine größere Art von 60 cm Durchmesser und 1 m Höhe zur Blütezeit. *V. platynema* stammt aus Brasilien, Venezuela, Westindien und Mexiko und wird von RAUH (1976) als kulturwürdig empfohlen. Die stachelspitzige Blattspreite wird 45 cm lang und 6 cm breit. Unterseits ist sie blauviolett gefärbt, oberseits grünblau mit dunklen, wellenförmigen Linien und einer dunkelvioletten Spitze versehen.
Grüne oder rote Hochblätter mit spreizenden Spitzen besetzen den 60 cm langen, aufrechten Blütenschaft. 40 cm lang ist der einfache, lokkere, zweizeilige Blütenstand. Er trägt rote oder gelbe (RAUH, 1981) oder purpurviolette (RICHTER, 1978) Deck-, gelbe Kelch- und grünlich weiße, zur Zeit der Blüte spreizende bis zurückgebogene Blütenblätter (RAUH, 1976 und 1981; RICHTER, 1978).

7.3 Bromelioideae

7.3.1 Aechmea

Die Gattung *Aechmea* umfaßt etwa 150–180 Arten. Sie treten meist epiphytisch auf, wachsen jedoch auch terrestrisch. Die Heimat ist der tropische Nebel- und Regenwald Brasiliens. Einige Arten kommen aber in den umliegenden mittel- und südamerikanischen Ländern in Trockengebieten ebenfalls vor. Die Blätter der Aechmeen bilden eine Rosette mit großem Trichter oder engerer Röhre. Sie sind spitz, seltener abgerundet und tragen eine Stachelspitze. Die Blattspreite ist gebändert oder gefleckt. Durch starken Schuppenbesatz kann sie ganz grau erscheinen.

Der Blütenschaft ragt meist aus dem Trichter heraus und nistet nur selten. Er ist mit roten oder rosa Hochblättern besetzt, die wie die Deck- und Kelchblätter derb, ledrig und meist stachelspitzig sind. Daraus entstand auch der Name *Aechmea* von 'aichme' (griechisch) = Lanzenspitze.

Die blauen, violetten, roten, weißen, gelben oder grünen Blüten sind zu einer kurzen Röhre verwachsen und haben wie bei den Vrieseen an der Basis zwei Schüppchen. Sie sind stark Nektar absondernd, blühen nachts und werden von Kolibris (RAUH, 1981) oder Nachtfaltern bestäubt. Die Petalen können während der Blüte ihre Farbe ändern. Durch die Frucht, eine meist fleischige, seltener trockene, lebhaft gefärbte Beere (weiß, goldgelb, rot bis purpur, blauschwarz) haben die Aechmeen auch nach der Blüte noch einen Schmuckwert. Die Samen sind klein, rotbraun, braun oder schwarz und etwas warzig und tragen keine Flügel oder Flughaare.

Abb. 75: *Aechmea angustifolia*

Die Aechmeen haben folgende Temperaturansprüche: Die Samen werden bei 25° C ausgesät. Bei 20–22° C erfolgt die Weiterkultur der Sämlinge und Jungpflanzen. Für niedrigere Beleuchtungsstärken reichen 20° C aus. Tagsüber im Sommer werden sie bis zum Verkauf bei 20–25° C gehalten, nachts und im Winter kann die Temperatur auf 18–20° C abgesenkt werden. Zur ungestörten Blütenbildung und -entwicklung sollten 20–22° C nicht unterschritten werden. Für die gärtnerische Kultur eignen sich neben der heute stark zurückgedrängten *Aechmea fasciata* eine ganze Reihe von Arten und Hybriden, die allerdings leicht dazu neigen, zu groß und damit unwirtschaftlich zu werden. Für bestimmte Zwecke mögen aber auch solche Arten in geringeren Stückzahlen wirtschaftlich produzierbar und absetzbar sein.

7.3.1.1 Relativ kleinbleibende Arten

Aechmea angustifolia Poepp. et Endl., 1838. Sie stammt aus dem Gebiet zwischen Costa Rica und Peru und aus Bolivien. Blühend erreicht die Art eine Höhe von 75 cm. Die 10–15 schmalen Blätter sind grün und grau beschuppt mit bis zu 3 mm langen braunen Stacheln am Rand. Der anfangs weißwollige, rötlich-braune oder grüne Blütenschaft verkahlt später. Der Blütenstand ist 15–35 cm lang.Er trägt zahlreiche ausgebreitete Ähren mit gelben Blüten. Die unteren

Ähren stehen über langen, rotbraunen Tragblättern (RAUH, 1981).

Aechmea chantinii (Corr.) Baker, 1889. Diese Art gilt als eine der schönsten Bromelien und ist nach RAUH (1976) attraktiver als *A. fasciata*. Um so mehr verwundert es, daß sie keinen größeren Marktanteil hat, obwohl in den letzten Jahren mehr Ausleseformen von ihr angeboten werden. Vielleicht liegt es daran, daß sie zu große Wärme im Gewächshaus im Sommer nicht verträgt. Die Blätter werden lang und weich, und die Pflanze büßt an Wert ein (Tafel V,5).

Aechmea chantinii stammt aus Brasilien und Nord-Peru. Sie kann blühend eine Höhe von 40–100 cm und einen Durchmesser von 50–60 cm erlangen. Die wenigen Blätter sind grün mit regelmäßigen weißen Querbändern. Schmuckwert besitzen auch die bis 4 mm langen braunen Stacheln an den Blatträndern. Die Blattform und die Blattzeichnung können jedoch außerordentlich variabel sein (Abb. 3, S. 13). Der Blütenschaft ist länger als die Blätter, im oberen Teil rot gefärbt und mit grauen Schuppen besetzt. Die Hochblätter sind ebenfalls leuchtend rot und grau beschuppt. Eine dichte verzweigte Rispe aus 5–15 15 cm langen Ähren und langen zurückgeschlagenen Tragblättern, rot-gelben Deck- und Kelchblättern und gelben sitzenden Blüten bildet pyramidalen Blütenstand (RICHTER, 1978; RAUH, 1981).

Inzwischen gibt es kompaktere Typen und eine Sorte 'Pink Godden', die karminrosa Hüllblätter aufweist. Unter winterlichen Lichtmangelbedingungen kann die Qualität des Blütenstandes gering sein, vor allem wenn die Temperatur höher ist (ZIMMER, 1968). Schwache Blütenstände können auch dann auftreten, wenn die Pflanzen bei einer Ethrelbehandlung noch zu jung sind.

Aechmea distichantha Lem., 1853. Diese in Südamerika – hauptsächlich Brasilien – weit verbreitete, sehr formenreiche Art ist mit ihrem Typus (var. *distichantha*) wegen der bis über 1 m lang werdenden Blätter kaum für die Kultur geeignet. Die im Gesamthabitus kleine var. *glaziovii* (BAKER) L.B. SMITH, 1943, jedoch kommt für die Kultur durchaus in Frage (Tafel VI,6).

Zahlreiche, schmale stumpfgrüne Blätter bilden eine Rosette von 40–60 cm Durchmesser. Die Blattränder sind dicht braun bestachelt. Der Infloreszenzschaft ist mit anliegenden rosa, weißwolligen Hochblättern versehen. Der Blütenstand ist eiförmig-zylindrisch dicht mit wenigblütigen Ähren besetzt und kann eine Länge von 20 cm erreichen. Tragblätter und Deckblätter sind rosa, weißwollig, die Blüten blau. Die Pflanzen können über Gewebekultur vermehrt werden (ZIMMER & PIEPER, 1975).

Aechmea fasciata (Lindl.) BAKER, 1879. Auch bekannt unter dem Synonym *Billbergia rhodocyanea* (nach dem 2. Weltkrieg gebräuchlich) ist *Aechmea fasciata* mit dem deutschen Namen „Lanzenrosette" die am häufigsten kultivierte Art dieser Gattung. Schon 1828 wurde sie beschrieben und 1837 als Wildpflanze in der Gärtnerei von Louis van HOUTIE in Gentbrügge eingeführt. 1846 blühte sie zum ersten Mal dort (MEKERS und THOMAS, 1976). Da sie unter den Bromelien die geringsten Ansprüche stellt, ist sie am längsten in Kultur und war auch bis vor wenigen Jahren eine der am meisten angebauten Arten dieser Familie. Seit ca. 1970 wird *Aechmea fasciata* allerdings zugunsten mittelgroßer und kleiner Arten wie *Vriesea splendens* und *Guzmania minor* im Anbau zurückgedrängt. Diese sind in der Kultur wirtschaftlicher und für den Käufer nicht so teuer. Heute werden auch Versuche unternommen, von *A. fasciata* selbst kleinere Ware auf den Markt zu bringen (SCHLEICHER, 1976) und die Entwicklungszeit bis zur blühenden Pflanze zu verkürzen (Tafel V,6).

Ein zweiter Grund für den Rückgang der Art am Markt, neben der Größe, ist das massive Auftreten der *Fusarium*-Welke (*F. bulbigenum* f. *aechmeae*) seit 1955. Dies veranlaßte viele Betriebe, den Anbau aufzugeben, weil ganze Bestände 2- und 3jähriger Pflanzen daran eingingen (BOSSE et al., 1975).

Die Blätter der *Aechmea fasciata* bilden eine dichte röhrenförmige bis trichterförmige Rosette. Ihre Scheide besitzt eine lila Oberseite und eine grüne Unterseite. Die dicht grau beschuppte oder gebänderte Spreite gab der Art ihren Namen *fasciata(us)* = gebändert. Die Blattränder sind kurz braun bestachelt und besitzen eine 4 mm lange Stachelspitze. Auf dem rotbraunen und dicht weißwolligen Blütenschaft sitzen rosa, unter dem Blütenstand einen Hüllkelch bildende Hochblätter. Der Blütenstand selbst ist kopfig pyramidal und an der Basis verzweigt. Trag-, Deck- und Kelchblätter sind den Hochblättern ähnlich. Die Blütenblätter sind blau und ca. 3 cm lang. Im Abblühen verfärben sie sich rot und werden an der Basis weiß. Sie haben im Gegensatz zum fast 6 Monate haltenden Blütenstand nur eine sehr kurze Lebensdauer (RAUH, 1981; PIZZETTI, 1976; RICHTER, 1978). Zur Erhaltung der intensiven Querbänderung der Blätter und der Wuchsleistung der Pflanzen sollten zu hohe Temperaturen und zu starker Schatten vermieden werden. Die Pflanzen verlieren sonst an Schönheit (STIRNBERG, 1982).

Sehr schön ist die var. *purpurea* (GUILLON) Mez, 1934. Sie fällt auf durch ihre rötlich-purpurnen Blätter. Seit 1977 wird sie wieder verstärkt von der Firma Bak/Assendelft in den Niederlanden produziert. Dem Publikum wurde sie auf der Ausstellung in Aalsmeer 1977 in Erinnerung gebracht (HAHN, 1977; RAUH, 1981).

Wildtypen sind von *Aechmea fasciata* nicht mehr in Kultur, sondern meist Ausleseformen, bei denen das Blattgrün ganz von den grauen Schuppen überdeckt wird. Sie sind raschwüchsiger und weisen eine höhere Blattzahl und größere Blütenstände auf. Auch auf kompakten Wuchs wird natürlich Wert gelegt. Früher waren solche Selektionen unter dem Namen der Firmen, bei denen sie ausgelesen worden waren (z.B. 'Kropff', 'Rothe') im Handel (HAHN, 1965). Heute werden solche Bezeichnungen seltener gebraucht. Gelegentlich werden aber bestimmte Herkünfte unter dem Namen wie 'Compacta' oder Sortennamen angeboten, z.B. 'Super Auslese'. Diese Sorte wurde von der Firma SCHENKEL/Hamburg in den Handel gebracht. Die Pflanzen sind ganz silbrig grau und von gedrungenerem Wuchs als die Art (HAHN, 1965).

'Silver King' wird als Sport bezeichnet und wurde von FOSTER/Florida in den Handel gebracht. Die olivgrüne Grundfarbe der Art ist fast völlig von silbergrauen Schuppen verdeckt. Außerdem ist der Wuchs gedrungener. Schöne dunkelblaue Blüten sitzen in dem rosa gefärbten und grau beschuppten, stumpf-pyramidalen Blütenstand (LÖFFLER, 1963).

Auch weißbunte Formen ('Marginata' mit weißen Blatträndern, 'Variegata' mit rahmgelben Rändern und mehr oder weniger breiten Streifen) existieren, können aber nur über Kindel vermehrt werden. Sie wachsen wesentlich langsamer und haben wie alle variegaten Formen nur Liebhaberwert. Gelegentlich treten Formen mit „verbänderten" Blütenständen auf. Auch diese sind nur über Kindel vermehrbar (Tafel V,7).

Die günstigsten Temperaturen für *Aechmea fasciata* liegen zwischen 12 und 25° C. 18° C reichen nachts und im Winter aus. Ältere 2jährige Pflanzen vertragen auch 12–15° C nachts. 20° C sollten tagsüber mindestens herrschen, besonders zur Blüteninduktion. Nach der Blühbehandlung sind zur Entwicklung der Blütenstände

22° C besser. Zur Aussaat werden Temperaturen von 25° C benötigt.
Innerhalb der letzten Jahre hat eine Hybride weitere Verbreitung gefunden, deren Ursprung unklar ist. Sie wurde unter dem Namen 'Beyes Gigant' gehandelt, seit es gelungen ist, die sterile Hybride über Gewebekultur zu vermehren (ZIMMER & PIEPER, 1975, 1976a, b). Ihre Blätter sind dunkelgrün, grau beschuppt und nicht gezeichnet. Der auffallend große, hochrot gefärbte Blütenstand ist demjenigen von *A. fasciata* und *A. chantinii* ähnlich. Die Pflanze ähnelt der Sorte 'Fascini' von BAK/Assendelft. Die Kulturdauer beträgt 2–2,5 Jahre, eine Anfälligkeit gegen *Fusarium* ist bisher nicht beobachtet worden. Im

Abb. 76: *Aechmea fosteriana*

Winter sollte keine Blüteninduktion erfolgen, ebenfalls nicht bei kleinen Pflanzen, da sonst die Qualität zu wünschen übrig läßt. In der Vermehrung mit Hilfe von in-vitro-Kultur-Techniken können Chimären auftreten (vgl. Abb. 31, 32 und Tafel VI,7). Die Sorte 'Friederike' von PIEPER hat keine Blattrandstacheln (s. S. 93).
Aechmea fosteriana L. B. Smith, 1941. Diese Art wurde nach dem bekannten amerikanischen Sammler und Züchter M. B. FOSTER benannt. 10–14 Blätter bilden eine schlanke Röhre; mit Infloreszenz ist die Pflanze 50–70 cm hoch. Die Blattscheide ist oberseits lilabraun, die Spreite hat eine kurze Stachelspitze, ist grün mit dunklen Flecken oder zickzackförmigen Bändern auf der Unterseite. Beide Seiten sind dicht grau beschuppt. Die Besonderheit an *A. fosteriana* ist der hängende, 60 cm lange, dünne Blütenschaft. Er ist wie die Hochblätter grünlich braun gefärbt (RAUH, 1981; RICHTER, 1978). Nach HAHN sind die Hochblätter karminrot. Der Blütenstand ist ebenfalls gebogen und aus wenigblütigen Ähren locker zusammengesetzt. Deck- und Kelchblätter sind grün, die Blütenblätter gelb. Die Art bevorzugt sehr hellen Stand und toleriert zeitweise volle Sonne.
Aechmea fulgens Brongn., 1841. Der Artname *fulgens* = leuchtend nimmt auf die Blütenorgane Bezug. Sowohl der 25 cm lange Blütenschaft, die Rhachis der Ähren, als auch die Kelchblätter sind rot. Die 1,2 cm langen Blütenblätter sind purpurviolett und wechseln beim Verblühen die Farbe zu rot. Auch die Ovarien fallen zur Zeit der Reife durch ihre scharlachrote Farbe auf und verlängern nach der Blüte die Attraktivität der Pflanze. Der Blütenstand wird bis 20 cm lang. Seine untere Hälfte wird aus aufrecht bis spreizend sitzenden, 5–8 cm langen und 3–8blütigen Ähren gebildet. An der Spitze ist er einfach und nicht zusammengesetzt.

Die zahlreichen Blätter bilden eine dichte Trichterrosette. Ihre Scheide ist grün und braun punktiert. Die 30–40 cm langen Blattspreiten haben eine gerundete Spitze mit Stachel. An den Rändern finden sich nur wenige Stacheln (Rauh, 1981; Richter, 1978).
Die nur aus der Kultur bekannte *A. fulgens* 'Discolor' (als *A. fulgens* var. *discolor* (C. Morren) Brongn., 1889 in der Literatur) weist eine starke Rotfärbung der Blattunterseiten auf. Oberseits sind die Blätter dunkel- oder olivgrün (Hahn, 1969). Je nach Typ kann eine mehr oder weniger starke Beschuppung vorliegen (Richter, 1963 und 1978). Der Blütenstand ist eine große verzweigte Rispe mit scharlach- und purpurvioletten Farben. Die Blütenblätter sind blau (Richter). Nach Hahn (1969) haben sie eine korallenrote Farbe mit violetter Spitze. In der Regel erfolgt die Vermehrung durch Kindel. Gegenüber den anderen Aechmeen kann die Temperatur allgemein 2° C niedriger sein (Stirnberg, 1982). Auch für diese Pflanze kann aus Daten von Escher und Strech (1973) eine sehr enge Beziehung zwischen Blattzahl und Blütenzahl festgestellt werden: Pflanzen mit 13 Blättern wiesen ca. 90 Blüten, solche mit 21–33 Blättern ca. 155 Blüten auf (Tafel V,8).
Eine Selektion mit stärker gefärbten Blättern trägt den Namen 'Reginald' und ist wohl seit 1963 im Handel (Mekers und Thomas, 1976).
Aechmea miniata (Beer) Hort., 1889. Diese Art bildet mit grünen, graubraun beschuppten, bis 5 cm breiten Blättern kleine Rosetten von etwa 40 cm Durchmesser. Abweichend von der Art weist die Sorte 'Discolor' blattunterseits eine rotviolette Farbe auf. Der zusammengesetzte Blütenstand besteht aus spreizenden Ähren mit blauen, nach der Blüte roten Petalen. Die Kelchblätter sind korallenrot. Durch die roten Früchte bleibt die Schönheit der Pflanze länger erhalten. Es bestehen Verwechslungsmöglichkeiten mit *A. fulgens* (Rauh, 1981; Richter, 1978) (Tafel V,8).
Aechmea nudicaulis (L.) Griseb., 1864. Die in Zentralamerika beheimatete Art (auch in Mexico, Westindien, Venezuela, Brasilien vorkommend) bildet mit an der Spitze stumpfen, bis 10 cm breiten und bis 60 cm langen Blättern becher- bis trichterförmige aufrechte Rosetten. Die Blätter sind grün, unterseits manchmal gebändert, derb und mit schwarzen Randstacheln versehen. Die leuchtend roten Hochblätter stehen aufrecht dicht gedrängt und sind von elliptischer Form. Der Blütenstand kann aus bis zu 25 cm langen, einfachen, lockeren Ähren bestehen und trägt gelbe Blüten (Tafel VI,3).
Aechmea orlandiana L.B. Smith, 1941. Diese Art wurde nach der Stadt Orlando in Florida benannt. Auch ohne Blüten ist sie wegen der schönen Blattzeichnung attraktiv. Sie wird blühend bis 50 cm hoch und hat einen Durchmesser von 40–50 cm. Die äußeren Blätter sind kürzer als die inneren. Die Oberseite der Blattscheide ist dunkellila und grau beschuppt. Diese Farbe setzt sich mit Querbändern und Sprenkeln auf hellgrünem Untergrund auf der 30–35 cm langen Blattspreite fort. Die Ränder haben ebenfalls einen dunkelvioletten schmalen Saum, der von 2–2,3 mm langen schwarzen Stacheln besetzt ist. Der Blütenschaft ist grün oder rötlich. Rot und grau beschuppt sind auch die Hoch- und Tragblätter. Der Blütenstand ist kopfförmig und aus spiraligen, kurz gestielten Ähren zusammengestellt. Die Deckblätter sitzen ebenfalls dicht spiralig, sind rot und braun gefleckt. Gelbweiße Blüten sind schmal und 2 cm lang. Die natürliche Blütezeit dieser Art liegt im Winter (Rauh, 1981; Richter, 1963 und 1978).
Eine variegate Form trägt den Namen 'Ensign'. Diese Sorte ist in der Gärtnerei von E.E. En-

SIGN in Florida entstanden. Die Blätter sind grün-weiß längsgestreift und besitzen cremeweiße Ränder. Darauf entstehen kastanienbraune Sprenkel, wenn mit Unterbrechungen volle Sonne gegeben wird. Sie wächst etwas stärker als die Art, die Blätter sind weniger aufrecht. Der relativ kurze Blütenstand mit scharlachroten Brakteen und gelben Blüten ist monatelang haltbar (WILSON, 1977). 'Ensign' hat vom Aussehen her gute Marktchancen, ist aber nicht durch Samen vermehrbar (Tafel VI,4).

Aechmea pineliana (Brongn.) Baker, 1879. Zahlreiche, bis 3,5 cm breite, mit 4–5 mm langen Randstacheln versehene Blätter stehen mehr oder weniger aufrecht auf etwas breiteren Scheiden. Die Blattscheiden sind oberseits lila, die Blattspreiten grün und grau beschuppt. Gelegentlich zeigt sich auf den Blattunterseiten Querbänderung. Die Blattränder zeigen einen schmalen rötlich braunen Saum. Der Infloreszenzschaft ist eingehüllt von einigen fast kahlen, lachsroten Hochblättern. Der walzenförmige, zylindrische Blütenstand kann bis zu 7 cm lang werden. Die Deckblätter laufen zu borstenartigen Spitzen aus, die zwischen den gelben, im Verblühen braunschwarzen Blüten hervorstehen. Von der in Brasilien bis Peru beheimateten Art gibt es eine in allen Teilen kleinere var. *minuta*, die von M.B. FOSTER gefunden wurde. Bei starker Sonneneinstrahlung färben sich die Blätter rosa und zeigen Silberglanz (RAUH, 1981).

Aechmea racinae L.B. Smith, 1941. *Aechmea racinae* könnte wegen ihrer geringen Größe – sie wird blühend nur 40–50 cm hoch – und wegen des schönen hängenden Blütenstandes in Zukunft am Markt Bedeutung gewinnen. Die Art gehört zu den weichblättrigen Regenwaldtypen, deshalb bereiten Verpackung und Transport keine Schwierigkeiten. Ein Vorteil für den Züchter ist, daß sie sich leicht mit anderen Arten kreuzen läßt. Sie ist z.B. ein Elter der bekannten Sorte *A.* 'Foster's Favorit' von M.B. FOSTER (RICHTER, 1961 und 1978). Das frische Grün der Blätter und die fehlenden Stacheln sind ebenfalls ein Vorteil (Tafel VI,1,5).

Die Farbe des Blütenschaftes und der Hochblätter ist rötlich braun. An dem lockeren traubigen Blütenstand mit leuchtend roter, warziger Rachis sitzen zerstreut waagerecht abstehende gelbe Blüten mit schwarzer Basis. Die Ovarien und die Kelchblätter sind leuchtend rot, letztere mit gelbgrüner Spitze. Im Gegensatz zur Art hat die var. *erecta* L.B. Smith, 1950, einen kurzen aufrechten Blütenschaft.

Abb. 77: *Aechmea recurvata*

Aechmea recurvata (Klotzsch) L.B. Smith, 1932. Die löffelförmigen, bis 7 cm lang werdenden Blattscheiden bilden eine aufrechte, schlauchförmige Rosette und laufen in 8–10 cm lange, an der Basis 1 cm breite, zugespitzte Blattspreiten aus. Die Pflanze wird blühend nur etwa 20 cm hoch. Zur Blütezeit färben sich die inneren Blätter rosa, bei starker Belichtung auch die ganze

Pflanze. Der Blütenschaft überragt die Blattrosette nur wenig und trägt einen 5–6 cm langen zapfenförmigen Blütenstand mit roten, gezähnten und zugespitzten Deckblättern; die Kelchblätter sind rosafarbig, die schmalen, bis 25 cm langen Blüten zeigen rosa bis lilarosa Spitzen.
Bei der var. *ortgiesii* (Baker) Reitz, 1962, sind die Blattscheiden grün gefärbt und Blätter sowie Brakteen gesägt. Der Infloreszenzschaft ist kaum ausgeprägt, so daß der Blütenstand fast sitzend erscheint. Bei der var. *benrathii* (Mez) Rutz sind die Blattscheiden violett punktiert, und die Bestachelung der Blattränder ist nur schwach ausgeprägt.
RAUH (1981) beschreibt die Pflanzen als vorwiegend epiphytisch von Seehöhe bis zu 200 m hohe in Brasilien, Paraguay, Uruguay und NO-Argentinien wachsend. Dies läßt den Schluß zu, daß die Pflanzen recht temperaturtolerant sein könnten.
Aechmea triangularis L.B. Smith, 1955. Diese aus Brasilien stammende Pflanze bildet eine lokkere, aufrechte Rosette bis 60 cm Durchmesser. Die auf bis 9 cm breiten grünen Blattscheiden stehenden Blätter sind bis 40 cm lang mit schwarzbraunem Rand und 5 mm langen Randstacheln versehen. Der rote, weißwollig beschuppte Infloreszenzschaft trägt 6–7 cm lange, rote, unten anliegende, zum Blütenstand hin abspreizende Hochblätter. Der 6 cm lange, zapfenartige Blütenstand ist weiß beschuppt und trägt aus dunkelschwarzroten Kelchen wachsende, bis zu 12 mm lange purpurfarbene Blüten.
Aechmea warasii E. Pereira, 1972. *A. warasii* ist eine kleine Art, ca. 30 cm hoch mit einem Durchmesser von 40–50 cm, die noch nicht allzulange bekannt ist. Die deutliche abgesetzte Blattscheide ist braun beschuppt und manchmal lila gefleckt, wahrscheinlich in Abhängigkeit von der Lichteinstrahlung. Die zungenförmige Blattspreite (Spitze breiter als Blattbasis) ist grün gefärbt mit lilabraunem Saum und wenig Stacheln. Dunkelviolette bis blaue Blüten mit hellem Rand, die sich im Abblühen rot verfärben, sitzen in den Ähren eines hängenden einfachen Blütenstandes, dessen Schaft bis zu 50 cm lang werden kann. Die Kelchblätter sind zweifarbig, im unteren Teil rot, oben an der Spitze dunkelblau bis schwarz. Das kugelige, rote, warzige Ovarium trägt zur Attraktivität bei (RAUH, 1981).
Aechmea weilbachii Didr. 1854. Diese Art stammt aus Brasilien und wird blühend 60–70 cm hoch. Zahlreiche Blätter bilden eine 50–70 cm breite Trichterrosette. Die Blätter sind nur auf ihrer Scheide braun beschuppt, sonst glänzend grün.
Der zartrosa Blütenschaft ist aufrecht und 40–50 cm lang, darauf sitzen grüne Hochblätter mit leuchtend roten Blattspreiten. Der kräftig rote, verzweigte Blütenstand mit spiralig angeordneten Ähren trägt leuchtend rote Trag- und Deckblätter, lila Kelch und Blütenblätter. Letztere verfärben sich beim Abblühen braunschwarz. Das Ovarium ist etwas warzig und lilarot (RAUH, 1981; RICHTER, 1978). Durch die weißen Beeren ist die Art auch noch nach der Blüte dekorativ (MERKERS, THOMAS, 1976).
Die Sorte 'Leodiensis' (var. *leodiensis* André, 1887), die nur aus der Kultur bekannt ist, zeichnet sich durch bordeauxrote Blattunterseiten aus. Der rispenförmige Blütenstand trägt wenige Blüten mit blauen Kelch- und bläulichen rosa gerandeten Blütenblättern. Die natürliche Blütezeit liegt im Winter (RICHTER, 1963 und 1978).

7.3.1.2 Sorten und Arthybriden

Aechmea 'Bert' (*A. orlandiana* x *A. fosteriana*)
Diese Hybride von FOSTER/Florida weist den gedrungenen Wuchs von *A. orlandiana* und die

Blattzeichnung von *A. fosteriana* (HAHN, 1969) auf. Nach RICHTER (1978) ist der Trichter urnenförmig und hoch; er wird von 10–15 Blättern gebildet, von denen die unteren hängen. Die Blattränder sind dunkel bestachelt, von graugrüner Grundfarbe mit unregelmäßigen braunroten Querbändern. Der wenigblütige Blütenstand steht aufrecht und besitzt gelblich-rotbraune Deckblätter. HAHN (1959) bezeichnet die Farbe als ziegelrot und in der Mitte liegend zwischen den orangen Brakteen von *A. orlandiana* und den karminroten von *A. fosteriana.* Die Petalen sind elfenbeinfarben. RICHTER (1978) gibt als natürliche Blütezeit den Winter an.

Aechmea 'Burgundi' (*A. distichantha* var. *schlumbergii* x *A. racinae* var. *leodiensis*)
Diese Kreuzung besitzt 6 cm breite und 60 cm lange, kupfrig patinierte, fast burgunderrote Blätter, die eine lockere Rosette bilden. Der ebenfalls locker aufgebaute Blütenstand besteht aus milchweißen Blüten und roten Brakteen (HAHN, 1965; WILSON, 1977).

Aechmea 'Compacta' (*A. fulgens* x *A. miniata* 'Discolor' x *A. fulgens* 'Discolor')
Der Wuchs dieser Hybride von RICHTER ist kompakt. Die Blätter sind 30 cm lang, 7 cm breit, zungenförmig und silbrig-hellgrün. Am Rand sitzen nur wenige Stacheln. Die dichte, vielblütige Infloreszenz ist 12 cm lang und sitzt auf einem 15 cm langen Schaft. Die blauen Petalen verfärben sich im Alter purpurviolett. Das Ovarium ist scharlachrot. Die natürliche Blütezeit dieser raschwüchsigen Sorte reicht von Februar bis Mai. 18° C und leichter Schatten sind günstig, da sonst die Farben schwächer werden und die Blütenstände sich nur schwach entwickeln (HAHN, 1959; RICHTER, 1961, 1963, 1978).

Aechmea 'Ecuador'
Diese Pflanze wurde von PRINSLER in Ekuador gefunden. Es soll sich dabei um Aechmea speciosa handeln. Wieso die Pflanze gleich einen Sortennamen erhielt, ist unklar. Die in der oberen Hälfte überhängenden Blätter sind 30 cm lang und 5 cm breit, sehr weich und ohne besondere Zeichnung. 45 cm hohe Blütenstände tragen 25 cm lange Blütenquirle mit hängenden hochroten Deckblättern und nußgroßen, orangefarbenen und grün-weißen Blüten (HAHN, 1978).

Aechmea 'Exotica' (*A. fulgens* 'Discolor' x *A. miniata* 'Discolor') x *A. racinae)*
A. 'Exotica' ist eine Hybride von RICHTER. Ihre Blätter sind linealisch, ca. 40 cm lang, 5 cm breit, dunkelgrün, gezähnt mit braunroter Unterseite. Der seitlich überhängende Blütenschaft trägt einen kegelförmigen, schlanken Stand mit gelborangen Deckblättern, metallisch blaugrünen Petalen und einem orangen Ovarium. Natürlicherweise blüht die Sorte vom Herbst bis in den Sommer. Bei heller, mäßig warmer Kultur wachsen die Pflanzen sehr rasch (RICHTER, 1961, 1978).

Abb. 78: *Aechmea 'Ecuador'*

Aechmea 'Foster's Favorite' (*A. victoriana* var. *discolor* x *A. racinae*)
Linealische, schmale beiderseits glänzende, tief weinrote gezähnte Blätter bilden eine lockere Rosette. Der hängende Blütenstand trägt maisgelbe Brakteen, orangerote Früchte und mitternachtsblaue Petalen. Sein Stiel ist orangefarben. Die natürliche Blütezeit dieser Hybride von FOSTER liegt im Herbst (HAHN, 1965; RICHTER, 1978; WILSON, 1977). Es gibt variegate Ausleseformen, die als 'Foster's Favorite' bezeichnet werden. Ihre Blätter sind grün oder rötlich und gelb cremefarbig und rosa gestreift und formen eine lockere Rosette. Die älteren Blätter sind etwas kürzer als die jüngeren. Der bogenförmige Blütenstand trägt beerenähnliche Blüten (WILSON, 1977).

Aechmea 'Ilse' (*A. speciosa* 'Ecuador' x *A. chantinii*)
Diese Kreuzung von PRINSLER und WERNER besitzt stärkere Rosetten mit breiteren Blättern als *A. speciosa* 'Ekuador'. Die Spreite ist schwach gebändert. Stumpf-pyramidale Blütenstände tragen längere Blütenquirle als die der Eltern. Die haselnußgroßen, oval-runden und spitz zulaufenden, weißen Früchte werden von einer grünen Kappe betont und sind monatelang haltbar (HAHN, 1978).

Aechmea x *maginali* (*A. miniata* 'Discolor' x *A. fulgens* 'Discolor')
10–12 Blätter bilden eine mittelgroße, offene Rosette. Die Blätter sind linealisch, sehr breit, schwach gezähnt, oberseits bläulich-olivgrün, unterseits purpurrot (RICHTER) oder kastanienbraun (SHARP). 35 cm lang ist der kompakte Blütenstand mit lachsroten Brakteen und dunkelblauen Petalen (RICHTER, 1978). HAHN (1961) beschreibt die Blattoberseite als lindengrün, die Brakteen als scharlachrot und die Petalen als dunkelviolett. Die Früchte sind erst grün und werden später zimtfarben orange. Diese Hybride amerikanischen Ursprungs erinnert an *A. fulgens*, ihre Blätter sind aber größer (HAHN, 1961; RICHTER, 1978; SHARP, 1982).

Aechmea x *polyantha* (*A. fulgens* 'Discolor' x *A. miniata* 'Discolor') x *A. nudicaulis*
Diese Hybride von RICHTER bildet mittelgroße bis große Rosetten aus. Sie bestehen aus länglich-zungenförmigen, schwach gezähnten, grünen Blättern, die unterseits purpurrot gefärbt sind und eine schwache Bereifung aufweisen. Die Pflanzen werden 80 cm hoch und breit. *A.* x *polyantha* ist eine Vervollkommnung von *A. fulgens* 'Discolor' mit besserem Wuchs. Schaupflanzen mit vielblütigen Blütenständen sind leicht zu produzieren. Die blauvioletten später purpurroten Blüten öffnen sich nach und nach, was zu einer langen Haltbarkeit des zylindrischen Standes führt. Die Einkreuzung von *A. nudicaulis* hat eine Vertiefung der Blatt- und Blütenfarben bewirkt. Dies kommt besonders bei intensiver Sonneneinstrahlung zum Ausdruck. Bei zügiger Entwicklung sind die Pflanzen nach 2 Jahren blühfähig. Die natürliche Blüte liegt in der Zeit von Dezember bis April. Die Wintertemperatur sollte 15° C nicht übersteigen (HAHN, 1959; RICHTER, 1961, 1963, 1978).

Aechmea 'Rakete' (*A. fulgens* 'Discolor' x *A. nudicaulis*)
RICHTER entwickelte auch diese Hybride. Ihre Blätter werden bis 50 cm lang, 6 cm breit und sind von derber, starrer Beschaffenheit. Oberseits sind sie dunkelgrün, unterseits purpurrot mit dunklen Flecken. Der Blütenschaft ist aufrecht, lang und schlank. Leuchtend rote Deckblätter betonen die gelben Blüten. Vom Elter *A. nudicaulis* stammt die Härte der Hybride und ihre Widerstandskraft gegen Trockenheit. Sie

braucht volle Sonne, um die Rotfärbung der Blätter zu erhalten (RICHTER, 1961, 1978).

Aechmea 'Royal Wine' (*A. miniata* 'Discolor' x *A. victoriana* var. *discolor*)
Die offene Rosette besteht aus lederartigen, glänzend apfelgrünen, unterseits weinroten (RICHTER, 1978) oder kastanienbraunen (WILSON, 1977) Blättern. Die Farbe kommt bei hellem Licht besonders gut heraus. Der hängende Blütenstand trägt blaue Blüten bzw. orange Ovarien (RICHTER, 1978; SHARP, 1982; WILSON, 1977).

7.3.1.3 Großwerdende Arten

Die folgend aufgeführten Arten kommen keinesfalls für die Produktion in größerem Umfange in Frage, es sei denn, man könnte hier mit Hilfe von Ethrel schon relativ junge und damit kleine Pflanzen zur Blüte bringen. Untersuchungen fehlen aber weitgehend. So sind höchstens gelegentlich einige Pflanzen für Schau- und Dekorationszwecke, für große Räume zu produzieren.
Aechmea bracteata (Sw) Griesb., 1864 erreichen blühend eine Höhe von bis zu 2 m. Bis 1,30 m werden die bandartigen Blätter lang (RAUH, 1981). Nach RICHTER (1978) sind sie nur 60 bis 90 cm lang. Während RICHTER von schwacher Bestachelung spricht, erwähnt RAUH 1 cm lange gebogene grüne Stacheln. Auf dem 1,5 m langen weißwolligen Schaft mit unten grünen und oben leuchtend roten Hochblättern sitzen 10—70 cm lange Blütenrispen mit hellgelben Blüten, grünen Deck- und Kelchblättern und leuchtend roten Tragblättern. Durch die zunächst grünen, später dunkelblauen Früchte ist die Art auch noch nach der Blüte attraktiv.
Aechmea caudata Lindm., 1891, ist eine sehr schöne und leider selten zu findende Bromelie. Sie wird mit Blütenstand bis 1 m hoch. 10—15

Abb. 79: *Aechmea bracteata*

Blätter bilden eine Trichterrosette von 50—80 cm Durchmeser. Die Blattscheide ist grün und oberseits lila gefleckt. 80 cm lang und 6—8 cm breit ist die Spreite. Sie ist dunkelgrün gefärbt und grau beschuppt. Ihre Ränder sind aufgebogen und braun bestachelt. Der weißwollige Blütenschaft trägt einen bis zur Mitte verzweigten, 25 cm langen Blütenstand. Den Schmuckwert bilden die bräunlich-rosa Deckblätter mit stechender brauner Spitze und grauen Schuppen sowie die orange beschuppten Kelchblätter. Beide wechseln beim Verblühen die Farben zu gelb. Die Blüten sind gelb (RAUH, 1981; RICHTER, 1978).

Bei der variegaten Form tragen die Blätter auf dunkelgrünem Untergrund breite weiße Längsstreifen und eine rahmgelbe Umrandung (Bromeliads (32), 1977; HAHN, 1977). Der Trichter ist rosa überzogen. Die kompakte Infloreszenz trägt gelbe Blüten (WILSON, 1977). Ohne künstliche Blüteninduktion fällt die Blütezeit in den Winter (RICHTER, 1963 und 1978) (Tafel VI,2).
Aechmea comata 'Makoyana' wurde erstmals 1893 beschrieben (RICHTER, 1978) und ist bei MAKOY in Lüttich entstanden. Diese Sorte wird von HAHN (1961 und 1969) wegen ihrer schönen Früchte empfohlen (unter dem Synonym *A. lindenii* 'Makoyana'). Die Pflanze ist starkwüchsig und besitzt 1 m lange und 6 cm breite Blätter. Im Gegensatz zur dunkelgrünen Art sind hier die Blätter weißgelb gestreift. Sie besitzen hellgrüne Randstacheln. Keulenförmige, zitronengelbe kleine Blüten in stumpf-pyramidalen Blütenständen mit hochroten Hüllblättern entwickeln sich zu rotgelben, ovalen Früchten (HAHN, 1961; RICHTER, 1978) (Tafel VI,8).

Abb. 80: *Aechmea comata 'Makoyana'*

Abb. 81: *Aechmea lueddemanniana*

Aechmea lueddemanniana (K. Koch) Brongn., 1934, wird von MEKERS und THOMAS (1976) aus der Reichsstation für Zierpflanzenbau in Melle/Belgien als kulturwürdig und bisher zu wenig beachtet angegeben. Sie stammt aus Guatemala und Britisch Honduras. Mit dem Blütenstand wird sie 25–70 cm hoch. Die Rosette steht sehr aufrecht und wird voll ausgewachsen 90 cm breit. Die Blätter sind grün bis rötlich braun und grau beschuppt mit 1–2 mm langen Stacheln. Im Sonnenlicht bekommen sie eine bronzene Tönung (WILSON, 1977). Schlank, pyramidal, ca. 10–30 cm lang und weiß bemehlt sitzt der Blütenstand auf dem aufrechten Schaft. Er ist an der Basis locker zusammengesetzt, die Spitze ist einfach. Zur Farbigkeit tragen die wenig entfalteten blauen Blüten und die beim Abblühen rötlich werdenden grünen Kelchblätter mit brauner Spitze bei. Die Frucht ist eine blaue, zerstreut weiß beschuppte Beere (RAUH, 1981; RICHTER, 1978). Nach WILSON (1977) sind die Blüten fliederfarben und die Beeren violett. Sowohl Infloreszenz als auch Früchte halten einige Monate.

Die Sorte 'Mena' entstand als Zufallssämling 1960 in der Gärtnerei von ALBERTS und MERKEL in Florida. Im Wachstum ist sie der Art sehr ähnlich. Sie bildet eine vielblättrige Rosette von 60 cm Durchmesser aus ca. 40 cm langen Blättern. Der Rand ist 1,5 cm breit cremefarben mit rosa Flecken. Die Pflanzen brauchen viel Licht, sonst geht die rosa Farbe verloren. Im Anbau bereitet die Sorte wie auch die Art keine Schwierigkeiten (SHARP, 1981).

Die Sortennamen 'Mend' (WILSON, 1977) und 'Variegata' beziehen sich vermutlich auf ähnliche, wenn auch nicht die gleichen Formen.

Aechmea nidularioides L.B. Smith, 1953, wird von RAUH (1976) als kulturwürdig empfohlen. Sie bildet jedoch Rosetten von bis zu 1 m Durchmesser. Obwohl die Pflanze so breit werden kann, erreicht sie blühend doch nur eine Höhe von 30 cm. Die 60 cm langen Blätter sind grün und am Rand dicht braun gezähnt. Der Blütenstand wirkt durch den nur 15 cm langen Schaft wie bei der Gattung *Nidularium* nistend – daher auch der Name *nidularioides*. Rötliche weiß beschuppte Ähren mit weißen 3,5 cm langen Blüten bilden den Blütenstand. Die Tragblätter der lange haltenden Infloreszenz verfärben sich im Alter gelb (RAUH, 1981).

Aechmea pectinata Baker, 1885 wurde 1970 von HAHN als kulturwürdig empfohlen. Die auffallend flache Rosette erreicht einen Durchmesser von 60 cm. Sie besteht aus ca. 20–25, 45–60 cm langen und 8–10 cm breiten Blättern, die leicht gewellt und fein gezähnt sind. Bei guten Umweltbedingungen und besonders bei hellem Licht bekommen sie zur Blütezeit intensive rosa

Abb. 82: *Aechmea pectinata*

und rote Töne, die mit Grün durchsetzt sind. Dagegen ist der faustgroße halbkugelige Blütenstand mit den kleinen strohgelben oder grünen Blättern unscheinbar (HAHN, 1970; RICHTER, 1978).

Aechmea penduliflora André, 1888, von MEKERS und THOMAS (1976) als kulturwürdig empfohlen, stammt aus Kolumbien, Costa Rica, Venezuela, Ekuador, Peru und Brasilien und erreicht eine Höhe von 60 cm und einen Durchmesser von 60–80 cm. Die Blattspreite ist 40–60 cm lang, an der Spitze verbreitert und von vielen Stacheln gesäumt. Nach HAHN (1961) ist sie unterseits dunkelrot und oben hellrot gefärbt. Wie schon der Artname sagt, ist der rote, anfangs weißwollige, später verkahlende Blütenschaft gebogen. Die Organe des aus zahlreichen Ähren zusammengesetzten lockeren Blütenstandes sind rot, mit Ausnahme der orangen Blüten (RAUH, 1981). *A. penduliflora* wurde mit Erfolg 1977 in Aalsmeer ausgestellt (HAHN, 1977). HAHN empfiehlt die Art 1961 unter ihrem Synonym *A. schultesiana* Mez, 1892, wegen der schönen schneeweißen,

haselnußgroßen Früchte mit spitz auslaufender Kappe. Er beschreibt die Blütenfarbe als blau.
Aechmea zebrina L.B. Smith, 1953 erstmals beschrieben, wird von RAUH (1976) als kulturwürdig empfohlen. Die Pflanze windet sich am heimatlichen Standort mit Hilfe dicker rhizomartiger Basalabschnitte in die Baumkronen hinauf. Die Rosette ist eng- bis weittrichterig mit einem Durchmesser von 75 cm. Die zungenförmige Blattspreite mit zurückgebogener Stachelspitze ist locker gezähnt, grün und schwach beschuppt. Unterseits ist sie deutlich silbergrau quergebändert, intensiver als *A. chantinii.* Der 70 cm hohe, rote Blütenschaft trägt einen großen, reich verzweigten Blütenstand, der an Auffälligkeit *A. chantinii* übertrifft. Die basalen Primärbrakteen sind 10 cm lang und hängen, die oberen sind etwas größer, leuchtend karminrot oder rosa mit gelber Basis und Spitze. Während die unteren Ähren abgespreizt sind, stehen die oberen aufrecht und haben einen längeren Stiel. Karminrote Deckblätter und orangegelbe Blüten vervollständigen den attraktiven Eindruck (RAUH, 1981). Nach RAUH (1976) bereitet die Akklimatisation von *A. zebrina*-Importpflanzen Schwierigkeiten. Die Vermehrung durch Samen sollte deshalb angestrebt werden. Es gibt verschiedene Typen unterschiedlicher Zeichnung, die allerdings nur schwer zu bekommen sind (SHARP, 1981).

7.3.2 *Ananas*

Die *Ananas* hat der Familie der Bromeliaceen den deutschen Namen gegeben – Ananasgewächse. Der Name *Ananas* stammt von „nana" oder „anana" aus der Guarani-Sprache. Er wurde von M. ADANSON zu Beginn des 18. Jahrhunderts geprägt (PIZZETTI, 1976). Die Ananas ist in Brasilien, Paraguay und Guayana beheimatet. Da sie als Kulturpflanze über den ganzen Tropengürtel weiter verbreitet wurde und dort in manchen Gegenden wieder verwilderte, kann man sie über ihr eigentliches Ursprungsgebiet hinaus antreffen. Die Blätter der *Ananas* werden bis 80 cm lang, sind zurückgebogen, kaum beschuppt und bilden eine dichte Rosette. Außer bei einigen Kulturformen ist der Rand bestachelt. Der Blütenschaft ist mit ebenfalls stachligen Hochblättern besetzt. Recht variabel in der Größe ist der kugelige bis zapfenförmige Blütenstand. Charakteristisch ist der Schopf kleiner Blätter oben auf den dichten Ähren. Er wird auch zur Vermehrung benutzt. Sowohl die Ovarien als auch dic Tragblätter der einzelnen Blüten sind miteinander verwachsen. Lila, weiße oder purpurfarbene Blüten in verschiedenen Tönen öffnen sich nacheinander vom unteren Teil des Blütenstandes bis zu seiner Spitze im Laufe von 3 Wochen (FRANKE, 1981).
Der Fruchtstand ist beerenartig. Er besteht aus allen miteinander verwachsenen Fruchtknoten und Basalabschnitten der Tragblätter. Während die Scheinfrüchte der Kulturformen meist samenlos sind, enthalten die Zierformen kleine, dicke, eiförmige, braune oder schwarze Samen. Neben der seltenen Vermehrung durch den Blattschopf der „Frucht" gibt es die häufig verwendete Vermehrung durch Kindel aus den Achseln der unteren Blätter oder der obersten Hochblätter dicht unterhalb des Zapfens (FRANKE, 1981; RAUH, 1981; RICHTER, 1978).
Von den 5 Arten dieser Gattung sind nur junge Pflanzen und Zwergformen der bunten variegatus-Formen von *Ananas comosus* als Zierpflanzen anzutreffen. Seltener sind auch *A. comosus* 'Porteanus' und *A. bracteatus* im Handel. In Belgien werden die Früchte der *Ananas* teilweise als Schnittblumen gehandelt (MERKERS u. THOMAS, 1976).

Ananas bracteatus (Lindl.) Schult., 1830. *A. bracteatus* ist eine dunkelgrüne Zwergform mit lebhaft rot gefärbten Brakteen und violettpurpurfarbenen Blüten. Der Fruchtstand ist klein und rot. Die „Frucht" ist halb so groß wie die der Nutzananas (HAHN, 1959 a; LEINFELDER, 1981; RAUH, 1981; STIRNBERG, 1982). Es gibt eine Sorte 'Striatus', die auch unter dem Synonym *A. sagenaria* 'Striata' bekannt ist. Sie wurde erst 1968 aus den USA eingeführt. Im Gegensatz zur Art weist sie eine creme- und grünfarbene Bänderung auf, die eine rosa Tönung annehmen kann (GRAF, 1978) (Tafel VII,2).
HAHN (1970) beschreibt das Aussehen der Spreite genauer. Er spricht von einer kupfrig getönten, moosgrünen Mittelzone, eingefaßt von cremeweißen Bändern, die wieder rosa bis rot umrandet sind. Die Rosette aus 10 cm breiten, stark gezähnten Blättern wächst sehr flach. Der Platzbedarf entspricht dem einer *Aechmea fasciata.*
Ananas nanus (L.B. Smith) L.B. Smith, 1962. Diese Art bleibt sehr klein und ist dadurch als Zimmerpflanze sehr geeignet. Ihre Höhe beträgt 20 cm (RAUH, 1981) bis 30 cm (GRAF, 1978). Der kleine weißliche Fruchtstand ist nur 3–5 cm groß. Er trägt zur Reifezeit einen großen Schopf, der ebenso wie die an der Basis sich bildenden Kindel für Vermehrungszwecke geeignet ist. Die „Frucht" ist ungenießbar, besitzt aber den typischen Ananasgeruch (WILSON, 1977).
Ananas comosus (L.) Merril, 1917. Die wichtigste und bekannteste Ananas ist *A. comosus,* auch verbreitet unter dem Synonym *A. sativus* (Lindl.) Schult. f., 1891. *Ananas comosus* bildet mit 30–50 Blättern eine dichte Rosette. Je nach Sonneneinstrahlung ist sie graugrün bis rötlich gefärbt. Der rote Blütenschaft wächst bogenförmig nach außen. Rötlich gelbe Deckblätter, die zum Teil mit dem Fruchtknoten verwachsen sind, und die bis 30 cm lange zapfenförmige, rote Ähre mit violetten Blüten bilden den Blütenstand. Die Scheinfrüchte der Kultursorten können bis zu 30 cm lang und 15 cm breit werden. Ihr Gewicht kann im Reifezustand bis über 3 kg betragen. Die Größe des Blütenstandes und damit der Scheinfrucht hängt, wie van OVERBECK (1946) nachwies, von der Zahl der Blätter ab, die zum Zeitpunkt der Induktion an der Pflanze vorhanden sind (Abb. 35). Dies bedeutet für die Kultur aber auch, daß schon recht kleine Pflanzen induzierbar sind und dann einen der Pflanzengröße entsprechenden Blüten- bzw. Fruchtstand entwickeln können. Da – wie frühe Untersuchungen zeigten, schon unbewurzelte Blattschöpfe induzierbar sind, besteht heute die Möglichkeit, induzierte, unbewurzelte „Stecklinge" aus südlichen Anbaugebieten zu beziehen und hier gleich im Endtopf zu bewurzeln. Die winter-

Abb. 83: *Ananas comosus*

liche Mindesttemperatur beträgt 16-18° C (PIZZETTI, 1976).

Wichtig sind einige Formen mit farbigen Blättern, die zum Teil als botanische Varietäten (*A. comosus* var. *porteanus,* var. *variegatus*), teils als Sorten geführt werden.

Die Sorte 'Porteanus' hat olivgrüne Blätter mit gelben Mittelstreifen und starker Bestachelung (GRAF, 1978; RAUH, 1976). Die Sorte ‚Variegatus' zeigt eine grün-weiß-gelbe Streifung. Gelegentlich treten rosa überhauchte Streifen auf, die bei starker Belichtung stärker ausgeprägt sind. Je stärker diese Eigenschaft ausgeprägt ist, desto bunter sind die Jungpflanzen. Dies hat zur Selektion von Typen geführt, die die rötliche Farbe grundsätzlich aufweisen. Gelegentlich trifft man auf die Sortenbezeichnung 'Aureovariegatus'. Die so bezeichneten Pflanzen stellen eine solche Auslese aus *A. comosus* 'Variegatus' dar (Tafel VII,6). Die in Europa vorhandenen Pflanzen werden wohl in der Regel als unbewurzelte Stecklinge (meist Fruchtschöpfe) aus tropischem Feldanbau (z.B. Elfenbeinküste) importiert. Im Alter können diese Pflanzen auch Blätter von bis zu 1 m Länge und 8–10 cm Breite entwickeln. Die Scheinfrüchte werden mit dem Schaft aus feldmäßigem Anbau geerntet und als Schnittblumen importiert.

7.3.3 *Billbergia*

Die Gattung mit ihren ca. 60 Arten ist von Südmexiko bis Bolivien und Nordargentinien verbreitet. Benannt wurde sie nach dem schwedischen Botaniker Gustav Johannes BILLBERG (1772–1844). In Brasilien treten die meisten Arten auf. Billbergien leben meist epiphytisch, seltener terrestrisch. Sie sind als Topfpflanzen gut geeignet, weil sie sehr hart und unempfindlich sind und die trockene Zimmerluft gut vertragen.

Bei den Pflanzen dieser Gattung treten wenige harte Blätter zu trichterigen oder engröhrigen Rosetten zusammen. Die Blattscheide ist innen meist deutlich mit angedrückten Schuppen ausgekleidet. Auch die Spreite ist unterseits mehr oder weniger dicht beschuppt. Meist sind die Ränder kurz bestachelt. Bei einigen Arten – *B. vittata* und *B. zebrina* – tritt eine Bänderung auf.

Eine Besonderheit bei Billbergien ist der fast immer hängende Blütenschaft. Die rosa oder roten Hochblätter halten nicht lange. Der Blütenstand ist aus einfachen Trauben oder Ähren zusammengesetzt und ist ebenfalls gebogen. Sepalen oder Petalen können fast in allen Farben auftreten. Ihre Spitzen rollen sich besonders bei der Untergattung *Helicodea* fast schneckenförmig ein. An der Basis tragen sie keine Schüppchen wie *Aechmea* oder *Vriesea.* Die Blüten öffnen sich oft nachts. Dann ragen Griffel und Staubblätter heraus. Die Frucht bildet eine vielsamige Beere. Kindel sitzen bei Billbergien an kurzen Ausläufern.

Die Züchtung wurde besonders von Vater und Sohn NICOLAI in Coswig/Sachsen betrieben. Durch den 2. Weltkrieg ist ihre Sammlung bis auf *B.* x *intermedia* verlorengegangen. Hauptsächlich in Kultur ist *B. nutans,* der Zimmerhafer, und seine zahlreichen Ausleseformen (RAUH, 1981; RICHTER, 1963 und 1978). Ihren Schmuckwert erhalten sie durch ihre Form und Blattfärbung, besonders die Hybriden, weniger durch die auch schönen und auffälligen, meist hängenden Blütenstände, die aber nur sehr kurze Zeit haltbar sind.

Hier liegt wohl auch der Grund dafür, daß *Billbergia* trotz ihrer Vorteile für den Verbraucher, kaum eine Rolle spielen. Auch die Kultur sollte wirtschaftlich möglich sein, da einmal die Temperaturansprüche eher zum temperierten Bereich hin tendieren als zum Warmhausbereich (15–18° C bei mäßiger Feuchte) und andererseits auf Grund des mehr aufrechten Wuchses die Platzansprüche geringer sind als bei den mehr breitwüchsigen *Neoregelia*- oder *Nidularium*-Arten. Die als kulturwürdig angegebenen Arten *B. decora, B. rosea, B. viridiflora, B. vittata* und *B. zebrina* sind zwar teilweise interessant wegen der Blattzeichnung, doch haben diese Pflanzen den Nachteil, daß sie viel zu groß werden. Pflanzenhöhen von 60–120 cm im blühenden Zustand und Blattlängen (gemessen ab Blattscheide!) von 50–120 cm, wie sie im ausgewachsenen Zustand erreicht werden können, schrecken ab – wenn auch sicher unter ungünstigen Bedingungen diese Wuchsleistung selten erreicht wird. Wir wollen uns daher hier auf einige kleiner blühende Arten beschränken.

Billbergia distachia (Vell.) Mez, 1892. Diese blühend nur 35–45 cm hohe Art stammt aus Brasilien. Die kompakte Rosette ist aus grünen, steifen, bis 50 cm langen, grau beschuppten Blättern zusammengesetzt. Wenige Blüten mit grünen Kelch- und Blütenblättern mit blauer Spitze sitzen in dem einfachtraubigen, hängenden Blütenstand. Diese Art ist sehr formenreich (RAUH, 1981; RICHTER, 1978).

Billbergia leptopoda, L.B. Smith (1945) wird nur 30–40 cm hoch. Wenige Blätter mit 7–8 cm langer, oberseits blaßvioletter Scheide und 30–40 cm langer Blattspreite bilden eine röhrige Rosette. Die Blattoberseiten sind grün mit gelben Flecken, die Unterseiten grau beschuppt. Blütenstandsachse, Hochblätter und Kelchblätter sind rosa, die 3–4 cm langen Blüten grünlich gelb mit blauen Blütenblattspitzen. Die Art kommt, wie die folgende, ebenfalls aus Brasilien.

Billbergia macrocalyx HOOK (1859) ist auffälliger, weil die wenigen, eine röhrige Rosette bildenden Blätter unterseits grau quergebändert sind. Die Blattränder sind braun bestachelt. Infloreszenzschaft und Blütenstandsachse sind rötlich gefärbt, aber weißfilzig bis wollig beschuppt. Auffällig sind die 12 cm langen und 3–4 cm breiten, roten weiß beschuppten Hochblätter und die blaßblau gefärbten bis 7 cm langen Blüten.

Billbergia morelii Brongn., 1848. *Billbergia morelii* stammt ebenfalls aus Brasilien. Die Blattscheiden sind oberseits lila gefärbt, die Spreiten glänzend grün, grau beschuppt und bestachelt. Aus der engen Röhre der Rosette ragt der bogige rosafarbene Blütenschaft. Er ist mit rosa oder roten Hochblättern mit grünlicher Spitze besetzt. Der Blütenstand ist weißwollig und hängend mit roten Deck- und Kelchblättern. Letztere besitzen eine blaue Spitze. Die grüngelbe Basis der Blütenblätter geht in dunkelblau über. Sie sind abgespreizt oder zurückgerollt RAUH, 1981; RICHTER, 1963 und 1978).

Billbergia nutans H. Wendl., 1869 – var. *nutans*. Diese Art ist in Südamerika weitverbreitet. Sie bildet ihre Kindel an kurzen Ausläufern, wodurch dichte Büschel entstehen. Die Einzelpflanzen bestehen aus nur 10–12 Blättern in enger, trichterförmiger Rosette. Schmale ledrige, olivgrüne Blätter von 60 cm Länge (RAUH), nach RICHTER sogar nur bis 30 cm lang, erwecken einen grasartigen Eindruck. Bei hellem Stand sind sie rötlich überlaufen. Wie bei den bisher beschriebenen Billbergien hängen auch bei dieser Art Blütenschaft und -stand. Die obersten Hochblätter sind rot gefärbt. Rote Kelchblätter mit einem blauen Fleck auf der grünen Spitze und gelbgrüne Petalen mit blauem Rand um die rein grüne Spitze bieten ein farbiges Bild. Die Art ist sehr robust und kann im Sommer im Freien gehalten werden (RAUH, 1981; RICHTER, 1963 und 1978) (Tafel VII,4).

Billbergia pyramidalis (Sims.) Lindl., 1827 – var. *pyramidalis*. 60 cm lange, steife, schmale, grau beschuppte Blätter mit schwachen weißen Querbändern auf der Unterseite und braun bestacheltem Rand formen eine breittrichterige Rosette. Die Blattscheide ist oberseits lila gefärbt. Der aufrechte Blütenschaft überragt die Blätter nicht. Einschließlich Blütenstand erreicht die Pflanze eine Höhe von 50 cm. Die Blüten des 'verkehrt' pyramidenförmigen Blütenstandes sind aufrecht und sehr farbig. Ihre bemehlten Kelchblätter sind an der Basis rot, die Spitze mehr violett. Die Blütenblätter haben ihre Spitzen zurückgerollt und sind leuchtend karminrot mit violettem Saum. Sie sind ca. 7,5 cm lang. Diese sehr zähe Art produziert viele Kindel (RAUH, 1981; RICHTER, 1963 und 1978). Die Infloreszenz erscheint, wenn nicht früher behandelt wird, im Winter. Sie ist hellrot und hält 1–2 Wochen (WILSON, 1977). Nach SORENSEN (1982) existiert noch eine var. *concolor* mit roten Blütenblättern ohne violetten Saum. Die Blätter sind breiter, frischgrün und nicht beschuppt (RAUH, 1981). Die gestreifte Varietät *B. pyramidalis* 'Striata' besitzt steife, grüne Blätter mit feinen gelben Streifen und breiterem hellen Rand oder blaugrauen und cremefarbenen Streifen (Tafel VII,8).

Billbergia saundersii hort. Bull. Diese Art wurde 1869 durch W. SAUNDERS eingeführt. Sie hat nur 5–6 Blätter, die eine Röhre bilden und oben weit ausladen. Die Blätter sind ca. 35 cm lang, rinnenförmig, dick ledrig, braun bestachelt und grün mit rötlicher Unterseite. Attraktiv sind die schwache silbergraue Bänderung und die gelbweißen Flecken der Spreite. Der Blütenschaft hängt, ist schlank, rot gefärbt und trägt karminrote Hochblätter. Zusammen mit den bis 7 cm langen roten Deck- und Kelch- sowie den gelbgrünen Blütenblättern mit blauem Rand wirkt die Infloreszenz sehr attraktiv. Leider sind auch bei dieser Art die Blütenstände sehr vergänglich (RICHTER, 1963 und 1978).

Abb. 84: *Billbergia saundersii*

Billbergia x *albertii* (*B. distachia* x *B. nutans*). *B.* x *albertii* ist eine dunkelgrüne, breitblättrige Hybride. Die Spreite verläuft konisch und ist grau getüpfelt. Sie blüht rosenrot, grün und violett (HAHN, 1968).

Billbergia 'Fantasia' (*B. saundersii* x *B. pyramidalis*). Diese Kreuzung stammt von M.B. FOSTER aus Florida. 3,5 cm breite, ledrige Blätter bilden eine Rosette von 40 cm Höhe. Ihre Grundfarbe ist mittelgrün, unterbrochen von cremefarbenen Flecken, die bei hellem Stand rosa überzogen sind. Auf dem weißen Blütenschaft sitzt der leicht hängende, rosa Blütenstand mit roten Kelchblättern mit weißen Spitzen und blauen oder violetten Blüten. Nach der Blüte bilden sich 1–2 Kindel (Hahn, 1968; Richter, 1978; Wilson, 1977).

Billbergia 'Fascinator' (*B. saundersii* x *B. windii*). Diese Hybride von Richter zeichnet sich durch eine schlanke hohe Rosette mit ledrigen, derben Blättern aus. Grüne, stark gelbweiß marmorierte Blätter besitzen einen bestachelten Rand und weisen eine rote Tönung auf. Die Deckblätter sind intensiv purpurrot, die Blüten blau (Richter, 1978). Nach Ensthaler besitzen die Blätter eine braune Unterseite.

Billbergia x *hoelscheriana* (*B. nutans* x *B. saundersii*). Aus der silbrig gebänderten, moosgrünen Blattrosette erhebt sich ein rosenroter, grüner und violett eingefaßter 'fischgrätenartiger' Blütenstand (Hahn, 1968).

Billbergia x *intermedia* (*B. nutans* x *B. vittata*). Ihre Blätter sind olivgrün mit hellgrünen Flecken und silbriger Beschuppung. Sie blüht grün und blau (Hahn, 1968).

Billbergia 'Kyoto'. *B.* 'Kyoto' ist eine gestreifte Sorte. Sie stammt wahrscheinlich von *B. pyramidalis* ab. Die Infloreszenz ist jedoch dichter als bei dieser Art (Sorensen, 1982).

Billbergia 'Muriel Waterman'. Sie besitzt eine mittelgroße Rosette, deren Bänder unterseits pflaumenfarben und silbrig quergebändert sind. Die Ränder sind fein bestachelt, die Blattoberseite ist grün. Die sehr wenigen Blätter formen eine fast senkrechte Trichterrosette. Der Blütenstand enthält rosa Deckblätter und dunkelblaue Blüten (Wilson, 1977).

Billbergia 'Tolbert Johnson'. Diese Sorte ist gefleckt, ähnlich *B.* 'Fantasia', und von hellgrüner Grundfarbe. Die Deckblätter sind rosa, die Blütenblätter rot (Sorensen, 1982).

7.3.4 *Cryptanthus*

Die Gattung *Cryptanthus* umfaßt etwa 20 Arten, die aus den Trockenwäldern Ostbrasiliens und Guayanas stammen. Sie wurden zwischen 1836 und 1948 nach Europa eingeführt. In ihrer Heimat wachsen sie fast rasig auf dem Boden. Sie lassen sich jedoch auch auf Epiphytenstämmchen kultivieren. Verwendung finden sie außerdem in kleinen Glasvitrinen, als dekorative Bodendecker in Pflanzschalen und in der Blumenbinderei (Lehmann, 1976). Cryptanthen werden meist in einem Arrangement angeboten, in dem mehrere Sorten beieinander stehen (Mekers und Thomas, 1976). Sie werden weniger wegen der unscheinbaren Blüten angebaut – schon der Name „verstecktblühend" nimmt darauf Bezug – sondern wegen der mehr oder weniger längs- und quergebänderten Blätter und deren Ausfärbung.

Die Blätter sind oberhalb der Scheide oft stielartig verschmälert, besitzen starre Stacheln am gewellten Rand oder sind dicht und fein stachelig gesägt. Die Unterseite ist dicht weißschuppig, die Oberseite fast oder teilweise kahl. Es treten grüne, rote und braune Farbtöne auf. Die Rosetten sind dicht und meist flach ausgebreitet. Der Blütenstand ist zusammengesetzt, stark verkürzt und in die Rosettenmitte eingesenkt. Die sitzenden Blüten sind weiß oder grün gefärbt. Während und nach der Blüte erscheinen in den Blattachseln zahlreiche Kindel, die in der Heimat zur Ausbreitung (Polsterbildung) führen, wenn sie abfallen und einwurzeln. In der Kultur werden die Kindel abgenommen und zur Vermehrung benutzt. Wegen der geringen Pflanzengröße und der Genügsamkeit in Bezug auf die Lichtverhältnisse lassen sich die Mutterpflanzen unter den Tischen halten, so daß der Platz intensiv genutzt werden kann. Die Jungpflanzen sollten dann

aber heller kultiviert werden, da sie sonst ihre spezielle Färbung nicht entwickeln (RAUH, 1981; RICHTER, 1978).
Die Vermehrung über Gewebekultur ist ebenso möglich wie die über Samen. Für eine erfolgreiche Aussaat ist jedoch frisches Saatgut notwendig und die Anzucht bis zur verkaufsfertigen Pflanze dauert wesentlich länger als über Kindel. Cryptanthen werden bei 25° C Boden- und Lufttemperatur ausgesät. Kindel werden bei 22° C bewurzelt. Die Jungpflanzen stehen bei 20–22° C. Zur Energieeinsparung können nachts im Winter und bei niedriger Beleuchtungsstärke die Temperaturen auf 18° C gesenkt werden.
Die Kulturdauer beträgt je nach gewünschter Pflanzengröße 6 Wochen bis 6 Monate, wobei Kleinpflanzen eher Verwendung finden. Bei größeren Pflanzen kann man bis 60 Pfl./m^2, bei Kleinpflanzen auch 80–100 Pfl./m^2 kultivieren.
Manche *Cryptanthus* lassen sich durch Sprühen mit Weedazol (Aminotriazol) rosa färben. Die Behandlung (5 g/Liter, 2 mal im Abstand von 14 Tagen) sollte nur bei Pflanzen erfolgen, die sich in vollem Wachstum befinden. Das Mittel, das eigentlich als Herbizid Verwendung findet, wirkt offenbar über die Behinderung der Chloroplastenbildung bei jungen Blättern und läßt dadurch das wohl vorhandene rote Pigment (Peonidin, ein 3,5-Diglycosid) besonders hervortreten. Aus diesem Grunde sind wohl für diese Behandlung auch Sorten geeignet, die bereits rosa gefärbt sind (z.B. 'Roseus'). Durch die Weedazol-Spritzung können Blattschäden auftreten (braune Spitzen), die auch zum Absterben der Pflanzen führen können. Insgesamt scheinen *Cryptanthus* recht variabel zu sein. Neben Artkreuzungen werden viele Sorten beschrieben, die jedoch nicht alle hier aufgeführt werden sollen.
Cryptanthus acaulis (Lindl.) Beer, 1857. *C. acaulis* kann einen kurzen Stamm entwickeln. Blühend erreicht die Pflanze eine Höhe von 20 cm. Oberhalb der Blattscheide ist das Blatt stielartig verschmälert. Die blaßgrüne Spreite wird 13 cm lang und ist zurückgebogen. Der Rand ist gewellt und leicht bestachelt. Seine Unterseite ist dicht weiß beschuppt (Tafel VIII,1).
Der Blütenstand trägt wenige, weiße, duftende Blüten. Es existieren verschiedene Varietäten. Die var. *genuinus* Mez, 1896, ist auch oberseits dicht beschuppt (RAUH, 1981). Eine var. *ruber* hat eine dunkelbraunrote bis weinrote Blattfärbung (LEHMANN, 1976); eine rötliche Blattfärbung mit 2 hellen Längsstreifen besitzt var. *bivittatus* (RICHTER, 1950).
C. acaulis 'Discolor' ist durch viele schmale Blätter mit auffallend starker Zähnung und Wellung gekennzeichnet. Die Blätter werden 20 cm lang und haben Farben von amarantrot über silbergrau bis dunkelgrün (HAHN, 1957).
Cryptanthus beuckeri E. Morren, 1880. *C. beukkeri* wird blühend bis 15 cm hoch. Ca. 10 Blätter bilden eine lockere Rosette. Die Blätter sind schön gefärbt. Während die Blattscheide unterseits rötlich-braun und grau beschuppt ist, weist die oberhalb der Blattscheide stielartig verschmälerte 15 cm lange Spreite eine grünweiße Marmorierung mit zeitweiliger rosa Tönung und dichter grauer Beschuppung der Unterseite auf. Der Blütenstand sitzt in der Rosette. Er hat nur wenige weiße Blüten, die bis 3 cm lang werden und zur Zeit der Anthese die Blütenblätter spreizen (RAUH, 1981; RICHTER, 1963 und 1978) (Tafel VII,5)
Die Sorte 'Rio' erinnert an *C. beuckeri*. Die langen schmalen Blätter sind rot und dunkelgrün gefleckt (SORENSEN, 1982). Eventuell handelt es sich hier um die Sorte 'Carneval de Rio', die von Hans GÜLZ aus Rio de Janeiro eingeführt wurde. Der Rosettendurchmesser beträgt 41–45 cm. Einer schmalen Blattbasis schließt sich die rinnen-

förmige schmale, 3–4 cm breite Spreite an (LEHMANN, 1976). Nach HAHN (1974) sind die Blätter bis 12 cm breit und nur über der Basis 5 cm schmal. Nach LEHMANN sind die Spreiten grünweiß marmoriert und besitzen bei hellem Stand eine starke Rottönung. WILSON (1977) spricht von einer rosa Grundfarbe mit olivgrünen Sprenkeln. Nach HAHN tritt auch eine mehr oder weniger starke Querbänderung hinzu. Die Blätter sind teilweise abwärts gebogen und kurz gezähnt.

Cryptanthus bivittatus (Hook.) Regel, 1864. Diese Art bildet verschieden große Rosetten, die zur Zeit der Anthese dem Boden flach aufliegen. Die Blätter werden 18 cm lang und verengen sich oberhalb der Blattscheide. Wie der Name *bivittatus* = zweigestreift schon andeutet, ist die olivgrün gefärbte Blattspreite mit 2 helleren weißen oder hellgrünen, schillernden Längsstreifen versehen. Die Unterseite weist eine schwache Beschuppung auf, der Rand ist gewellt und dicht gesägt. Bei hellem Stand besitzen die Blätter eine rotgetönte Oberseite. Die Blattspitzen sind zurückgebogen. Die wenigen Blüten sind weiß und ca. 3 cm lang. Die Art scheint besonders variabel zu sein, denn in der Literatur finden sich voneinander abweichende Beschreibungen.

Abb. 85: *Cryptanthus bivittatus*

So wird eine var. *mayor* mit einem Rosettendurchmesser von 50 cm und bis 25 cm langen, 5 cm breiten Blättern beschrieben, deren Blattspitze gebogen ist. Gelbgrüne und dunkelgrüne Längsstreifen sind im Gegensatz zu denen der Art nicht scharf voneinander abgegrenzt. Sie gehen etwas ineinander über (LEHMANN, 1976).

Nach WILSON (1977) trifft diese Beschreibung für var. *mayor* allerdings nicht zu. Bei ihm ist die Grundfarbe rötlich braun mit verwachsenen beigen Streifen. Die Blätter sind breit und ca. 15 cm lang. Die Blüten sind weiß. Eine kleinere Form ist die var. *minor* mit 7,5 cm langen Blättern. Sie hat olivgrüne Blattspreiten mit 2 beigen Längsstreifen und einem bronzefarbenen oder rosa Überzug. In den Blattachseln bilden sich reichlich Kindel (WILSON, 1977). Diese wird allerdings von PIZZETTI (1976) als var. *roseo-pictus* dargestellt. Sie soll in Italien sehr weit verbreitet sein.

Vermutlich gehen auch die Beschreibungen von RICHTER (1963) und LEHMANN (1976), die kleine Rosetten von ca. 15 cm Durchmesser erwähnen, auf kleinbleibende Formen (var. *minor*) zurück. Ob diese unterschiedlich groß werdenden Formen tatsächlich als Varietäten im botanischen Sinne zu betrachten sind oder aber als Kulturformen (Sorten), sei dahingestellt. Dies gilt auch für die nur aus der Kultur bekannte var. *atropurpureus* (Mez, 1934), deren Blattstreifen nicht so intensiv ausgeprägt sind wie die der Art und deren rötliche Blätter bei hellem Stand purpurfarben sind (RAUH, 1981).

Die von RICHTER (1962) aufgeführte var. *luddemannii* (BAKER, 1889) bildet eine große lockere Rosette aus 25 cm langen Blättern. Die Unterseite ist bräunlich mit dunkelroter Basis. Ihre Blattspitzen sind nicht gebogen.
Die Sorte 'Mars' gleicht im Wuchs *C. bivittatus*. Wahrscheinlich ist die Verfärbung der silbergrauen Grundfarbe zu purpur im Freien auf das Sonnenlicht zurückzuführen (SORENSEN, 1982).
Cryptanthus 'Starlite' besitzt dunkelgrün gerandete Blätter mit beigen und rosa Streifen, die ca. 7,5 cm lang sind (WILSON, 1977). Sie gehört wahrscheinlich in den Formenkreis, der auch unter den Namen 'Pink Starfire', 'Pink Starlight' und 'Pink Starlite' (GRAF, 1978) gehandelt wird. 'Pink Starlight' ist eine Mutation von *C. bivittatus* und wurde 1975 von PRINSLER und WERNER in Mannheim vorgestellt. Die Farbe ist ein intensiver rosaroter, messingfarben überzogener Grundton mit nur angedeuteten moosgrünen Längsstreifen (HAHN, 1977). Der Rand der Blätter ist gezähnt. Nur selten überschreitet der Durchmesser 15 cm. Eine weitere rotfarbene Sorte ist unter dem Namen 'Red' im Handel.
Die Sorte 'Feuerzauber' von GÜLZ/Bad Vilbel vereinigt die Längsstreifung von *C. bivittatus* mit der Querbänderung von *C. fosterianus*. Die flachen, sternförmigen Rosetten besitzen einen Durchmesser von bis zu 50 cm. Auf der Spreite verlaufen 2 gelbgrüne Längsstreifen auf dunkelgrünem Grund und graue Querbänder (LEHMANN, 1976). Nach WILSON (1977) ist die Pflanze rotbraun gefärbt und besitzt silbrige, wellenförmige Querstreifen (Tafel VIII,7).
Cryptanthus bromelioides Otto et Dietrich, 1836. Diese Art bildet einen kurzen Stamm und kann dadurch eine Höhe von 30–40 cm erreichen. Zahlreiche weiche, ca. 20 cm lange Blätter besitzen einen schmalen Teil oberhalb der Blattscheide und einen gewellten, klein und dicht gezähnten Rand. Die Oberseite ist grün, die Unterseite weiß beschuppt (RAUH, 1981). Nach RICHTER (1963, 1978) ist *C. bromelioides* sogar bronzegrün bis kupferrot gefärbt. Der Blütenstand ist reichblütig und aus büscheligen Teilblütenständen mit weißen Blüten zusammengesetzt. Nach PIZZETTI (1976) ist die Art im Gegensatz zur Sorte 'Tricolor' kaum im Handel zu finden. Diese auch als var. *tricolor* bezeichnete Form wurde 1953 von M.B. FOSTER „gezüchtet" (RAUH, 1981). Ihre grünen Spreiten sind mit rahmweißen Längsstreifen verschiedener Breite durchzogen. Bei guten Lichtverhältnissen können sie rosa bis tiefrot überlaufen sein (HAHN, 1974). Für Cryptanthen ist diese Sorte sehr wüchsig und

Abb. 86: *Cryptanthus bromelioides 'Tricolor'*

groß mit ihrem Durchmesser von 35–45 cm. Kindel werden an aufrechten Stolonen aus der Pflanzenbasis gebildet (WILSON, 1977). Kühlere Temperaturen werden nicht gut vertragen. Nach PIZZETTI (1976) benötigt *C. bromelioides* 'Tricolor' eine höhere Luft- und Bodenfeuchte als die Art.
Die Sorte 'It' stammt aus den USA. Die dem Boden flach anliegende Rosette besitzt 25 cm lange und 6–8 cm breite Blätter. Ältere Pflanzen neigen eher zur Stammbildung und können deshalb bis 30 cm hoch werden. Der Durchmesser beträgt ca. 22 cm. Die Blattspreite ist innen grün mit feinen weißen Streifen und breit gelbweiß umrandet. Wahrscheinlich in Abhängigkeit von der Sonneneinstrahlung kann das Blatt rosa bis rot überzogen sein. Die Blattränder sind auffallend stark gewellt (HAHN, 1974, 1978; LEHMANN, 1976; SHARP, 1981).
Die Sorte 'Ti' hat den gleichen Wuchs wie 'It', die Zeichnung ist jedoch umgekehrt. Breite kupferrote Längsstreifen und ein grüner stark gewellter Rand sind kennzeichnend (HAHN, 1978).
Cryptanthus fosterianus L.B. Smith, 1952. *C. fosterianus* ist eine der schönsten Arten dieser Gattung. Die flachen, sternförmigen Rosetten können bei guter Pflege einen Durchmesser von 60 cm erreichen (LEHMANN, 1976). Sie bestehen aus ca. 12 harten, starren Blättern mit wulstartiger Blattscheide. Die an der Basis schmalere Spreite wird 30 cm lang und 4 cm breit. Ihre Mittelrippe ist verdickt und fleischig. Die grünlich bis rötliche braune Grundfarbe wird von grauen oder ockergelben, wellenförmigen Querbändern durchbrochen. Je nach Alter und Belichtung ist die Oberseite mehr oder weniger, die Unterseite stark beschuppt. Die Ränder weisen eine starke Wellung und Bestachelung auf. Der gestauchte Blütenstand besteht aus mehreren wenigblütigen Ähren, in denen schmale, bandartige,

Abb. 87: *Cryptanthus lacerdae*

weiße Blüten stecken. Weil meist nur junge Pflanzen im Handel sind, bestehen Verwechselungsmöglichkeiten mit *Cryptanthus zonatus* 'Fuscus' (Tafel VII,7).
Cryptanthus lacerdae Antoine, 1882. Diese Art wird kaum 5 cm hoch. Die 10–15 Blätter stehen in flach ausgebreiteter Rosette. Zur Länge der Blattspreite bestehen verschiedene Angaben. Nach RAUH (1981) sind sie 8 cm lang und 3 cm breit, RICHTER (1978) gibt 10–12 cm Länge an. Der wenig gewellte Rand ist dicht gezähnt, was der Art den Namen gab – *lacerdae* = zerrissen. Die dunkelgrüne Grundfarbe wird von silberweißen Rändern und Mittelstreifen durchbrochen. Unterseits liegt eine dichte weiße Beschuppung

Abb. 88: *Cryptanthus zonatus*

vor. Die Blattspitzen sind lang und dünn. Wenige unscheinbare, kleine weiße Blüten von 1,5 cm Länge sitzen in der Rosette (RAUH, 1981; RICHTER, 1963 und 1978).

Cryptanthus zonatus (Vis.) Beer, 1857. Die sternförmige Rosette aus 10–15 bandförmigen Blättern weist, wie der Name schon sagt, auf eine graue Querbänderung auf grünem Grund hin. Wie bei den meisten Cryptanthen ist die Unterseite weißlich-grau beschuppt und die Ränder sind gewellt und bestachelt (LEHMANN, 1976). In der Rosette nistet der kopfige Blütenstand, dessen wenigblütige spiralig angeordnete Ähren von den Tragblättern verdeckt werden. Deck- und Kelchblätter sind grün, Blütenblätter und Ovarium weiß (RAUH, 1981; RICHTER, 1963 und 1978) (Tafel VIII,8).

Nur aus der Kultur bekannt sind die Varietäten oder Sorten 'Fuscus' (var. fuscus Mez, 1896) und 'Viridis' (var. *viridis* hort., 1934).

'Fuscus' besitzt, ähnlich wie *C. fosterianus,* braunrote Blätter mit heller silbergrauer Bänderung und grauer Unterseite. Es fehlt die für die Art typische dicke, fleischige Mittelrippe (RAUH, 1976).

'Viridis' hat unterseits grüne, nicht beschuppte Blätter (RAUH, 1981).

Die als 'Zebrinus' geführte Sorte ist vermutlich mit 'Fuscus' gleichzusetzen oder vielleicht eine dunkler gefärbte Auslese aus dieser Sorte.

In den USA sind zwei Gattungsbastarde aus *Cryptanthus* und *Billbergia nutans* entstanden, x *Cryptobergia meadii* und x *Cryptobergia rubra,* welche aber nicht sehr bedeutungsvoll sind und außerdem sterile Blüten besitzen (RICHTER, 1961). x *Cryptobergia rubra* hat weinrote, bogenförmige Blätter, die im Sonnenlicht bronzerot erscheinen. Die Blüten sind weiß, dem *Cryptanthus*-Elter ähnlich und sehr kurzlebig. Kindel bilden sich aush der Pflanzenbasis und den Blattachseln (WILSON, 1977). Bedeutungsvoll sind wahrscheinlich einige Artbastarde wie:

Cryptanthus x *lubbersianus* (*C. bivittatus* x *C. beuckeri*). Diese Hybride entstand 1884 bei E. MORREN.

Nach HAHN (1974) wurde sie von MAKOY/Lüttich in den Handel gebracht. 20 cm hoch wird die mittel bis große Rosette. In der Blütezeit liegt sie flach auf dem Boden. Die Blätter verbreitern sich aus schmaler Basis, sind länglicheirund mit schwach gezähnten Rändern und haben eine olivgrüne Grundfarbe mit hellgrüner Zeichnung und rosa Tönung. Die Blüten sind weißlich (RICHTER, 1961, 1978).

Cryptanthus x *makoyanus* (*C. acaulis* x *C. bivittatus*) entstand 1889 bei MAKOY in Lüttich

(HAHN, 1974), weist mit ihrer kleinen bis mittelgroßen flachen Rosette eine meergrüne, wenig auffallende Farbe auf, die aber bei starker Belichtung silbergrün wird (RICHTER, 1961, 1978).
Cryptanthus x *mirabilis* (*C. beuckeri* x *C.* x *osyanus*). Mäßig große Rosetten liegen dem Boden flach auf. Die Blätter entwickeln sich aus schmaler Basis länglich-oval und sind relativ breit. Schwach gezähnte und gewellte Ränder und meergrüne, stark gelbweiß gefleckte Spreiten sowie weiße Blüten kennzeichnen diese Hybride von RICHTER (RICHTER, 1961, 1978).
Cryptanthus x *osyanus* (*C. lacerdae* x *C. beuckeri*). Diese Kreuzung wurde bereits 1894 von WITTE/Botanischer Garten, Leiden, durchgeführt. Es handelt sich um eine farbige, stark grauschuppige Pflanze. Die dicht geschlossenen Rosetten bestehen aus breiten, rundlich ovalen, derben Blättern. Auf dunkelolivfarbenem Grund sitzen hellere Flecken. Darüber liegt eine rote Tönung. Die Blüten sind weiß (RICHTER, 1961, 1978).

Weitere kleinbleibende Sorten sind

Cryptanthus 'Grünsilber' und 'Silberlila'. 'Grünsilber' stammt von RICHTER und hat sich einen festen Platz im Handel erobert. Die Rosette ist dicht geschlossen und hat einen Durchmesser von 15–20 cm. Ovale bis länglich-ovale Blätter laufen spitz zu und sind ca. 12 cm lang und 5 cm breit. Die Farbe ist meergrün mit dichtem silbergrauen Schuppenbelag (RICHTER, 1961).
C. 'Silberlila' ist ebenfalls eine Züchtung von RICHTER. Die Rosette ist sehr dicht und kompakt. Rotlila Blätter mit dichtem feinen Schuppenbelag werden bis 15 cm lang und 6 cm breit. Die Vermehrung ist wenig ergiebig (RICHTER, 1961).
Andere Sorten von RICHTER wie z.B. ‚Feuerriese', 'Kupferrosa', 'Riesenerdstern' oder 'Zebra' bilden zwar gut ausgefärbte, aber für heutige Verhältnisse viel zu große Rosetten von 40–60 cm Durchmesser. Sie sind lediglich als Jungpflanzen absetzbar, wachsen aber beim Kunden zu großen Pflanzen heran – vorausgesetzt, die Bedingungen (Blumenfenster) sind günstig.

7.3.5 Hohenbergia

Von dieser Gattung, die ca. 40 meist epiphytisch lebende Arten umfaßt, haben nur *H. augusta* und *H. stellata* eine geringe Marktbedeutung und auch nur dort, wo relativ große Pflanzen absetzbar sind.
H. augusta (Vell.) E. Morren, 1873, besitzt eine schlanke, hohe, dichte Rosette aus fein bestachelten, lichtgrünen und dunkelgrün gefleckten Blättern. Blühend kann sie eine Höhe von 1,2 m erreichen. Die Blätter können bis 1,2 m lang werden. Der Blütenschaft ist stark braunfilzig und 40–50 cm lang. Aus Ähren mit kleinen, violetten, duftenden Blüten ist der schlanke, leicht pyramidale Blütenstand von 40–50 cm Länge zusammengesetzt (RAUH, 1981). HAHN (1973) gibt die Länge mit 20–25 cm an. Die Kelchblätter sind weißlich grün. Auch nach der Blüte ist der Blütenstand durch die gelbweißen, johannisbeergroßen Beeren attraktiv. Diese bringen reichlich Samen (HAHN, 1973; RAUH, 1981; RICHTER, 1978). Nach HAHN (1966) sind die Fruchtstände kobaltblau.
H. stellata Schult f., 1830 stammt aus Brasilien, Venezuela oder Tobago. Blühend kann sie bis 1,2 m hoch werden. In ihrer Heimat lebt sie epiphytisch oder terrestrisch in Höhen von 800–1000 m. Die für den Handel viel zu große Rosette ist breit ausladend und kann einen Durchmesser von 1 m erreichen. Die Blattscheide ist beiderseits dunkelbraun, die Spreite dunkelgrün und leicht grau beschuppt. Sie kann bis 90 cm lang werden. Die Ränder sind kurz braun besta-

chelt, die Spitze trägt einen 1 cm langen Stachel (RAUH, 1981). Nach HAHN (1973) besitzt *H. stellata* keine Stacheln. Der Blütenschaft ist 40–60 cm lang und trägt den 60 cm langen Blütenstand mit den geknäulten Teilblütenständen. 8–12blütige Ähren sitzen auf grünem, dicht weißwolligen Stiel mit purpurroten Hochblättern. Leuchtend rote, an der Basis weiße Deckblätter, weiß-rot-blaue Kelch- und blaue oder hellviolette Blütenblätter machen die Pflanzen attraktiv. Vor dem Aufblühen erinnern die Knospen an kleine, dickbauchige Zapfen. Der Blütenstand ist mehrere Monate haltbar. Leider müssen die Pflanzen relativ groß werden, um die Blühreife zu erreichen und brauchen daher viel Platz (HAHN, 1973; RAUH, 1981; RICHTER, 1978; STIRNBERG, 1982) (Tafel VIII,4).

Bis 1973 schien es nicht möglich, *H. stellata* durch Samen zu vermehren. Auch der Kindelansatz war spärlich. Dies war mit ein Grund für die Seltenheit der Art im Handel. In der Gärtnerei von TRAUTMANN gelang dann aber die Bestäubung, und es konnten Jungpflanzen in größeren Mengen herangezogen werden (HAHN, 1973). In einem Sämlingsbestand finden sich jedoch Pflanzen ganz unterschiedlicher Wüchsigkeit und manche Pflanzen sind bereits auch schon blühfähig, ehe sie ihre endgültige Größe erreicht haben. Mit zielbewußter Selektion auf Raschwüchsigkeit und Frühblütigkeit könnte man zu Pflanzen kommen, deren Platzbedarf nicht so groß ist. Da außerdem Vermehrung über Gewebekultur möglich ist (ZIMMER, 1978b), entfallen Schwierigkeiten in der Vermehrung.

7.3.6 *Neoregelia*

Die Gattung *Neoregelia* umfaßt etwa 40 Arten, von denen viele nur aus der Kultur heraus beschrieben worden sind, deren natürlicher Standort aber nicht mehr bekannt ist (RICHTER, 1978). Sie unterteilt sich in 2 Untergattungen, *Neoregelia* und *Hylaeaicum.* Hauptverbreitungsgebiet sind die Regenwälder Ostbrasiliens, einige Arten wachsen im Amazonasgebiet und eine Art in Ostkolumbien und Peru. Die Gattung wurde zunächst nach dem deutschen Botaniker A. v. REGEL Regelia benannt. Da durch Gleichbenennung einer Myrtaceengattung Verwechslungen auftreten konnten, änderte man den Namen erst in *Aregelia* und dann durch L.B. Smith, 1934, in *Neoregelia* (RAUH, 1981). *N. carolinae* wurde schon 1856 beschrieben, 1857 folgte *N. cyanea*, 1865 *N. olens* und 1872 *N. spectabilis.* Die Pflanzen leben vorwiegend epiphytisch in Bäumen oder auf Felsen, seltener terrestrisch.

Ihren Wert als Zierpflanze erhalten sie durch ihre Robustheit gegenüber trockener Zimmerluft und durch die lange Haltbarkeit der während der Blütezeit intensiv gefärbten Herzblätter (RICHTER, 1962 und 1978). Der Käufer muß darauf achten, daß die Trichter stets mit Wasser gefüllt sind. Auch die Blüte wird unter Wasser angelegt. Heute sind nicht mehr nur reine Arten, sondern auch schöne Ausleseformen im Handel. Besonders geeignet ist die Gattung für die Bepflanzung von Epiphytenstämmen.

Neoregelia zeichnet sich durch Blattspreiten aus, die denen der Aechmeen ähneln. Die Spitzen sind abgerundet und tragen einen Stachel. Wie bei der Gattung *Nidularium* sind die Blütenstände durch den sehr kurzen Schaft „nistend". Selbst die Achse des einfach-traubigen Blütenstands (nur die Arten der Untergattung *Hylaeaicum* (Ule) L.B. Smith et E.B. Read aus dem Amazonasgebiet haben zusammengesetzte Blütenstände) ist so stark verkürzt, daß die gestielten Blüten alle in einer Ebene stehen und nicht über die schön gefärbten roten, blauen oder elfenbeinfarbenen Herzblätter herausragen. Letztere sind eigentlich die Hochblätter, welche wegen ihres tiefen Sitzes leicht für die jüngeren Rosettenblätter gehalten werden können (RAUH, 1981). Die Blütenblätter können violett, blau oder weiß sein und sind zu einer Röhre zusammengewachsen; der obere spitze Teil ist frei und ausgebreitet. Das Aufblühen erfolgt nach und nach von außen nach innen, nur wenige Blüten sind gleichzeitig offen. Die Frucht ist eine Beere mit zahlreichen, kleinen, feinwarzigen, fast eiförmigen Samen (RICHTER, 1978). Die Temperaturansprüche sind die gleichen wie bei der Gattung *Aechmea* (LEINFELDER, 1981). Es sind nur recht wenige Arten in Kultur, weil die Rosetten doch erheblich Platz beanspruchen und somit die Wirtschaftlichkeit nicht immer gegeben ist.

Empfohlen wird z.B. *Neoregelia ampullacea* (Morren) L.B. Smith (1934), deren Name nach der ampullenähnlichen Form der Trichter ausgewählt wurde, der durch die löffelförmigen, breiten Scheiden gebildet wird. Der Trichter ist nach oben und unten verjüngt und 10–15 cm lang. Er verleiht der Pflanze einen besonderen Reiz. Die Blätter sind oben einfarbig grün, die gut sichtbare Unterseite weist rötlich braune Flecken oder Bänder auf. Die Ränder sind gezähnt. Der wenigblütige, kopfige Blütenstand mit seinen 2 cm langen, blauen, an der Basis weißen Blüten, ist in den Trichter eingesenkt und durch dessen besondere Form nicht sichtbar. Attraktiv an *N. ampullacea* ist die Gruppenbildung. Die Mutterpflanze stirbt nämlich nach der Blüte nicht sofort ab. Die Erneuerungssprosse sind lange, von Niederblättern besetzte Ausläufer (RAUH, 1981; RICHTER, 1963 und 1978).

Die wichtigste Art ist heute zweifellos *Neoregelia carolinae* (Mez) L.B. Smith (1934), die 1857 gleichzeitig als *Bromelia carolinae, Billbergia carolinae* und *Guzmania picta* beschrieben wurde. Sie ist bedeutend größer als *N. ampullacea.* Die 12–15, bis 40 cm langen Blätter bilden eine breit-trichterige Rosette. Sie sind bestachelt und beiderseits glänzend grün. Der Handelswert der Pflanze liegt in den leuchtend roten Herzblättern, die einen bläulichen Schimmer aufweisen. Der nistende, kopfige Blütenstand besitzt 4 cm lange, violette Blüten (LEINFELDER, 1981; RAUH, 1981; RICHTER, 1963 und 1978). Die Samen sind Lichtkeimer mit geringem Lichtbedürfnis und keimen am besten bei 25–30° C (vergl. Abschn. 3.1.3). Außerdem sind sie, bei Zimmertemperatur aufbewahrt, wenigstens 6 Monate lagerfähig. Es gibt eine Reihe von Typen, die unter verschiedenen Namen im Handel sind (Tafel VIII,6).

Die Sorte 'Marechali' besitzt mittlere bis große Rosetten aus vielen Blättern. Die Blätter sind starr und rinnig gewölbt, dunkelgrün und bestachelt. Dunkelkarminrote Herzblätter und große, blaue Blüten machen den Reiz der Pflanze aus. Die natürliche Blütezeit liegt im Frühjahr. Die Eltern dieser Hybride sind unbekannt (RICHTER, 1978).

Unter dem Namen 'Meyendorffii' werden häufig fast alle grünblättrigen Neoregelien gehandelt, gegebenenfalls mit dem Zusatz 'Compacta', wenn es sich um besonders gedrungen wachsende Typen handelt. Diese Verwechslung kommt wohl dadurch zustande, daß die Pflanzen einmal als *Nidularium meyendorffii* beschrieben wurden. In der Literatur wird die Sorte 'Meyendorfii' jedoch etwas anders beschrieben: Die mittelgroßen Pflanzen wachsen nicht so flach wie andere Neoregelien und wirken dadurch etwas lockerer aufgebaut. Auf der grünen Blattspreite verlaufen feine weiße Längsstreifen. Der Rand ist ebenfalls weiß umrahmt. Die Herzblätter sind besonders dunkelrot (ENSTHALER, 1978; WILSON, 1977; ESEBECK, 1980).

Neoregelien mit gelblich weiß gestreiften, rot-

getönten Blättern werden üblicherweise als *N. carolinae* var. *tricolor* bezeichnet. Auslesen mit breiteren Blättern und kompakterem Wuchs sind 1964 ('Volckaerts Favorit') bzw. 1970 ('Volckaerts Orient') erschienen. Weiterhin gibt es einen Typ, der unter dem Namen 'Perfecta Tricolor' im Handel ist. Es ist der Sorte *N. carolinae* 'Tricolor' ähnlich, besitzt aber kürzeres und breiteres Laub als diese. Die Ausprägung des weißen Mittelstreifens ist stärker. Es soll sich um eine bunte Mutation handeln, die in einer Aussaat von *N. carolinae* 'Marechali' gefunden wurde. Bei der Blüte ist die rosa Farbe sehr ausgeprägt. Die Blüteninduktion erfolgt früher und leichter als bei *N. carolinae* 'Marechali'. Die Vermehrung findet durch die Kindel statt, die reichlich produziert werden (LEINFELDER, 1981; MEEKERS und THOMAS, 1976) (Tafel VIII,3).
Ein weiterer Typ mit weißen Blattstreifen ist 'Mme. Gilbert Raes', die von RAES 1972 entwickelt wurde. Ihr Blatt ist gedrungen. Nach MEKERS und THOMAS (1976) liegt in der Mitte der Blattspreite ein breites weißes Band. STIRNBERG (1982) gibt an, daß die Blätter weiß umrandet sind.
Ein Typ mit weiß-grün gestreiftem Blatt ('Striata', STIRNBERG, 1982) scheint eine Auslese aus *N. carolinae* 'Meyendorffii' zu sein. Die Kultur der aus Samen gezogenen Typen dauert 2–2 1/2 Jahre, wenn hell bei 22°/18° C kultiviert wird. Aus Kindeln produzierte Pflanzen benötigen etwa 1 Jahr.
Weitere Arten wären interessant für die Kultur, wenn nicht die Größe der Pflanzen eine wirtschaftliche Produktion behindern würde. Im ausgewachsenen Zustand erreichen die Rosetten Durchmesser von 60–80 cm. Hierzu gehören

N. concentrica (Vell.) L.B. Smith (1934) mit oberseits dunkelgrünen, unterseits weiß bemehlten bis 60 cm langen Blättern und leuchtend blutroten „Herzblättern";

N. marmorata (Baker) L.B. Smith (1939) mit unregelmäßig grünbraunroten gefleckten Blättern und schwarzen Randstacheln.

Höhere Lichtmengen verstärken die Blattzeichnung und machen die Pflanze als Jungpflanze verkäuflich. Ähnlich, aber mit schmaleren, längeren Blättern ist *N. chlorosticta* (Baker) L.B. Smith (1964);

N. olens (Hook. f.) L.B. Smith (1934) mit schlauchförmiger Rosette und etwa 3 cm breiten bis 30 langen grünen Blattspreiten und leuchtend roten Herzblättern;

N. princeps (Baker) L.B. Smith (1936) mit flachen Rosetten aus bis 40 cm langen, schmalen Blättern, die unterseits fast mehlig beschuppt sind. Die „Herzblätter" färben sich zur Blütezeit leuchtend rot.

Von den Hybriden seien erwähnt *N. concentrica* 'Plutonis' mit tiefvioletten Innenblättern (ESEBECK, 1980) und *Neoregelia* 'Fireball', die eine aufrechtwachsende Pflanze ist, im Gegensatz zu den anderen Neoregelien. Die Blätter sind hellrot bzw. grün bis violett bei den untersten. Die Rotfärbung ist wie bei den meisten anderen Bromelien von der Lichtstärke abhängig (SORENSEN, 1982; WILSON, 1977).

An Artkreuzungen seien erwähnt:

Neoregelia marmorata x *N. spectabilis*. Die Hybride besitzt karmesinrote Blätter mit wenigen grünen Punkten. Zahlreiche Kindel bilden sich nach der Blüte. Es sind viele Farbformen bekannt. Die Pflanzen sind sehr kräftig und besitzen steife Blätter. In der Kultur bereiten sie keine Schwierigkeiten (WILSON, 1977).

Neoregelia 'Vulkan' (*N. concentrica* x *N. johannis*). Diese Hybride von RICHTER bildet eine kompakte Rosette aus kurzen, sehr breiten und zungenförmigen Blättern. Während der Blütenentwicklung bilden sich rotlila Herzblätter, die sich im Verblühen blau färben. Die Blüten sind bläulich (RICHTER, 1978).

7.3.7 *Nidularium*

Die Gattung *Nidularium* umfaßt ca. 25 meist epiphytisch wachsende Arten und stammt ausschließlich aus den Regenwaldgebieten Ostbrasiliens. Ihr Name nidulus = Nestchen weist auf den nistenden Blütenstand hin, der nur selten einen längeren Schaft hat wie z.B. *N. billbergioides* (RICHTER, 1978).

Nidularium ist in der Kultur und teilweise auch im Aussehen der Gattung *Neoregelia* sehr ähnlich. Es gibt jedoch einige Merkmale, an denen man sie unterscheiden kann. Neoregelien wachsen mehr in den lichten Trockengebieten Brasiliens und haben deshalb härtere Blätter als Nidularien. Letztere brauchen daher auch mehr Schatten, sie verbrennen sonst leicht. Die Blätter der Nidularien sind oberhalb der Blattscheide deutlich verschmälert und laufen in die Spitze aus, bei Neoregelia ist diese breit-rund und trägt einen kurzen Stachel.

Im Gegensatz zu dem oft einfachen Blütenstand der Neoregelien besitzt *Nidularium* stets einen zusammengesetzten Blütenstand. Die Blüten sind röhrig und öffnen sich wenig, haben keinen Stiel und sitzen zu 3–7 in den Achseln eines sehr breiten Tragblattes. Die Blüten entwickeln sich zuerst in der Mitte des Blütenstandes. In der Frucht, einer Beere, sitzen zahlreiche spitze, rotbraune, schwach warzige Samen.

Beiden Gattungen gemeinsam ist der „nistende" Blütenstand und die zur Blütezeit stark gefärbten Hoch- oder Herzblätter (LEINFELDER, 1981; RAUH, 1981; RICHTER, 1978). LEINFELDER (1981) gibt 18–22° C für die Kultur von Nidularium an. PIZZETTI (1976) nennt 21° C als Aufzuchttemperatur und eine Mindesttemperatur von 16° C.

Für *Nidularium billbergioides* (Schult. f.) L.B. Smith (1931) wird heute noch oft das Synonym *N. citrinum* verwendet. Der Artname *billbergioides* läßt schon darauf schließen, daß hier eine gewisse Ähnlichkeit zur Gattung *Billbergia* besteht. Die Pflanze wird blühend bis 40 cm hoch, da diese Art die einzige mit verlängertem Blütenschaft (25 cm lang) ist. Die Rosette kann einen Durchmesser von 50 cm erreichen. Die Blattscheide ist braun beschuppt, die Spreite frischgrün und kahl mit kurzen grünen Stacheln. Der Blütenstand überragt die Rosette und besteht aus 5–10 wenigblütigen, aufrechten Ähren, die dicht zusammenstehen. Den Schmuckwert machen die Tragblätter aus, die einen Hüllkelch um den Blütenstand bilden, 6–7 cm lang sind und grüne, ausgebreitete Spitzen besitzen. Die Grundfarbe des Blütenstandes ist zitronengelb. Nach dem Abblühen tritt eine Vergrünung ein. Es gibt auch rotfarbene Blütenstände, die einen dunkel-rotbraunen Schaft haben. Die Blütenblätter sind 2 cm lang und weiß (ESEBECK, 1980; LEINFELDER, 1981; RAUH, 1981; RICHTER, 1963 und 1978) (Tafel VIII1,2).

Ein Typ mit rubinroten Blättern wird unter dem Namen 'Rubifolius' geführt. Auf dunkelgrünem Blütenschaft sitzt der ebenfalls dunkelrote Blütenstand mit grünlich orangen Einzelblüten.

Eine ebenfalls schöne Art ist *N. burchellii* Mez., die durch die oberseits grünen und unterseits violetten Blätter auffällt. Ihre Größe ist ebenfalls zufriedenstellend. Der Rosettendurchmesser beträgt 20–25 cm. Die Blätter sind 15–25 cm lang.

Der kopfförmige Blütenstand sitzt auf einem kurzen Schaft, ist orangegelb und hat weiße Blüten. Die Pflanzen wurden 1879 erstmals in der Literatur erwähnt (RICHTER, 1978).

N. fulgens Lem. ist seit 1854 in Kultur. Die 10–15 bis 30 cm langen Blätter bilden eine ausgebreitete Rosette. Der Rand ist scharf gezähnt. Licht- bis olivgrüne Blätter weisen dunkelgrüne Flecken auf. Die leuchtend scharlachroten Herzblätter sind blattähnlich, aber kleiner und hüllen die Ähren fast völlig ein. Rötliche Kelchblätter kontrastieren gut mit den weißen Blütenblättern und deren violetten Spitzen (LEINFELDER, 1981; RAUH, 1981; RICHTER, 1963 und 1978).

Schließlich sei noch *N. innocentii* Lem. erwähnt, die 1855 erstmals beschrieben wurde. Die ausgebreitete Trichterrosette hat einen Durchmesser von bis zu 60 cm. Die schwertförmigen Blattspreiten sind 20–25 cm lang, oberseits dunkelgrün bis rötlich, unterseits dunkellilarot und am Rand fein bestachelt. Die Tragblätter des nistenden Blütenstandes sind länger als die 4–6blütigen Ähren und im oberen Teil leuchtend rot und braun beschuppt. Die Kelchblätter sind blaßrot, die Blütenblätter weiß mit grüner Basis und 5 cm lang (LEINFELDER, 1981; RAUH, 1981; RICHTER, 1963 und 1978) (Tafel VIII,5).

RICHTER (1962) erwähnt fünf Unterarten, die sich hauptsächlich wohl durch die Blattfärbung unterscheiden. So gibt es eine Form mit völlig grünen Blättern (var. *wittmackianum*), eine mit lichtgrünen Blättern und rotbraunen Innenseiten der Blattscheiden (var. *paxianum*) sowie einen Typ mit besonders intensiv purpurfarbiger Blattunterseite (var. *erubescens*). Papierartig dünne Blätter, die zahlreiche weiße Längsstreifen aufweisen, besitzt *N. innocentii* var. *lineatum* L.B. Smith und gelbe Längsstreifen bei etwas stärkerem Wuchs weist *N. innocentii* var. *striatum* Wittm. auf. Beide Varietäten sind nach kultivierten Exemplaren beschrieben und werden heute noch kultiviert.

Anhang

Literatur

Allen, E.F., 1979: „*Vriesia (Vriesea) tesselata.*" Garden **104** (6), 258.

Anonym, 1951: Gründung der amerikanischen Bromelien-Gesellschaft. Gartenwelt **51,** 25.

Anonym, 1979: Bromeliads **41,** 537–539, 560–561.

Beel, F. & A. Schelstraete, 1980: Teeltproblemen en onderzoek bij *Aechmea fasciata.* Verbondsnieuws voor de Belgische Sierteelt **24** (7), 273–276.

Benzing, D.H. & K.M. Burt, 1970: Foliar permeability among twenty species of the *Bromeliaceae.* Bull. Torrey Bot. Club **97,** 269–279.

Benzing, D.H. & A. Renfrow, 1971: The significance of photosynthetic efficiency to habitat preference and phylogeny among tillandsioid bromeliads. Bot Gaz. **132,** 19–30.

Benzing, D.H. & A. Renfrow, 1971b: The biology of the epiphytic bromeliad *Tillandsia circinnata* Schlecht. Amer. J. Bot. **58** (9), 867–873.

Benzing, D.H. & A. Renfrow, 1974: The mineral nutrition of *Bromeliaceae.* Bot. Gaz. **135** (4), 281–288.

Bik, A.R., 1976: Quality in *Anthurium andreanum* and *Aechmea fasciata* grown in peat substrates as effected by nitrogen and potassium nutrition. Acta Hort. **64,** 83–91.

Bosse, G., F. Escher, E. Gugenhan, O. Kneipp & T. Steib, 1975: Hauptkulturen im Zierpflanzenbau. Ulmer, Stuttgart.

Burg, S.P. & E.A. Burg, 1966: Auxin-induced ethylene formation: Its relation to flowering in the Pineapple. Science **152,** 1269.

Clark, H.E. & K.R. Kerns, 1942: Control of flowering with phytohormones. Science **95,** 536–537.

Cooke, R. & D.T. Randall, 1968: 2-Haloethanephosphonic acids as ethylene releasing agents for the induction of flowering in pine-apples. Nature **218,** 974–975.

Cooper, W.L. & Ph. Reece, 1941: Induced flowering of pineapples under Florida conditions. Proc. Florida State Hort Sci. **54,** 132–138.

Corr, B., 1970: Kultur und Wirtschaftlichkeit marktgängiger Bromelien. Zierpflanzenbau **5,** 179.

Downs, R.J., 1956: Seeds of *Puya berteroniana* require light for germination. Brom. Soc. Bull. **VI** (5), 6768.

Downs, R.J. & A.A. Piringer, 1958: Seed germination in the *Bromeliaceae.* Brom. Soc. Bull. **VIII,** 36–38.

Downs, R.J., 1964: Photocontrol of germination of seeds of the *Bromeliaceae.* Phyton (Argentina) **21** (1), 1–6.

Dolzmann, P., 1964: Elektronenmikroskopische Untersuchungen an den Saughaaren von *Tillandsia usneoides (Bromeliaceae).* I. Feinstruktur der Kuppelzelle. Planta **60,** 461–462.

Dolzmann, P., 1965: II. Einige Beobachtungen zur Feinstruktur der Plasmodesmen. Planta **64,** 76–80.

Ehler, N., 1977: Neue Untersuchungen zur Entwicklung, Struktur und Funktion der Bromelientrichome. Trop. u. subtrop. Pflanzenwelt **20,** 473–508.

Ensthaler, J.D., 1978: Mit Blumen schöner leben. Mohndruck, R. Mohn OHG, Gütersloh.

Escher, F. & H. Strech, 1973: Blühverfrühung bei Bromeliaceen. Gartenwelt **73,** 194, 197–198.

Esebeck, H. v., 1980: Bromelienausstellung im Palmengarten. Dt. Gartenbau **26,** 1170.

Finck, A., 1979: Dünger und Düngung. Verlag Chemie, Weinheim.

Foster, M.B., 1943: A step ahead of mother nature. National Hort. Mag. **28,** 127–129.

Franke, G., 1981: Nutzpflanzen der Tropen und Subtropen. 3. Auflage, Hirzel-Verlag, Leipzig.

Galston, A.W. & W.S. Hillmann, 1961: The degradation of auxin. Handbuch der Pflanzenphysiologie Vol XIV, 647–670.

Gowing, D.P., 1956a: An hypothesis of the role of naphthalene acetic acid in flower induction in the pineapple. Am. Journ. Bot. **43,** 411–418.

Gowing, D.P., 1956b: Some experiments of chemical induction of flowering in the pineapple. Plant. Physiol. **31** Supplement XXXIV.

Gowing, D.P., 1958: An antagonism of indol butyric acid for indole acetic acid. Plant Physiol. **33,** Supplement XX.

Gowing, D.P., 1958: The induction of flowering in pineapple by exposure to short daylength. Plant Physiology **33,** Supplement XIX.

Gowing, D.P. & R.W. Leeper, 1961: Studies on the relation of chemical structure to plant growth regulator activity in the pineapple plant. IV. Hydrazine derivatives, compounds with an unsaturated aliphatic moiety and miscellaneous chemicals. Bot. Gaz. **123**, 34–43.

Gold, J., 1964: Wertvolle Guzmanien. Gartenwelt **64**, 196.

Gold, J., 1976a: Faulenzerpflanzen unter den Bromelien. Dt. Gartenbau **14**, 501.

Gold, J., 1976b: Bromelien der Superklasse-Guzmanien. Dt. Gartenbau **27**, 897–898.

Gordon, S.A. & F. Sanchez Nieva, 1949: The biosynthesis of auxin in the vegetative pineapple. I. Nature of the active auxin. Arch. Biochem. **20**, 356–366.

Gortner, W.A. & M. Kent, 1953: Indole acetic oxidase and an inhibitor in pineapple plant. Journ. biol. chem. **204**, 593–603.

Grabham, M., 1903: Pines in the Azores. Gardener's Chronicle Vol. 1903, 36.

Graf, A.B., 1978: Tropica, 1. Aufl., USA.

Gülz, H., 1964: Was ist bei der Kultur von Guzmanien zu beachten? Gartenwelt **64**, 95.

Gülz, H., 1973: Bromelien immer beliebter. Gartenwelt **73**, 53.

Gülz, H., 1975: Persönliche Mitteilungen.

Gülz, H., 1977: Guzmanien heute beliebter denn je! Gartenwelt **77** (5), 95.

Gugenhan, E., 1982: Tillandsien auf Steinen – ein Hit. Blumen-Einzelhandel **11**, 436.

Hahn, E., 1957: Wir erinnern an *Cryptanthus*. Gartenwelt **57**, 90.

Hahn, E., 1958: *Tillandsia lindeniana* sind im Anmarsch. Gartenwelt **58**, 333.

Hahn, E., 1959a: Abwechslung im Bromelienangebot durch bunte Ananas. Gartenwelt **59**, 142.

Hahn, E., 1959b: Guzmanien sind stärker gefragt denn je. Gartenwelt **59**, 270.

Hahn, E., 1965: Immer mehr Tillandsien. Gartenwelt **65**, 536.

Hahn, E., 1965: Kulturwürdige *Aechmea*. Gartenwelt **65**, 455.

Hahn, E., 1966: Schönfrüchtige Bromelien. Gartenwelt **66**, 521.

Hahn, E., 1968: Weniger bekannte Billbergien. Gartenwelt **68**, 203.

Hahn, E., 1969: Das *Aechmea*-Angebot. Gartenwelt **69**, 429.

Hahn, E., 1970: Neue Bromelien stellen sich vor. Gartenwelt **70**, 401.

Hahn, E., 1973: Bromelienschau im Palmengarten. Gartenwelt **73**, 438.

Hahn, E., 1974: *Cryptanthus* rücken nach vorn. Gartenwelt **74**, 159.

Hahn, E., 1976a: Die Guzmanien stehen jetzt auf Platz 2. Gartenwelt **76**, 340.

Hahn, E., 1976b: *Hechtia*. Gartenwelt **76**, 136.

Hahn, E., 1977: Neuere Bromelien. Gartenwelt **77**, 148.

Hahn, E., 1978: Neuere Bromelien aus Oberpreis. Gb + Gw **3**, 57.

Hall, W.C. & P.W. Morgan, 1964: Auxin-Ethylene interrelationships in: Régulateurs naturels de la croissance végétale. 5. Colloque Int. sur le substances de Croissance végétale, Gif sur Yvette 1963, CNRS ed. Paris.

Harms, H., 1930: Bromelien. In Engler-Prantel: Die natürlichen Pflanzenfamilien. 2. Aufl., Bd. 15a: 65–159, Leipzig.

Heddergott, H., 1982: Gärtners Pflanzenarzt. 5. Folge Landwirtschaftsverlag GmbH, Münster-Hilltrup.

Hege, H., 1983: Heizung und Regelung in Storck, H. (Hrsgb) Taschenbuch des Gartenbaues. Ulmer, Stuttgart.

Hermann, P., 1972: Spurenelementversorgung und Substratwahl bei Vriesea splendens. Erwerbsgärtner **26**, 2021–2022.

Hermann, P., 1976: Substrat- und Nährstoffversuche mit Bromelien. Dt. Gartenbau **30**, 502–504.

Hoffmann, W., 1965: Bromelien, Favoriten von morgen? Gartenwelt **65**, 381.

Irmer, U., H.-H. Poppendieck, A. Zechmeister & D.W. Lorch, 1982: Schwermetalltoxizität an Gewächshauskulturen einiger Orchideen und Bromelien. Gartenbauwissenschaft **47**, 19–23.

Jones, J.B. & T. Muraschige, 1974: Tissue culture propagation of *Aechmea fasciata* Baker and other Bromeliads. Comb. Proc. Int. Pl. Prop. Soc. **24**, 117–126.

Kämpf, A.N., 1982: Untersuchungen zur Düngung und Wachstum von zisternenbildenden Bromelien. Dissertation, München.

Kerns, K.R., 1936: Method of and material for forcing flowering and fruit formation in plants. U.S. Patent 20 47874 vom 14.7.1936.

Kerns, K.R., J.L. Collins & H. Kim, 1935: Developmental studies of the pineapple *Ananas comosus* (L.) Merr. New Phytologist **34**, 305–317.

Kluge, M. et al., 1973: Diurnaler Säurerhythmus bei *Tillandsia usneoides*. Planta **112**, 357–372.

Knickmann, E. & W. Tepe, 1966: Pflanzenernährung im Gartenbau. Ulmer, Stuttgart.

Kofranek, A.M., 1972: The maintenance of some indoor foliage plants under fluorescent lighting. Florist Review **150** (8895), 19 ff.

Leinfelder, J., 1981: Bromeliaceen. In: Th. Steib (ed.): Topfflanzenkulturen. Handbuch des Erwerbsgärtners. 5. Aufl. Ulmer, Stuttgart.

Lehmann, H., 1976: Cryptanthen – vielseitig verwendbar. Dt. Gartenbau **14**, 498–501.

Löffler, H., 1963: Besonders schön gezeichnete Bromelien. Gartenwelt **63**, 465.

Mapes, M.O., 1974: Aseptic propagation and cloning of Bromeliads. Abst. demonst. of 3rd Int. Cong. Plant Tissue & Cell Culture Leicester.

Medina, E. & J.H. Troughton, 1974: Dark CO_2 fixation and the carbonisotope ratio in *Bromeliaceae*. Plant Sci. Letters **2**, 357–362.

Meij, J., 1977: Praktijkproeven „Cintamat" bevloeiingsmatten. Vakblad voor de Bloemisterij **32** (2), 85.

Mekers, O., 1976: Zaai en vermeerdering in vitro van *Bromeliaceae*. Meded. Rijksstation v. Sierplantenteelt **37**, 11–23.

Mekers, O., 1977: In vitro propagation of some *Tillandsioideae (Bromeliaceae)*. Acta Horticulture **78**, 311–320.

Mekers, O., 1983: The search for new and better houseplants. Verbondsnieuws **8**, 421–423.

Mekers, O. & J.G. van Onsem, 1983: In vitro propagation of *Vriesea* cultivars in comparison with other ornamental Bromeliaceae. Acta Horticulturae **131**, 125–129.

Mekers, O. & F. Thomas, 1976: Die Bromelienkultur in Belgien. Dt. Gartenbau **14**, 506.

Mekers, O. & F. Thomas, 1977: Invloed van amitrol, licht en temperatuur op de pigmentatie van *Cryptanthus roseus* bladeren. Medeling, Rijksstation voor Sierplantenteelt No. 38, 1–10.

Mekers, O. & F. Thomas, 1980: Invloed van Etephon en Dikegulac of Bloei en Zijscheuten ontwikkeling bij *Bromeliaceae*. Med. Fac. Landbouww. Rijksuniv. Gent **45** (4), 1199–1206.

Melder, A., 1981: Verträglichkeit der Pflanzenschutzmittel. In: Th. Steib (ed): Topfpflanzenkulturen. Handbuch des Erwerbsgärtners. 5. Aufl., Ulmer, Stuttgart.

Meyer, P., 1967: Kultur, Sortiment und Wirtschaftlichkeit der Bromelien. Schweiz. Gartenbaublatt **88** (5), 101–102.

Mez, K., 1935: *Bromeliaceae*. In: A. Engler (ed): Das Pflanzenreich. Leipzig.

Miessner, E., 1968: Zierpflanzen, 3. Auflage.

Moes, E. & E. Adriansen, 1976: Temperaturens indflydelse på *Vriesea splendens*. Gartner Tidende (Denmark) **92** (35), 504–505.

Moes, E. & E. Adriansen: Temperaturens indflydelse på *Guzmania minor* 'Orange'. Gartner Tidende (Denmark) **92** (35), 506–507.

Murashige, T., 1974: Plant Propagation through tissue culture. Ann. Rev. Plant Physiology **25**, 136–137.

Otto, A., 1966: Einfluß der Blüte bei *Vriesea splendens* mit Azetylengas und Bromblüte. TASPO Nr. 16, 6–7.

van Onsem, J.G., 1956: La lumiere artificielle et la culture de l'*Aechmea fasciata*. Revue Agricole (Bruxelles) **9**, 172–180.

van Overbeek, J., 1945: Flower formation in the pineapple plant as controlled by 2,4-D and naphthaleneacetic acid. Science **102**, 621.

van Overbeek, J., 1946: Control of flower formation on fruit size in the pineapple. Bot. Gazette **108**, 64–73.

van Overbeek, J., 1951: Use of growth substances in tropical agriculture. In: Plant growth substances. F. Skoog (ed), Univ. Wisconsin Press 225–244.

van Overbeek, J., E.S. de Vasquez & S.A. Gordon, 1947: Free and bound auxin in the vegetative pineapple plant. Am. Journ. Bot. **34**, 266–270.

van Overbeek, J. & H.J. Cruzado, 1948: Flower formation in the pineapple plant by geotropic stimulation. Am. Journ. Bot. **35**, 410–412.

Penningsfeld, F., 1960: Die Ernährung im Blumen- und Zierpflanzenbau. Parey, Berlin.

Penningsfeld, F., 1964: Düngung und Azetylenbehandlung von *Vriesea splendens.* Zierpflanzenbau **4,** 150–151.
Pizzetti, M., 1976: Pflanzen- und Blütenpracht im Haus. Falkenverlag Wiesbaden.
Preißel, H.-G. & K. Zimmer, 1975: Zur Zinkverträglichkeit von Bromeliaceen. Gartenbauwissenschaft **40** (1), 28–30.

Rauh, W., 1970: Bromelien für Zimmer und Gewächshaus. Band I. Die Tillandsioideen, Ulmer, Stuttgart.
Rauh, W., 1973: Bromelien für Zimmer und Gewächshaus. Band II. Die Bromelioideen und Pitcairnioideen. Ulmer, Stuttgart.
Rauh, W., 1976: Einige schöne, kulturwürdige doch wenig bekannte Bromelien. Dt. Gartenbau **14,** 495.
Rauh, W., 1981: Bromelien, 2. Aufl.; Ulmer, Stuttgart.
Richter, W., 1950: Anzucht und Kultur der Bromeliaceen. Grundlagen und Fortschritte im Garten und Weinbau. Ulmer, Stuttgart.
Richter, W., 1961: Bromeliaceen-Neuzüchtungen innerhalb der Gattung Aechmea. Gartenbau **8** (5), 212.
Richter, W., 1962: Zimmerpflanzen von heute und morgen – Bromeliaceen. Neumann-Neudamm bzw. Neumann, Leipzig.
Richter, W., 1963: Schöne und seltene Pflanzen. Neumann Verlag, Dresden.
Richter, W., 1978: Zimmerpflanzen von heute und morgen – Bromeliaceen. 4. Auflage, I. Neumann, Dresden.
Rodriguez, A.G., 1932: Influence of smoke and ethylene on the fruiting of the pineapple (*Ananas sativus* Schult.) Journ. Dept. Agric. Puerto Rico **16,** 15–18.
Rose, Chr., 1983: Wirtschaftlichkeit von Bromelien. Unveröffentlichte Diplomarbeit am Institut für Zierpflanzenbau der Universität Hannover.
Rothenburger, W., 1983: Arbeitszeitbedarf ausgewählter Arbeitsgänge und Produktionsverfahren. In: Storck, H. (Hrsg.) Taschenbuch des Gartenbaues, Ulmer, Stuttgart.
Rücker, K., 1972: Bromelien-Jungpflanzen aus Bad Vilbel. Erwerbsgärtner **46,** 2025.
Rücker, K., 1983: Eine Bromelie mit Sortenschutz. Dt. Gartenbau **37,** 1329–1330.

Schelstraete, A., 1978: Naar optimale bemesting en kultuur voor waarden bij *Aechmea fasciata.* Verbondsnieuws v. d. B. S. **22** (13), 443–445.
Schleicher, A., 1976: Der Markt für Bromelien. Dt. Gartenbau **14,** 505.
Schoser, G., 1966: Pflanzenkultur. OSRAM GmbH, Berlin–München.
Sharp, M., 1981: A miscellaneous assortment. Bromeliads **48,** 700 und **49,** 722.
Sieber, J., 1955: Untersuchungen über die Wasser- und Nährstoffaufnahme bei epiphytischen trichterbildenden Bromeliaceen. Gartenbauwissenschaft **20,** 141–146.
Sieber, J., 1957: Wie nehmen Bromeliaceen ihre Nährstoffe auf? Gartenwelt **5,** 145–147.
Sorenson, B., 1982: Desirable sports from across the channel. Bromeliads **50,** 741.
Stahl, M. & H. Umgelter, 1976: Pflanzenschutz im Zierpflanzenbau. Handbuch des Erwerbsgärtners Bd. 5, Ulmer, Stuttgart.
Stephan, B.R., 1973: *Colletotrichum crassipes* (Speg). v. Arx als Krankheitserreger an *Tillandsia*-Arten. Nachrichtenbl. Deutsch. Pflanzenschutzdienst (Braunschweig) **25,** 82–84.
Stirnberg, B., 1982: Bromelien. Meisterarbeit.
Straver, N.A., 1978: Proeven met substraten en overbemesting bij bladplanten en Bromelie. Vakblad voor de Bloemisterij **33** (18), 22–23.

Turban, R., 1976: Wertvolle Sortimentserweiterung bei *Vriesea.* Dt. Gartenbau **30,** 632.

Vanluchene, I.G., I.G. van Onsem & K. Otten, 1968: Bloeiinduktie bij *Bromeliaceae.* Eerste ervaringen mit ACP 66-329. Werkgroep voor de Sierplantenteelt Mededel. **14,** 20–29, Melle.
Vanluchene, I.G., 1969: Nieuwe Bloeiinductiemetode bij *Bromeliaceae.* Werkgroep voor de Sierplantenteelt Meded. 17, Melle.
Vanluchene, I.G., 1969: Stand und Entwicklung der Bromelienkultur. Gartenwelt **69,** 346–348.
Verdouk, O., D. de Vleeschauver & M. de Boodt, 1980: The use of bark-sludge compost as a substrate for ornamental plants. Ghent university.
Vogel, H., 1967: *Guzmania*-Neuzüchtungen der letzten Jahre. Gartenwelt **67,** 366.

Wendt, W.A., 1936: Treatment of plants to expedite bud development. US Patent 2037203 v. 14.4.1936.

Wilson, L., 1977: Bromeliads for modern living. Merchants Publishing Company, Michigan, USA.
Winkels, H., 1979: Moderne Bewässerungsverfahren unter Glas. AiD Heft 370, Bonn-Bad Godesberg.

Zimmer, K., 1965: Beeinflussung der Blüte bei Bromelien. Gartenwelt **65**, 35–37, 56–58.
Zimmer, K., 1967: Über die Keimung von *Neoregelia carolinae* (Beer) L.B. Smith. Gartenbauwissenschaft **32**, 352–358.
Zimmer, K., 1968: Über die Beeinflussung der Blütenbildung bei *Bromeliaceae* und ihre praktische Anwendung. Gartenbauwissenschaft **33**, 414–462.
Zimmer, K., 1969: Über die Keimung von *Vriesea splendens* (Brongn.) Lem. Gartenbauwissenschaft **34**, 87–93.
Zimmer, K., 1971: Bromeliensämlinge nach Größe sortieren. TASPO Nr. 35 v. 26.8.1971.
Zimmer, K., 1973: Untersuchungen zur Keimung von Bromelien. Gartenbauwissenschaft **38**, 171–177.
Zimmer, K., 1974: Zur Ethrel-Behandlung bei Bromelien. Gartenwelt **74**, 201–202.
Zimmer, K., 1977: Wachstum von Grünpflanzen unter Kunstlicht. Deutscher Gartenbau **31**, 1535–1537.
Zimmer, K., 1978a: Zur Gewebekultur von *Cryptanthus.* Deutscher Gartenbau **32**, 498–499.
Zimmer, K., 1978b: Die Vermehrung von *Hohenbergia stellata.* Deutscher Gartenbau **32**, 1784–1785.
Zimmer, K., 1983a: Toleranz von Zierpflanzen gegen niedrige Temperaturen. Dt. Gartenbau **37**, 54–58.
Zimmer, K., 1983b: Betrachtungen zum Bromelienmarkt. Deutscher Gartenbau **37**, 2114–2116.
Zimmer, K. & W. Pieper, 1974: Zur Vermehrung von *Aechmea fasciata* aus Achselknospen. Gartenbauwissenschaft **39**, 569–574.
Zimmer, K. & W. Pieper, 1975: Weitere Untersuchungen zur Kultur in vitro von *Aechmea.* Gartenbauwissenschaft **40**, 129–132.
Zimmer, K. & W. Pieper, 1976a: Methods and problems of clonal propagation of Bromeliads in vitro. Acta Horticulturae **64**, 25–29.
Zimmer, K. & W. Pieper, 1976b: Neue Wege zur Vermehrung von Bromelien. Gartenwelt **76**, 93–95.

Bildnachweis

Abb. 1, 16, 19, 21, 22, 25, 27, 34, 35: K. ZIMMER/Archiv f. Zierpflanzenbau
Abb. 2, 3, 15, 36, 37, 41: aus ZIMMER, 1968
Abb. 17, 18, 20, 26, 38, 39, 40: aus ZIMMER, 1965
Abb. 29: aus ZIMMER und PIEPER, 1976b
Abb. 30: aus ZIMMER und PIEPER, 1975
Abb. 31, 32: aus ZIMMER und PIEPER, 1976a
Abb. 33: aus ZIMMER, 1971
Abb. 42: aus ZIMMER, 1974
Abb. 43–48: aus ZIMMER, 1983
Abb. 4–10, 12, 23, 28: C. ALBRECHT, Kronberg/Taunus
Abb. 11, 13, 14: aus EHLER, 1977
Abb. 24: aus HARMS, 1930
Abb. 49–51, 53–84: E. HAHN, Kirchheimbolanden
Abb. 52, 85–88: H. SEIBOLD †, Hannover

Tafeln I/3–6, II/1–3, 7, 8, V/4: Corn. BAK, B.V., Assendelft, NL, Copyright Fleurmerc V.V. Wormerreer, NL
Tafeln III/3, 6, 8, IV/3: M. GSCHNEIDNER, Wiesbaden
Tafel III/7: H. BUCHT, Uelzen
Tafeln III/4, IV/1: W. PIEPER, Dehmke
Tafel IV/1: K. ZIMMER, Hannover
Alle anderen Farbbilder: H. SEIBOLD †, Hannover

Sachregister

Seitenzahlen **halbfett** verweisen auf ausführliche Behandlung, * auf Abbildungen. *Kursiv* gedruckte Namen sind Synonyme